新闻与传播书系
挑战传媒

董小玉 严三九 ⊙总主编

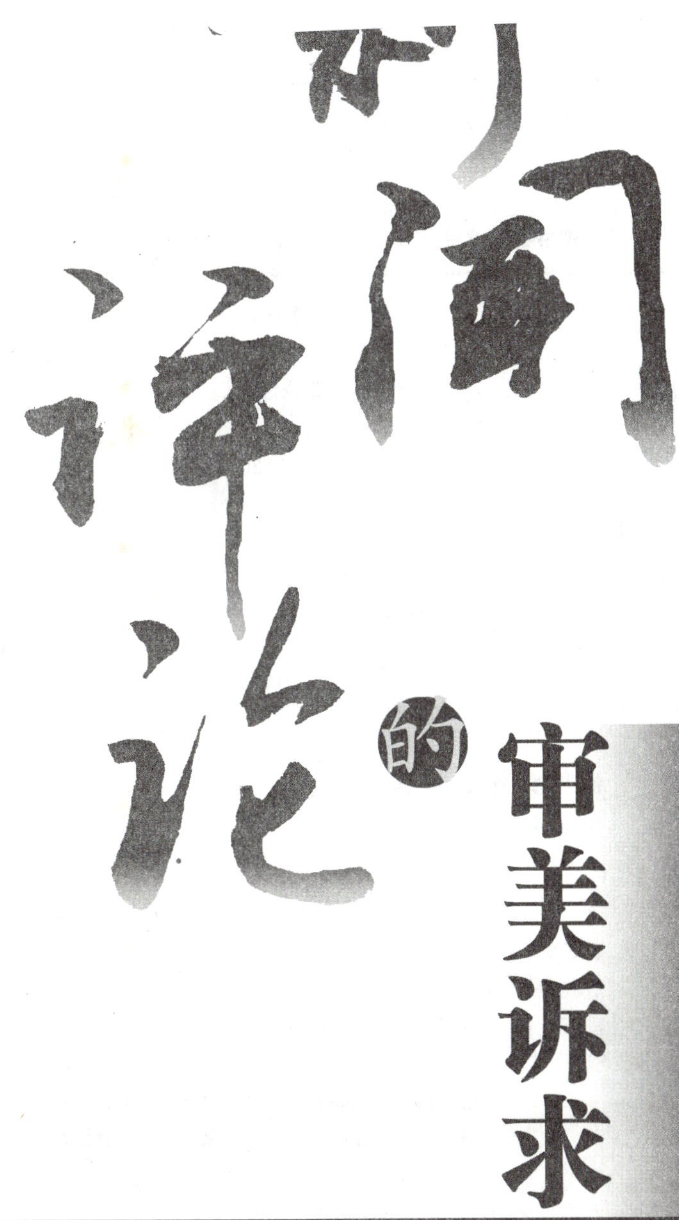

新闻评论的审美诉求

宋立民 ◎著

西南师范大学出版社

内容提要

本书从新闻评论美学的角度切入，立足于现当代经典评论篇目的解析，着力关注近来来形式活泼而质量上乘的评论文字，并结合作者本人20年来的评论实践，评析新闻评论的距离提升、氛围营造、新旧转换、逻辑力量等美学特色。给初学评论者入门的启迪，给新闻专业学生和媒体从业者提供系统的写作思路，亦可作为百年新闻评论名作的欣赏导读。

图书在版编目(CIP)数据

新闻评论的审美诉求/宋立民著. —重庆:西南师范大学出版社,2006.6(2007.10重印)

ISBN 978-7-5621-3646-0

Ⅰ.新... Ⅱ.宋... Ⅲ.评论性新闻—研究
Ⅳ.G210

中国版本图书馆CIP数据核字(2006)第064346号

新闻与传播书系

董小玉 严三九 总主编

新闻评论的审美诉求

宋立民 著

责任编辑:李 铮 李 玲

版式设计:王正端

出版发行:西南师范大学出版社

地址:重庆市北碚区天生路1号 邮编:400715

http://www.xscbs.com E-mail:xscbs@swu.edu.cn

电话:(023)68860895 传真:(023)68208984

印 刷:重庆东南印务有限责任公司

开 本:787mm×1092mm 1/16

印 张:18 字 数:288千字

版 次:2006年6月第1版

印 次:2007年10月第2次印刷

书 号:ISBN 978-7-5621-3646-0

定 价:28.50元

总序

Zongxu

【复旦大学】 丁淦林

同文、史、哲、经等基础学科相比较，新闻传播学是后起的、理论积累不够深厚的，但它新颖、实用，为人民大众所需要，它的一些基本理论与基本方法甚至可以说是我国现代化建设所必需与急需的。正因为如此，近年来我国新闻传播学研究与新闻传播教育发展迅猛。20 世纪 80 年代，全国高校仅有 10 多个新闻专业点，到 2005 年上半年，全国新闻传播学类专业点已超过 600 个，在校学生人数从数百人增至 10 多万人。新闻传播学书刊出版数量增长也很快，但仍嫌不足。在这种大发展的形势下，这套《新闻与传播书系》问世，为广大读者提供了新的读物，也为新闻传播学研究增添了新的成果。

教学与科研紧密结合，是我国新闻教育的一项优良传统。我们的不少教学用书，既是优秀教材，又是学术佳作。例如，1923 年出版的《实用应用新闻学》，是邵飘萍在大学讲课的讲义，也是我国最早的采访学专著之一，除了具有历史价值外，这部书的观点与案例至今仍被引用。1927 年出版的《中国报学史》，是戈公振在大学讲课的教材，更是中国新闻史学科的“开山之作”[1]，备受学术界的重视。这类事例表明，用研究的功力编写教材，又在教学中检验研究成果，启迪研究思路，是我们前辈的成功之道。20 世纪 80 年代以来，我国又翻译出版了许多外国新闻传播学著作，其中不少是可以兼用于教学与研究之作。由此，本书系的作者们明确了编写的共同要求，即：重视学习、继承、发扬前辈的传统，合理汲取与运用外国经验，力求使书系便于教师使用，学生易于掌握，新闻传播从业人员和新闻爱好者易于阅读与使用，学术界也可以从中找到值得研究的内容。

参与这套书系编写工作的是教学第一线的主讲教师，也是科研的骨干力量，他们分别来自全国各省、市、区所属的重点大学，以及一些师范院校。众所周知，高等师范院校是教书育人的园地，也是研究如何教书育人的机构。高等师范院校的新闻传播学教师，受环境熏陶，比其他学校的同行多一些教育方面的思考。这一点是值得特别指出的。如邹韬奋，在上海圣约翰大学读书时曾辅修教育学，翻译过杜威的教育学著作[②]，随后教过中学，在中华职业教育社工作。这些经验对他的影响，在他的新闻思想和报刊活动中，都有迹可寻。而今，参加编写这套书系的同人，把编写的过程作为总结经验、研究学问、从事创作的过程，以自己的体验与成果为基础，开拓思路，力求书系的每一种都有新的面貌。因此，这套书系也必将显示某些特色，如重视基础知识，注意循序渐进，着眼于启迪思考，采撷新闻作品，理论联系实际等等。

新闻传播是一种社会现象，是社会生活中一个基本的、重要的方面，与人人有关。早在20世纪20年代，邵飘萍就提出过："新闻知识应列为国民普通知识之一。"[③]这一远见卓识，已逐渐成为事实。与此相呼应，新闻传播学研究也有较快的发展。新闻传播学是一个学科群，它包括新闻学、传播学以及广播电视学、编辑出版学、广告学、公共关系学等。我们希望这套书系的出版，对于新闻传播知识的推广、普及与新闻传播学的学科建设有所贡献。

---

①方汉奇：《中国新闻事业通史·序言》，《中国新闻事业通史》第一卷，中国人民大学出版社，1992年版。

②杜威(JohnDewey，1859~1952)，美国哲学家、社会学家、教育学家。1920年邹韬奋曾翻译杜威的《民主主义与教育》一书，该书是杜威的主要著作之一。

③邵飘萍：《我国新闻学进步之趋势》，载1924年3月《东方杂志》第21卷6号。

目录

引言　新闻评论美学及其现代性要求　1

第一章　非常社论：泪流满面的时代与激情　5

一、背景的特殊性和浓厚的情感色彩　5

二、临近性——时间的特殊和事件的重大　9

三、整体性——媒体自己的诗化的声音　11

四、深刻性——历史厚度与人文关怀的统一　16

五、开放性——响亮的正义感和号召力　19

第二章　朝花夕拾：“第一个卧底记者”的启示　22

一、“旧闻评论”与新闻评论的转换　22

二、“总把新桃换旧符”：从已有定评的“旧闻”中“发掘”新闻　24

三、“江湖有梦追前事”：从新近披露的“旧闻”中“发现”新闻　26

四、“细腻风光我独知”：从司空见惯的“旧闻”史料中“切入”新闻　30

五、“不能忘却的纪念”：从尚存温热的“旧闻”复习中“强调”新闻　35

第三章　同题作文：“肉味”和“水味”的道义含量　40

一、同题对比之中的大是大非　40

二、题在同一时间的不同事件　42

三、题在同一事件的不同角度　46

四、题在同一角度而不同人物　49

五、题在同一人物的不同表演　53

第四章　以小见大:从“风月”中发现“风云”　57
一、评论与新闻事件距离的“有限拉开”　57
二、找到“引人入彀”的切入点　59
三、站稳“危言耸听”的立足点　63
四、训练敏感度和洞察力　66
五、保持“水到渠成”的逻辑联系　71

第五章　借鸡下蛋:别人的酒杯与自己的块垒　75
一、借鸡下蛋:引用与转述的美学　75
二、吃到一只苍蝇:当事者说　77
三、唱给雪山的歌:知情者说　79
四、常识是如何背弃的:档案材料说　88
五、“绝对碰伤”:古今中外说　93

第六章　机智诡谲:智慧包容与逻辑狡黠　96
一、深刻而机智的“狡猾”笔法　96
二、命题的嘲弄和反讽　98
三、思路的多变和机警　100
四、行文的夸张与诡谲　107
五、结论的奇警与智慧　113

第七章　逆向思维:其实你不懂它的心　117
一、新闻评论的另一种逻辑走向　117
二、钢铁是怎样没炼成的:挑战“从来如此”　118
三、万幸,刘利民“没有授过衔”:设想“即便如此”　122
四、正是走狗的活写真:咬住逻辑漏洞　125
五、我们“保护”环境?:试着倒过来想想　129

第八章　“透骨到底”:论时事何必留面子　133
一、鲁迅风:论时事不留面子　133
二、“一针见血”的“揭短”　135
三、“请君入瓮”的嘲讽　139
四、层层紧逼的递进　144
五、理直气壮的诘问　149

第九章 “颠扑不破”：归谬的力量与技巧 156
一、“战无不胜”的论辩魂灵 156
二、第一人称现身说法 158
三、口语化的自我辩解 163
四、夸张色彩与反讽效果 168

第十章 “十全大补”：罗列的设计与必要 172
一、传统与现代结合的评论形式 172
二、多事一议的集中性 175
三、一事多议的发散性 178
四、议论合一的直接性 181
五、添加增补的连续性 184

第十一章 异体讲述：用诗把新闻再写一遍 190
一、语言转换特色与政治文化背景 190
二、仿古——国粹的现代演绎 194
三、追星——流行歌词的流变 198
四、还童——儿歌小调的魅力 201
五、入戏——词曲解放的“混账” 205
六、创新——韵文的“新编”与“杜撰” 207

第十二章 现身说法：陈丹青出走我们都有责任 212
一、个人经验与新闻评论的结合 212
二、提示型：南都“街谈”的启示 215
三、自责型：我们都有责任 220
四、佐证型：想起了佑安医院 224
五、问世型：孙志刚替我而死 228
六、骂世型：新国粹的姿态 232

第十三章 立此存照：你究竟为何感动？ 235
一、照相：点评或无评的评论 235
二、镜头组合：你究竟为何感动 238
三、纪实特写：大跃进倡议书 239
四、连环漫画：车文明与否 242
五、图片解说：立此存照 243

六、亲密合影:互相推举的特写 246
七、快速摄影:没有不…… 247
八、真假拼接:消息与传闻 248

第十四章 音画时尚:亮丽蓝领与“吉烟现象” 252
一、评论:从平面拓展到音画 252
二、声音的力量:“蓝领”、“白领”同样亮丽 255
二、画面的魅力:“吉烟现象”的鲜活再现 262

关于新闻评论的断想 ——代后记 276

引言　新闻评论美学及其现代性要求

新闻评论是媒体针对新闻事件所作出的迅疾的、深入的、标志着深度和高度的评论，是表现媒体立场的重要姿态，是媒体发出的自己的声音。著名报人戈公振先生说："报纸不仅报告事实，对于重要问题，且独立加以评论，且其评论乃以个人之丰富知识为依据，有时可以超越普通仅由事实观察者之意见，甚至超越一报纸之意见因而成为一般公众之意见，是即谓之舆论。"(戈公振：《中国报学史》，中国新闻出版社，1985 年版。)新闻与评论是构成媒体的两大文体，是报纸、广播、电视不可或缺的重要组成部分。新闻评论激浊扬清、伸张主义，引导舆论、追求真理的职责使其日益成为新闻传播的龙头，而时下集采访、写作、编辑于一身的媒体运作形式又奠定了新闻评论在新闻专业中"基本功"的重要地位。

新闻评论美学的现代性早已表现在马克思、恩格斯所表述的"舆论的力量"之中。有着丰富的新闻从业经验的马克思、恩格斯从三个方面总结了舆论的作用：(一)舆论是对权力组织和政治活动家的制约力量。在他们写的时政通讯中，权力组织受制于舆论的事例比比皆是。例如，1860 年奥地利实行新的议会选举，一些反对党和匈牙利民族的代表进入议会，便是舆论压力的结果。马克思就此事报道说："皇帝的恩诏没有过骗住任何人。各德意志省的舆论立即迫使旧的市议会(革命后皇帝所任命的)为目前人民投票选举的亲人敞开了自己的大门。"(《马克思恩格斯全集》第 15 卷，人民出版社，1965 年版，第 250 页。)(二)舆论对立法，特别是经济立法是一种推动力量。早在 1843 年，马克思就意识到舆论是"国家立法最丰富、最可靠和生气勃勃的源泉。"(《马克思恩格斯全集》第 50 卷，人民出版社，1985 年版，第 509 页。)在《资本论》第 1 卷中，马克思把 10 小时工作法案的通过，看做是工厂主们"怯懦地向舆论让步"。(《马克思恩格斯全集》第 23 卷，人民出版社，1972 年版，第 328 页。)(三)舆论所实现的普遍的社会监督。关于这一点，马克思使用过"舆论的陪审团"、"名誉审判席"、"批判的法庭"等等用语；恩格斯使用过"舆论的权力"、"诉诸公众"、"诉诸公论"等等用语，其意思是一样的，即每个人都会感受到周围一种无形的精神力量的制约。(陈力丹:《马克思主义新闻学词典》,中国广播电视出版社,2002 年版,第 7 页。)我们如今的评论正需要沿着马克思、恩格斯的指向进入现代社会,使得舆论以自己特有的精神之光和言语之美成为推动历史前进的力量。

新闻学是所有社会科学学科里变化最剧烈、发展最迅速的门类。在许多时候,这门学科的发展是与电脑的更新换代同步的。因此,无论是技术含量还是理论建设,没有哪一个学科的教材会比新闻传播的讲稿变化更快。如今,在新闻评论的丛林之中,生命之树已经结果,而理论之花尚等待授粉。在以电子时代为标志的现代社会,不少学科的理论总结常常落后于社会实践，新闻评论学尤甚——进入新时期 30 年以来,尤其是近 20 年来,林林总总的新闻评论以高屋建瓴、以小见大、朝花夕拾、机智诡谲、现身说法、异体叙述等形式“闪电涂上润滑油”一样地飞跑,而学子手边的《新闻评论学》常常还在为数十年前的剧本加灯光、配音乐、打字幕,并未想到本子早已该更换。当我们新闻专业的大学生并不费力地了解了新闻评论的“外围”——如其历史、原则、地位、分类等之后,如何进入新闻评论的“核心部位”,即“什么样的新闻评论最为受众所喜闻乐见”？“如何把新闻评论写得让受众喜闻乐见”?这是容不得语焉不详或蜻蜓点水的。应该说,设法让学生想写、会写、写出文采、写出感觉是教授新闻评论学的第一要义。因此,从新闻评论美学即新闻评论审美诉求的角度评析新闻评论的距离提升、氛围营造、新旧转换、逻辑力量等特色,以促进评论的斑斓并改变理论的窘迫,既是实践催迫的现实急需,又是新闻学“与时俱进”的历史必然。

本书意在用新闻评论美学的眼光审视近百年来、尤其是进入 21 世纪以来的新闻评论,笔者力图把握以下三个原则——

一是例文的艺术性。即从艺术追求的角度切入,侧重于对经典篇目的艺术分析。在例文的选取方面,我们力求把新闻学的特色与美学及文学的特色融为一炉，侧重选取以新闻评论的方式写出的经得起时间考验的美感较强的文字。因此在评论选择时避开了一般性的、就事论事的文字，“新闻”的概念也相对宽泛一些。如引自《百年新闻经典》的鲁迅的文章《现代史》、武汉《大江报》特约撰述员黄侃发表于该报的第一篇新闻评论《大乱者救国之妙药也》，均不是直接针对某一新闻事件的发言，而是对一个历史时段的点评。

二是选材的临近性。即立足于现当代经典新闻评论篇目并更多地关注近年来质量较高的评论文字，从中窥探作者的政治立场和艺术匠心。就新闻评论美学的尺度衡量，近年来新闻评论的数量之多，质量之高，文笔之活泼，思路之开阔，均为百年以来素娥罕见——仅仅《南方都市报》的言论版就为我们提供了大量生动鲜活的例证。如果把体育新闻和娱乐新闻的评论文字也收入眼底，应该说时下评论文字的丰富多彩、千姿百态是史无前例的。而这些欢蹦乱跳的文字恰恰为日后的新闻评论提供了珍贵的范例。

三是写作的实用性。探讨新闻评论美学的目的不是在于自立体系作高头讲章，而是要通过对于经典评论作品的评析和欣赏，了解、熟悉以至于掌握新闻评论的美学建构与写作技巧，让色彩斑斓的评论文字播撒开来，促进文明的生成、社会的进步、写作的完善。因此，我们所选的例文更多地偏重于“范文”性质，让初学者既能够击节赞叹，又可以比较迅速地学得一些思路和技法。这样对于毕业后的从业、到企业从事宣传和策划以及继续进一步深造等，均有立竿见影的实际意义。

四是视角的警示性。普利策说，“记者是船头上的瞭望者，要望的是激流险滩，当然不是在风平浪静的时候望。”作为大学新闻系新闻评论的教材和广大新闻爱好者的欣赏读本，笔者设置结构、划定章节、选取例证、分析论述时更多地注目于指斥时弊、激浊扬清的文字，本意仍旧坚持鲁迅的“揭出病苦，引起疗救的注意”(进入新世纪后，诸家《杂文年选》坚持这样的原则，起到了很好的作用,笔者认为该方法不妨移植到教科书的编撰中),虽然立足点是新闻评论写作方法的艺术分析,但同样显示着警示的思路。

“盛世多危言”,这些年正是言路大开、新闻评论发展最为活跃的时期,网络评论的崛起与报纸时评版面的兴盛即为标志。遗憾的是,这种鲜活的、生动的评论发展的实践,尚未得到理论的深度解释与系统概括。所以,我们力图从新闻评论美学即新闻评论审美诉求的角度评析新闻评论的距离提升、氛围营造、新旧转换、逻辑力量等特色,是一种打通新闻评论学、中国现当代文学、文艺美学三者之间界限的尝试,尚需等待师生、同行和广大新闻爱好者的鉴定和时间的检验。

第一章　非常社论：泪流满面的时代与激情

[本章内容提示]

★背景的特殊性和浓厚的情感色彩

★临近性——时间的特殊和事件的重大

★整体性——媒体自己的诗化的声音

★深刻性——历史厚度与人文关怀的统一

★开放性——响亮的正义感和号召力

一、背景的特殊性和浓厚的情感色彩

作为资深报人，马克思从22岁成为《莱茵报》的实际主编开始，就强调要"生气勃勃地采取行动"。我们在此所讨论的报刊的"非常社论"与一般意义上代表媒体的政治性社论、时事性社论、解释性社论所不同者，恰恰在于以激情澎湃的言论"生气勃勃地采取行动"——从不同的侧面发出自己动情的声音，在于其背景的非同一般和浓厚的情感色彩。从美学诉求的角度考察，这种社论的美感在于：面对大时代的大事件，发黄钟大吕之声。此类文字的突出特质是字里行间常常满含悲剧的崇高感、献身的正义感和人本的责任感。在形式上，这种"非常社论"可以是社论、短论、编者按、编后语，但更多地表现为"本报(台)评论员文章"和"本报(台)编辑部文章"。而从新闻学上考查，这种评论有两个基本特点：

第一个特点是激情四溢，正气浩然。即不同于正常的、冷静的、"建设性的逻辑分析"。

以往一些专著与大学新闻教材均认为，新闻评论，尤其是社论、本报评论员文章、编辑部文章，必须一板一眼，逻辑缜密，立足点是周作人后来写评论时的二字原则：静观。这种观点认为：新闻评论必须正襟危坐、不能或不必嘻笑怒骂，至多是"不失生动活泼"可矣。

其实，新闻学"纯客观"的提出或许正是"新闻八股"的开始。从思想史、信仰史的背景考察，无论是佛"六根清净"的"不食人间烟火"，还是皮带鞭背的纯粹禁欲，那"无欲则刚”所追求的“刚”本身就是欲望十足的为信仰献身的人生姿态。所以,我们说新闻学也是人学,新闻评论学更是人学。纯客观的是镜头、采访本,经过编辑与剪辑就无法再严格意义地“客观”了。即便是具有“导向性”的、昭示重大思想变革的大块评论,照样可以也应该渗透无可争辩的审美诉求。像《实践是检验真理的唯一标准》(《光明日报》1978 年 5 月 11 日)全是引经据典,用的是“借鸡下蛋”的评论方法,以马克思恩格斯列宁斯大林毛泽东的理论为改革开放奠定了思想基础,但文章同样写得激情洋溢。1977 年 2 月 7 日,“两报一刊”发表题为《学好文件抓住纲》的社论,“凡是毛主席作出的决策,我们都坚决维护;凡是毛主席的指示,我们都始终不渝地遵循。”“两个凡是”的公开提出,引发了全党关于真理标准问题的大讨论。在胡耀邦同志的直接关注下,几经修改的评论员文章《实践是检验真理的唯一标准》一文义正词严地指出——

马克思主义强调实践是检验真理的标准,强调在实践中对于真理的认识永远没有完结,就是承认我们的认识不可能一次完成或最终完成,就是承认由于历史的和阶级的局限性,我们的认识可能犯错误,需要由实践来检验,凡经实践证明是错误的或者不符合实际的东西,就应当改变,不应再坚持。事实上这种改变是常有的。毛主席说:“真正的革命的指导者,不但在于当自己的思想、理论、计划、方案有错误时须得善于改正”,“而且在于当某一客观过程已经从某一发展阶段向另一发展阶段推移转变的时候,须得善于使自己和参加革命的一切人员在主观认识上也跟着推移转变,即是要使新的革命任务和新的工作方案的提出适合于新的情况的变化。”《实践论》)林彪、“四人帮”为了篡党夺权,胡诌什么“一句顶一万句”“句句是真理”。实践证明,他们所说的绝不是毛泽东的真理,而是他们冒充毛泽东思想的谬论。

……

现在,“四人帮”及其资产阶级帮派体系已被摧毁,但是,“四人帮”加在人们身上的精神枷锁,还远没有完全被粉碎。毛主席在第二次国内革命战争时期曾经批评过的“圣经上载了的才是对的”(《论反对日本帝国主义的策略》)这种倾向依然存在。无论在理论上还是实际工作中,“四人帮”都设置了不少禁锢人们思想的“禁区”,对于这些“禁区”,我们大家要敢于去触及,敢于去弄清是非。科学无禁区,凡有超越于实践,并自奉为绝对“禁区”的地方,就没有科学,就没有真正的马列主义、毛泽东思想,而只是蒙昧主义、唯心主义、文化专制主义。

此文发表后,立即引起了热烈的讨论和巨大的反响。因为这场讨论并非一般哲学问题的争论,而是在思想上、理论上最根本的拨乱反正——你说“两个凡是”,对毛泽东的语录搞绝对化,我就告诉你,是毛主席教导说“只有千百万人民的革命实践,才是检验真理的尺度”,实践的发展,决定了标准具有相对意义,有禁区的地方往往就没有科学了。该社论看似老调重弹,波澜不惊,可在当时万马齐喑的思想界却是石破天惊、振聋发聩的。评论员深厚的理论功底和卓绝的理论勇气本身就具有黄钟大吕——即美学上的“努力向无限挣扎”的美感。在大家都相信“凡是即真理”、“一句顶万句”的时候,你不仅说“一句不顶一句”,还要考察每一句对于老百姓生存的意义、有无存在的必要,如斯的确是要有非同一般的理论勇气。

而激情之美、勇气之美正是“非常社论”的一大特色。6年前《人民日报》庆祝香港回归的社论《中华民族的百年盛事》,开篇即以朗诵诗的口气呐喊:

1997年7月1日零点,全世界都在谛听从东方响起的庄严钟声。它响彻环宇,向五洲四海郑重宣告:中华人民共和国政府恢复对香港行使主权的时刻到来了!中华民族洗雪百年耻辱、扬眉吐气的时刻到来了!(《人民日报》1997年7月1日)

随后,该社论以“为了这一天”开头,三段排比历述回归之艰辛、领袖之关心、构想之英明,最后切合建党日而落脚于在共产党领导下中国的明天必将更好。全文激情浩然、大气磅礴、一气呵成，振奋人心，完全脱开了一般大型社论常走的四平八稳的老套路。

第二个特点是个性鲜明地为整个媒体代言。即不同于评论员个人“一事一议”的“单兵作战”。以往还有一种特点：编辑部文章写不出特色，容易一五一十说套话，四平八稳抄文件——体现不偏不倚、“旱涝保收”的“政策性”和逢年过节表明态度的“礼仪性”。评论员自己写的评论可以“文责自负”，署上“本报编辑部”责任就大了。久而久之，“代表媒体”与“个性十足”成了无法相交的平行线。殊不知从马克思主义新闻学创始之时起，二者就不仅“相交”且早已“拧成一股绳”。马克思的《评普鲁士最近的书报检查令》中指出：文化专制的普鲁士国家“总在盲目地挑选最无能的人去担任最艰巨的任务”；官方一直愚蠢地要求“世界上最丰富的精神只能有一种存在形式”，非要叫“玫瑰花和紫罗兰散发出同样的芬芳”。同时，马克思热切地期望社会主义的宣传家和理论家在斗争中尽快成熟起来。他说：“政治上的新手和自然科学中的新手一样，都像是写生画家，只知道两种颜色：白色和黑色，或者黑白色和红色。至于各种各样颜色在色调变化上的较为细微的区别，只有熟练的和有经验的人才能辨认得出来。”[①]而毛泽东在其评论《别了，司徒雷登》里说得更加生动——

人民解放军横渡长江，南京的美国殖民政策如鸟兽散，司徒雷登大老爷却坐着不动，睁起眼睛看着，希望开设新店，捞取一把。司徒雷登看见了什么呢？除了看见人民解放军一队一队地走过，工人、农民、学生一群一群地起来之外，他还看见了一种现象，就是中国的自由者或民主个人主义者们也大群地和工农兵学生等人一道喊口号，讲革命。总之是没有人去理他，使得他“茕茕孑立，形影相吊”，没有什么事做了，只好挟起皮包走路。[②]

——从开始大家酣畅淋漓、五味俱全的评论到后来的清水煮豆腐、“不痛不痒”，难道不是新闻评论的一种倒

①《马克思恩格斯全集》第5卷，人民出版社，1982年版，第525页。
②《毛泽东选集》，人民出版社，1964年版，第1385页。

退吗?为什么会出现“今不如昔”的评论的尴尬?窃以为一大原因是“文革”期间的“帮八股”、“继续革命的四六句”和“两报一刊社论”的泛滥成灾,不仅从政治上思想上以邪压正、制造混乱,在文风上同样“小报抄大报,大报抄梁校”,把原本生动活泼、千姿百态的评论文字弄得千部一腔,千人一面,穿靴戴帽,味同嚼蜡。进入新时期之后,新闻评论之所以较快地呈现出百花齐放的姿态,与“帮八股”的终结有着直接的关系。

从审美诉求的角度考察,“非常社论”的美感在于其时间的临近性、诉求的整体性、内涵的深刻性和话语的开放性。

二、临近性——时间的特殊和事件的重大

临近性即对于比较重大的新闻事件迅即作出明确的反应。

西方新闻界有一句流行既久的名言:“死的不能再死的是昨天的报纸”。据说如今又增加了一句:“或是一小时之前的广播、电视新闻。”新闻评论何尝不是如此?如今,不仅报纸在新闻版、要闻版同时配发评论,即便是广播和电视,也往往在新闻事件播出后马上辅以及时的点评甚至立即召集有关专家“时空连线”、座谈评论。

1949年新中国成立,诗人何其芳的诗歌题目是《我们伟大的节日》,可诗歌理论家兼诗人胡风的评论题目则是《时间开始了!》从新闻评论学的角度考察,后者显然注意到了评论的即时性和临近性——自己必须对“新的时间”之中新的生活与生命作出回应。1957年10月4日,苏联成功地发射了世界上第一颗人造地球卫星,揭开了人类历史上探测和开发宇宙空间的新纪元。6天之后,美国《纽约先驱论坛报》便发表了著名评论家李普曼的《月亮的启示》。作者振聋发聩地指出:从美国卫星技术的落后可以窥见当时整个社会的“消极、后退、迷失方向、丧失自信”,究其原因在于执政的政治家们的指导思想是“个人生活水平优于公共生活水平”。李普曼指出——

形势是严峻的，至少在我看来是严峻的。我并不认为，形势之所以严峻，是因为苏联在军备竞赛中大大领先，以至于早晚有一天我们会成为苏联的禁脔。我绝没有这样的想法。我认为形势之所以严峻，是因为任何一个社会都不能够停滞不前。如果一个社会失去了前进的势头，它就会消极后退，就会失去方向，丧失自信。

……

我们的人民被引导着相信一个天大的胡说八道，即美国社会制度存在的最高目标是使人民的消费享受成倍增加。其结果是考虑到人口的不断增加，我们的公共机构，尤其是那些同教育与科学相关的机构遭到了十分荒唐的忽视。(美国《纽约先驱论坛报》1957 年 10 月 10 日)[①]

这篇获 1958 年普利策特别提名奖的言论以其临近性、权威性和震慑力，惊动了美国朝野，被后人评价为“具有超越国界的启迪作用”。甚至，这种“箭在弦上不得不发”的临近性能够具有前瞻即“导火索”的作用。如 1911 年 7 月 26 日(宣统三年闰六月初一)，武昌起义前夕，武汉《大江报》特约撰述员黄侃果断地发表了该报第一篇亦是在后世影响最大的新闻评论文章:《大乱者救国之妙药也》，作者放声疾呼：

中国情势，事事皆现死机，处处皆成逆境，膏肓之疾，已不可为。然犹上下醉梦不知死期将至。长日如年，昏沉虚度。软痛一朵，人人病夫。此时非有极大之震动，热烈之改革，唤醒四万万人之沉梦，亡国奴之官衔，行见人人欢然自戴而不自知耳。和平改革既为事理之所必无，次之则无规则之大乱，予人民以深创巨痛，使至于绝地，而顿易其亡国之观念，是亦无可奈何之希望。故大乱者，实今日救国之妙药也。呜呼！爱国之志士乎！救国之健儿乎！和平已无可望矣，国危如是，男儿死耳！(《大江报》1911 年 7 月 26 日)[②]

①颜雄主编:《百年新闻经典(上册)》,湖南大学出版社,2000 年版,第 409–410 页。
②颜雄主编:《百年新闻经典(上册)》,湖南大学出版社,2000 年版,第 236 页。

《大江报》为湖北革命团体振武学社和继起的文学社的宣传阵地,在新军中颇有影响。两天之后,其副主笔何海鸣又著《亡中国者和平也》的评论,推波助澜,制造声势。以至于当时的鄂督立即以"宗旨不纯,立意嚣张"、"淆乱政体、扰害治安"为名,饬令江汉关道率兵于8月1日晚9时查封报馆,宣布"永禁发行"。主笔兼经理詹大悲,副主笔何海鸣被逮捕,入汉口礼智司狱。在法庭上詹、何慷慨陈词,据理力争。社会上广大群众集会抗议,各报也纷纷声援。当局慑于民众情绪,怕引起骚动,判詹大悲监禁一年半,何海鸣监禁一年。而两个多月后,武昌起义摧枯拉朽,詹、何出狱,该报于1912年春在汉口后花楼街重新复刊。《大乱者救国之妙药也》寥寥200字,奇崛豪壮,为辛亥革命摇旗呐喊,使当权者惊恐万状,社论之"非常"由此可见一斑。

三、整体性——媒体自己的诗化的声音

在主编《中国当代文学史教程》时,陈思和先生指出:20世纪文学史发展过程中,"共名与无名" 状态多次循环。"共名"的文化状态指的是20世纪中国各个历史时期一些涵盖时代主题的概念,如"五四"时期的"民主与科学",抗战时期的"民族救亡",直到80年代的"拨乱反正"、"改革开放"。作为文化状态,"激情社论"同样显示出极强的"共名"的特征:无论是集体署名还是个人署名,"激情社论"都带有非常鲜明的"集体主义精神",即抒情主人公是一个集体。受众会明显地感觉到:这是整个媒体在说话,是一支队伍在行进中发言。这也正是"非常社论"与其他个性特征鲜明的新闻评论的主要区别。这种"整体性原则"最为突出地体现在《南方周末》1999年元旦特刊的编辑部文章《总有一种力量让我们泪流满面》上——

总有一种力量让我们泪流满面

这是新年的第一天。这是我们与你见面的第777次。祝愿阳光打在你的脸上。

阳光打在你的脸上,温暖留在我们心里。这是冬天里平常的一天。北方的树叶已经落尽,南方的树叶还留在枝上,人们在大街上懒洋洋地走着,或者急匆匆地跑着,每个人都怀着自己的希望,每个人都握紧自己的心事。

本世纪最后的日历正在一页页减去,没有什么可以把人轻易打动。除了真实。人们有理想但也有幻想,人们得到过安慰也蒙受过羞辱,人们曾经不再相信别人也不再相信自己。好在岁月让我们深知“真”的宝贵——真实、真情、真理,它让我们离开凌空蹈虚的乌托邦险境,认清了虚伪和欺骗。尽管,“真实”有时让人难堪,但直面真实的民族是成熟的民族,直面真实的人群是坚强的人群。

没有什么可以轻易把人打动,除了正义的号角。当你面对蒙冤无助的弱者,当你面对专横跋扈的恶人,当你面对足以影响人们一生的社会不公,你就明白正义需要多少代价,正义需要多少勇气。

没有什么可以轻易把人打动,除了内心的爱。没有什么可以轻易把人打动,除了前进的脚步……

这是新年的第一天,就像平常一样,我们与你再次见面,为逝去的一年而感怀,为新来的一年作准备。祝愿阳光打在你的脸上。

阳光打在你的脸上,温暖留在我们心里。有一种力量,正从你的指尖悄悄袭来,有一种关怀,正从你的眼中轻轻放出。在这个时刻,我们无言以对,惟有祝福:让无力者有力,让悲观者前行,让往前走的继续走,让幸福的人儿更幸福;而我们,则不停为你加油。

我们不停为你加油。因为你的希望就是我们的希望,因为你的苦难就是我们的苦难。我们看着你举起锄头,我们看着你舞动镰刀,我们看着你挥汗如雨,我们看着你谷满粮仓。我们看着你流离失所,我们看着你痛哭流涕,我们看着你中流击水,我们看着你重建家园。我们看着你无奈下岗,我们看着你咬紧牙关,我们看着你风雨度过,我们看着你笑逐颜开……我们看着你,我们不停为你加油,因为我们就是你们的一部分。

总有一种力量它让我们泪流满面,总有一种力量它让我们抖擞精神,总有一种力量它驱使我们不断寻求"正义、爱心、良知"。这种力量来自于你,来自于你们中间的每一个人。

所以,在这样的时候,在这新年的第一天,我们要向你、向你身边的每一个人,说一声,"新年好"!愿阳光打在你的脸上。

因为有你,才有我们。

阳光打在你的脸上,温暖留在我们心里。为什么我们总是眼含着泪水,因为我们爱得深沉;为什么我们总是精神抖擞,因为我们爱得深沉;为什么我们总在不断寻求,因为我们爱得深沉。

爱这个国家,还有她的人民,他们善良,他们正直,他们懂得互相关怀。

——该文发表时值 1998 年全国特大洪水过后,可谓"非常社论"的扛鼎之作,其使命感、正义感、人情味使其是一篇不亚于散文诗的佳作。而其中对于"真实"的强调、对于弱势群体的关爱以及演讲词般的"造势"和诗歌的排比手法,都为此后一系列同类社论提供了典范。而且,四年过后,面对突如其来的"SARS"的袭击,这种流泪和感动并没有成为历史。新华社记者宗焕平有一文章题目就是《这几天,我常常眼含泪水》,新华网 2003 年 4 月 30 日更有《温家宝总理为何流泪了?》的消息:"一向以温文尔雅著称的温家宝总理流泪了。若不是温总理本人公开道出,人们仍不解其故。在 4 月 26 日,温总理在看望北大学生时,直言不讳自己流泪的个中之因:面对这场天灾,我们不怨天尤人,我们接受挑战。4 月 25 日,我在欢迎法国总理拉法兰的仪式上,看着眼前飘扬的五星红旗,我的眼睛湿润了。我当时想,中华民族几千年来多灾多难,但始终是压不垮的,愈挫愈勇,愈挫愈奋。"(中新社 4 月 28 日电)显然,温总理是为"愈挫愈勇,愈挫愈奋"的民族精神而感动流泪。这也正是"为什么我们的眼中常含泪水,只因对这片土地爱得深沉"的评论的续篇。

古人说:"情之一字,足以维系世界;才之一字,足以粉饰乾坤”。意思是,无论生活还是文字,寄托着情感的内容总是维系世界的“纲”,而文字所表现出来的才华,起到的往往是“锦上添花”的作用——当然,这种文采与诗意同样是“激情社论”不可或缺的组成部分。而“激情”与“社论”在此往往合而为一,浑然天成。

2001 年 12 月 27 日,作为《总有一种力量让我们泪流满面》的姊妹篇,《南方周末》头版再次出现了编辑部文章《我们走在中国的大地上》,同样是发出了媒体人共同的声音——

我们走在中国的大地上

阳光打在你的脸上,温暖留在我们心间;雨露滴在你的胸膛,我们走在中国的大地上。我们与你在一起,我们的爱一如既往。

我们上路了,新闻在远方。你见到我们的时候,我们和新闻在纸上;你见不到我们的时候,我们和新闻在路上。我们是观察者,我们是记录者,我们是报道者,我们执著地寻找真相。

当年,有些同行追逐新千年的第一缕阳光,我们却回到了自己的家乡。我们是农民的儿子,我们是工人的儿子,那里是我们的根,我们从我们的根部汲取力量。

在新世纪第一年的岁末,我们又兵分九路,走在中国的大地上。顺德、厚街、温州、利辛、武汉、宣汉、喀什、大同、沈阳,祖国的四面八方,各个不同的内涵和外表,我们走近你,我们走进你,我们想看清你的模样,我们想叩问你的心房。

我们倾听,我们观察,我们张开浑身的每一个毛孔,我们打开自己的每一个器官,我们感受,我们思考,我们记录,我们报道。你的笑脸,你的眼泪,你的焦虑,你的方言表达的你的梦想,对于我们,这一切是多么珍贵!

福建的成功路、四川的白鹿镇、河南的小常庄,这儿与那儿,久违了,一年一度,我们是第四次涉足。音容笑貌,多么熟悉,生老病死,几多沧桑。如此累积的记录,或者就是一部特殊的编年史。

年度人物寄托人们的理想。龙永图做了一个中国官员应该做的事，冯锦华显示了一个中国人应有的血性。他们做得多么漂亮！什么可贵？做应该做的事可贵！

我们走在中国的大地上，追逐着新闻应有的理想。我们不敢说凡有新闻发生的地方，我们就在场——我们有太多的遗漏——但我们敢说，新闻总是牵动着我们的走向。南丹矿难的兄弟，我们钻到你哭泣的家乡，让事件剥去伪装，显露真相。千里追踪沙尘暴，戈壁滩里渗进了我们的鲜血，但我们习以为常，身上留下了风的形状。

我们走在中国的大地上，我们捉摸着大地的脉搏，我们关注着中国的动向。莫斯科的悬念，申奥，北京；五里河的欢腾，中国足球首次入围世界杯；多哈，中国入世，15年的长征，中国从此进入新天地，中国的未来可预期！土地流转，宪法司法化第一案，户籍改革，收容，中国当代社会阶层……

你还记得这些词句吗？还有这些词句背后的事实？我们关注效率，也关注公平；我们赞美机遇，赞美可能；我们关注世事的变迁，我们赞美新的萌芽，那是中国未来的无限生机！

我们走在中国的大地上，我们与红豆杉一起流泪，我们看不见藏羚羊绝望的眼神（它总是奔逃得那么张惶），我们随着野马撒野，我们看见塔里木河重新轻波荡漾……

我们走在中国的大地上，为你鼓劲，为你欢喜，为你分忧。

我们走在中国的大地上，我们走过乡土，走过城镇，走过大都会。我们喝过你的家酿酒，我们吃过你的糌粑，我们坐过你的三轮（在被迫离开艾滋病村时，你甚至不收车钱），我们经过金茂大厦前修剪陈枝的你的身旁……

我们与你在一起，我们的爱一如既往。

我们走在中国的大地上，这片土地曾经悲伤，这片土地曾经辉煌；我们走在中国的大地上，这片土地沐浴阳光，这片土地充满希望。

我们走在中国的大地上……

——这里的“我们”与以往“节日社论”中之“我们”的重要区别在于前者充满激情和个性，是“看得见，摸得着”的有血有肉的活人，不再是某一“共性”的简单集合，不再是某一“政策”的抽象化身。文章落笔于报纸编辑部中的“我们”，却代表了奔波在采访、写作、编辑、评论里程中的所有的新闻人。同时，这种社论的另一特色在于许许多多细节的凸现和括号里诗意的插说，如“我们看不见藏羚羊绝望的眼神(它总是奔逃得那么张惶)”，括号里的内容不是补充，而是最能够打动读者的插入语。在此，抒情主人公从以往的诗歌、散文、剧本中走进了新闻评论，大胆地形成了“有个性的整体性的评论”，因而在新时期的新闻评论中展现了自己神采飞动的美学姿态。

四、深刻性——历史厚度与人文关怀的统一

就思考的指向而言，“非常社论” 的情是实实在在的而非凌空蹈虚的。这就要求言论作者要站得高、想得深，让激情有所凭借、有所依托。就审美视角而言，思考的不深入、文化含量的单薄、就事论事的“评论八股”模式，决定了大量“应景”的制作多半是“速朽”的代名词。“非常社论”的重要任务，就是通过开掘的深度把“应景”即“临近性”与可资回味的“余香”即深刻性统一起来，收到像鲁迅杂文那样的“因文化含量而永恒”的审美效果。

1902 年，梁启超先生曾经为《新民丛报》写过一篇只有 154 字的评论，题为《奴隶与盗贼》，深刻揭示出大清灭亡的原因：面对洋人奴颜媚骨的统治者统治下的臣民非双重奴隶即双重盗贼！评论曰：

自回銮后，保护外人之懿旨不下二三十次；视于无形，听于无声，诚如孝子之事父母矣。公使夫人偶遭儿童指目，辄欲拿拷治罪；一教士之受辱，辄下罪己之诏；何其恭顺一至此甚也！民间如顺从朝旨乎，则奴隶而已矣。奴隶犹可，两重奴隶，何以堪之！如稍有不屈乎，则盗贼而已

矣。盗贼犹可，两重盗贼，何以堪之！今日为中国之百姓者，奴隶盗贼，二者必居一。呜呼！何以使我民至于此极也？悲夫！[1]

梁启超以小见大，从屡下懿旨、治罪儿童、动辄"作秀"式的罪己切入，分析出清朝民不聊生，气数已尽——几乎所有朝代，只要折腾到民不聊生，必将朝不保夕。今天读来，其民本思想和忧国神情依旧跃然纸上。

2000年5月初，笔者和河南《大河报》同仁前往调查了河南省太康县一起艾滋病例——四岁男孩张成帅因为输血感染了艾滋病，进而联系到省内外、国内外的艾滋病疫情，写了十个版的特别报道《艾滋病在河南》，在篇末的评论《正视，还是回避》中，我们针对危机的省情，麻痹的心态，人群的冷漠，把救治艾滋病人提高到对弱势群体的人文关怀的高度上去认识，分"最危险的时候"、"拖延的代价"、"为什么回避？"、"再论'睁了眼看'"、"科学的态度"五部分进行了评论。我们写道：

警钟已经敲响：经过十几年的潜伏传染期，我们这里的艾滋病正在进入可怕的爆发期！

在中原大地上，我们曾经拥有过孔子的哲思、庄子的逍遥、老子的智慧和龙门石窟卢舍那的万千气象。然而时下的父老乡亲的确到了最危险的时候。北京的专家悲悯地说"救救你们河南老乡吧！他们特可怜！"听到或读到这句话，有良心的河南人不可能不悲泪盈眶。我们已经不能简单地摇一摇头或者撇一撇嘴扬长而去，因为在那些被感染的人群中，可能就有我们的父兄姐妹，甚至就是我们自己。想到一个人今生今世只有一次的美好生命将陆陆续续进入倒计时，我们真想伏在炎黄二帝的肩头大哭一场！我们已经到了最危险的时候，为什么迟迟听不到"起来，把我们的血肉筑成我们新的长城"的呐喊呢？

……

"血债必须用同物偿还，拖欠得愈久，就要付更多的利息"。自从潘多拉的盒子打开，艾滋病作为黑色的幽灵

[1] 颜雄主编：《百年新闻经典（上册）》，湖南大学出版社，2000年版，第229页。

四散各地，它们便成了人类的“血”的债主。并不是联合国、世界银行、国务院或各级领导要求我们立即行动，即刻开展全面的防治和宣传，恰恰是艾滋病本身向我们发出了一秒钟也不能拖延的SOS信号。三年前，人妖成为一景的泰国，艾滋病突然爆发，迟到于曼谷告急，惊呼洪水猛兽，同时开始铺天盖地的宣传教育，用九牛二虎之力才控制了局势。如今，多年来对艾滋病采取“鸵鸟政策”的印度又有消息传来，说感染艾滋病的人数可能有一千万人，已达全国人口的百分之一！其实印度在1986年已经发现了艾滋病人，比中国还早了三年，遗憾的是他们六年之后才缓慢地开始了债举，而那时，红灯区里的艾滋病毒感染率已达百分之三十二——这就是拖延的代价！医院人满为患，人人谈艾色变，患者自杀、亲友惊惧、社会失衡、人心浮动，用于治疗一个艾滋病患者的钱可以教育十多个中学生，大把的金钱打了水漂——这就是拖延的代价！回眸我省五六年前大量非法采血播下的孽种，到现在已有大爆发的端倪。这期间我们做了多少行之有效的工作？我们统计上报的数字，是否准确？我们采取了何种有力的措施？直到今天，还有不少官员说：“艾滋病？从来没有听说过！”“那是外国人的事！”村民们陷入了“蚊子传染”的恐慌，有些医院还在直接输血，并不检验艾滋病毒——这就是拖延的代价！

北京的专家所掌握的情况和一些乡村出现的情况不约而同的触目惊心，可我们大都是公民，竟然毫无知觉，连防治艾滋病的ABC都全然不知——这就是拖延的代价。

我们还将为这代价而付出更大的代价。（《大河报》2000年5月11日）

评论以“祖先把鲜红的血液留给我们，不是没有要求的。我们谁也没有权力污染她、浪费她、损害她”作结，以“非常社论”的形式较早地揭示出艾滋病潜在的巨大的危险性，及时地警醒受众，收到了良好的效果。

总之，说“非常社论”的情是实实在在的而非凌空蹈虚的,因为其深刻性是立足于真实的深刻。一位当代哲学家说得好:"真实是最难的,为了它,一个人也许不得不舍弃许多好东西:名誉,地位,财产,家庭。但真实又是最容易的,在世界上,唯有它,一个人只有愿意,总能得到和保持。"①

五、开放性——响亮的正义感和号召力

"从来如此,便对么?"与"凡事总须研究,才会明白"两句,不妨视为鲁迅先生90年前的评论标题。彼处的探究者和启蒙者的思想品质带有明显的"非常"色彩。这"非常"的情感色彩恰恰在于敢于问"为什么"的正义感和理论勇气。同时,这里的"非常"不是一般意义上的表述、解释、说明,而是主动发现问题、义正词严地将之公之于众,引起整个社会的注意。普利策说,"记者是船头上的瞭望者,要望的是激流险滩,当然不是在风平浪静的时候望。"为媒体代言的文字,更要善于发现病灶,引起疗救的注意。应该说,这种"瞄准激流险滩"的目光,正是坚持正义、发现问题、引起世人关注的基本点,也是"非常社论"的立足点。

1943年7月,面对国民党对共产党的"破坏抗战"、"破坏团结"的指责,毛泽东为《解放日报》撰写了题为《质问国民党》的社论,他以诗人的激情反问道:"难道尽撤河防主力,倒叫做增强抗战么?难道进攻边区,倒叫做增强团结么?""你们将大门敞开,不怕贼来么?即使敞开大门而贼竟不来,却是什么缘故呢?""为什么你们不怕日本人把中华民族'统一'了去,并且也把你们混在一起'统一'了去呢?""你们这样许多言论行动,既然和敌人汉奸的所有这些言论行动一模一样,毫无二致,毫无区别,怎么能够不使人们疑心你们和敌人汉奸互相勾结,或订立了某种默契呢?"(《解放日报》1943年7月12日)。一连串的质问,充满正义感和威慑力,足以令论敌胆寒。而反问的语气增强了说服力和思辨色彩,更易于引起广大受众的共鸣。

①周国平:《真实最难》,《当代散文名家精品文库(周国平卷)》,四川人民出版社,1997年版,第484页。

当然,“非常社论”开放性中的反问并不仅仅在于“渲染气氛”和“抒情性”,它同样可以针对某一具体问题提醒大家思考,从而引起大家对于具有普遍性的同类问题的关注。如项南同志撰写的、被评为1982年全国好新闻一等奖的《福建日报》社论《有些案件为什么长期处理不下去?》——

有些案件为什么长期处理不下去?

今天本报又公布了两个重要案件。坏人受到揭露处理,这很好。

有些问题群众看得很清楚,干部也有很多议论,问题的性质已经非常明白,但就是处理不下去,而且长期处理不下去,为什么?

一是因为自己屁股有屎;

二是派性作怪;

三是软弱无能。

还有什么?也许还有其他原因,但主要是这三条。

你这个单位的问题长期处理不下去,是什么原因,算哪一条,不妨想一想。(《福建日报》1982年2月7日)

仅仅163字,照例鲜明泼辣,充满“当官要为民做主”的正义感和号召力。与其他“非常社论”相比,这篇社论具有一种一针见血、质朴无华的美感。最后以一句响亮的让有关人士“想一想”作结,激情蕴含在余音之中。

综上所述,“非常社论”可谓早已有之,算不得“新生事物”,而时至今天受众仍然觉得新鲜、可读、有味者,正说明媒体上此类社论较以往反倒更少见、大有“卷土重来”的必要。的确,只有真正把受众的利益和需要挂在心头,我们的笔端才会“常含泪水”、满溢激情、自然而然地流出“非常的文字”;也只有充满激情的黄钟大吕之声,才对得住我们这个充满动感和希望的历史转型的时代。

法国思想家拉罗什富科说:“激情是唯一始终在进行说服的演说家,它们似乎赋予了自己的主人一种天生的技艺,其规则是准确无误的。具有激情的最笨讷的人,也要比没有激情的最雄辩的人更能说服人。”新闻评论应该是一种综合性的文体，它既可以是以理服人的论文，又可以是元气淋漓的美文，更可以是嬉笑怒骂皆成文章的杂文。同时，它又不妨是激情四溢的演讲稿。一言以蔽之：当新闻评论——尤其是社论摆脱了“正襟危坐”的八股腔调，可以说言论真正回到了群众喜闻乐见的原点，这才是从马克思到毛泽东所身体力行的，也是后来的新闻工作者所理当继承的。

第二章 朝花夕拾：『第一个卧底记者』的启示

[本章内容提示]

★“旧闻评论”与新闻评论的转换

★“总把新桃换旧符”：从已有定评的“旧闻”中“发掘”新闻

★“江湖有梦追前事”：从新近披露的“旧闻”中“发现”新闻

★“细腻风光我独知”：从司空见惯的“旧闻”史料中“切入”新闻

★“不能忘却的纪念”：从尚存温热的“旧闻”复习中“强调”新闻

一、“旧闻评论”与新闻评论的转换

美国经典新闻教科书《新闻报道与写作》的作者、美国著名新闻学者麦尔文·曼切尔(M. Mencher)说：“无论一个新闻事件具有多么重要的意义，涉及多么重要的人物，其新闻价值是随着时间流逝而递减的。”①的确，按照新闻学的常规，新闻及新闻评论的价值与其时效性唇齿相依，密不可分。作为“感应的手足”，受众对媒体的要求第一重要的是强调“及时”、“迅即”，马上做出反应，发出自己的声音。所以，“旧闻”在新闻学上几乎是“过期作废”的同义词，评论“旧闻”更近乎“打死老虎”的“画蛇添足”。

然而，“时效性”的重要标准之一是“新闻事件公开之后的报道时效”而并不仅仅是“立竿见影”的“现在进行时”的时效。美国联邦调查局关于暗杀肯尼迪总统的调查详情直到暗杀发生14年后的1977年才公诸于众，可是美国各大报纸仍然把暗杀详情作为头版头条刊登了出来。同时，“战斗正未有穷期，老谱将不断袭用”，同类历史事件的重复出现也常常模糊了“新”与“旧”的界限。正因为历史常常有惊人的相似之处，“旧闻”因此也经常充满了“新闻性”。

公元前44年，恺撒大帝把罗马元老议员的数目增至900人，将其同党补入元老会议。引起了守旧派元老的仇

①[美]麦尔文·曼切尔：《新闻故事的写作》，清华大学出版社《新闻报道与写作》(英文原版系列)，2003年版，第68页。

恨。次年 3 月 15 日,元老会议议员普鲁斯特把恺撒刺死在元老院门前。恺撒一回头,看见了普鲁斯特,他撕心裂肺地叫道:“我的孩子,原来你也在内呀!”说完凄然倒地。1962 年之后,鲁迅先生在其《狂人日记》中同样惨痛地大叫:“原来也有你!……吃人的是我的哥哥!我是吃人的人的兄弟!”设想鲁迅不写小说,而是用“恺撒之死”为素材写一篇“旧闻评论”,大概同样可以达到控诉“吃人之家、吃人之世、吃人之史”的目的。

而且,由于新时期拨乱反正的大的历史环境的出现,由于评论员对于“新闻评论”的理念的变化,由于媒体和受众互动的审美诉求,在新时期的新闻评论中,“口述历史”的夹叙夹议此起彼伏,“忆往昔峥嵘岁月稠”的“怀旧情绪”绵绵不绝,于是“朝花夕拾”类的评论佳作不断面世,为美学的新闻评论学提供了新的研究课题。

美学家克罗齐认为:“所有的真历史都是当代史”。他在其大部头《历史研究》中详细阐述了历史作为“运动之中的哲学”的理论。他认为历史学家的任务就是“揭示处于因果联系的流动和作用中的自然和人。”[①]该理论给予我们的启示至少有两点:其一,旧闻和新闻也是相对的。在不同的时间或地点,对于不同的受众,“新”和“旧”是可以转化的。其二,新闻常常依赖于“旧闻”,在“旧闻”的基础上深化、生发,开出新鲜的花朵。例如 1959 年 9 月 12 日《广西日报》有报道题为《亩产十三万斤的来历》,详尽叙述了广西环江县红旗人民公社如何在河南省“小麦卫星”的鼓舞下,深耕一尺五寸、用鼓风机通风、“凡是施化肥或草木灰人粪尿时,都冲水拌匀,并用纱布滤过,用洒水壶和竹管接洒水桶来喷洒。在移植的头六天,每天做一次,六天后隔两三天做一次,直到黄熟为止。……”终于“一亩零七厘五中稻田,获得亩产十三万零四百三十四斤十两四钱的惊人纪录”。配发的照片附有文字说明:“这块高产田仅一亩多,竟由 300 人花费 8 小时才收割完毕。”[②]该事件对于熟知“人有多大胆、地有多大产”的当事人自然是“旧闻”,可对于新时期出生的“80 后一代”却一定是新闻,而且是必须补上的一课,尽管其中叫人啼笑皆非的

①[美]威尔·杜兰特:《哲学的故事》,中国档案出版社,2001 年版,第 463 页。
②沈久泉、张焕宗、姬丽萍:《老新闻·共和国往事(1956-1958 年)》,天津人民出版社,1998 年版,第 169-170 页。

“黑色幽默”不乏悲剧的美感。可见能够让今人思绪联翩、眼睛一亮而恍然大悟的“旧闻”，仍是新闻。当然，其逆定理是：有些千人一面、千部一腔、千篇一律的“新闻”往往是旧闻。如“文革”期间的“形势大好，而且越来越好”、“今年又前进一大步”等等。

从审美的角度分析，这种以“旧闻”为依托的“朝花夕拾”式样的新闻评论主要有以下几方面的特色——

二、“总把新桃换旧符”：从已有定评的“旧闻”中“发掘”新闻

欧阳修说过：“正名以定分，求情而责实，别是非，明善恶，此《春秋》之所以作也。”对于力图为当代历史作《春秋》的新闻评论员，对于力图在“旧闻”中寻觅新闻评论素材的论者，这种“别是非、明善恶”的“定分责实”原则实在可以奉为“指导我们思想的理论基础”。由于人所共知的历史原因，早有定论的“旧闻”中往往蕴含着有价值的新闻切入点。探幽发微，正本清源，推翻了早有定论的、或部分人认为可以定论的“旧闻”之后，新闻评论常常以振聋发聩的姿态出现。

1998 年底，《方法》杂志披露了我国著名气象水文科学家编纂的权威资料，证明 1959~1961 年全国的气候都是天公作美的历史最好时期，“正常程度甚至令人吃惊”。据此，“三年自然灾害”的定论被彻底推翻。《精神文明报》就此发表了评论《被遗忘的谎言》，作者黄俊伟指出：

“引用的资料均出自专家、学者之手，相信他们不会也不敢篡改历史。说实话，我没读这篇文章之前，假若有人问我造成‘三年灾害’的主要原因是什么？我会下意识地首先想到‘三年自然灾害’(考试就是这样回答的)。为验证我的观点是否具有‘广泛性’，我还随机询问了若干同事，利用上课机会问卷调查了四十一名大学生，首选回答均为‘自然灾害’……一种难以言状的情绪始终伴随着我。出于某种需要而‘统一’的‘标准答案’力量如此强大，

它甚至能轻易改变亲身经历过那段历史的人的正常记忆。"(《精神文明报》1999 年 1 月 30 日)

以往对于"三年自然灾害"的问题,还有"七分天灾,三分人祸"之说,现在在气象水文权威资料面前,我们忽然发现那是地地道道的"人祸"而与"天灾"几乎毫无关系。该评论的结尾是"逝去的历史又往往会以类似的方式重演。……眼下一些地方,某些官员为追求政绩的'浮夸',不是就已呈'风起云涌'之势了么?"从旧谎言到新浮夸,作者显然着眼于"旧闻"中的新闻,评出了旧事件背后的"现实意义"。又如与此评论相关的姊妹篇《什么是"非正常死亡"》,以同样的方式追问了"三年自然灾害"无辜饿死的父老乡亲。作者说自己跑到北京图书馆,查了数种《中国现代史》和《中国当代史》,都说"三年自然灾害"时数百万人是"非正常死亡"。后来咨询了人大法学博士,才知道从法律上讲,与"自然死亡"相对的,不叫"非自然死亡",也不叫"非正常死亡",而是叫做"法定死亡",如洪水冲走、战场失踪等等。而诸如老舍跳湖、张志新割喉者,统计学上才归为"非正常死亡"类。于是,作者慨叹道:

"我们能对怙恶不悛的日本将'入侵'写成'进入'义愤填膺,却对把饿死曲笔为'非正常死亡'熟视无睹!国际社会至今还在为慰安妇和犹太人寻公平,而我们居然不能在死因上给自己的几千万饿死的父老乡亲一个直面的说法!"(《杂文报》1998 年 2 月 10 日)

以现在的眼光回望过去,洞若观火。巴金先生说过,对于历史的教训他就是要"抓住不放"。《什么是"非正常死亡"》的作者同样是以"抓住不放"的精神从旧闻中再次敲响反"左"的警钟,力图通过对于昔日"旧闻"的评论弘扬我国几千年的优良历史传统和党的坚持真理修正错误的务实作风。

真理在胸笔在手,无私无畏即自由。综上所述可见,此类新闻评论的美感在于"还历史本来面目"的使命感,在于探求真理的理论思辨中获取"心安理得"的审美快感。

三、“江湖有梦追前事”：从新近披露的“旧闻”中“发现”新闻

历史是需要沉淀的，尘封既久的“泰坦尼克号”是需要拿出当年的“旧船票”才能入门的。当年，有些材料虽然具有重要的新闻价值，却因为种种原因封存于历史档案之中，有些事件的内容在事发当时是不便披露的或仅仅让人略知大概的，过了若干年之后，真相大白于天下，“旧闻”中的新闻便浮出水面，于是自然引出一些发人深省的评论。如在肯尼迪政府派兵入侵古巴猪湾之前，《纽约时报》有关人士已经得知了这一极具新闻价值的绝密消息，而肯尼迪总统得到消息后立即进行干预，使得极具新闻价值的绝密消息无法及时地公诸天下，更无从得到及时的评论。

1966年，我国“文革”之初的“抄家”风，虽妇孺皆知，但鲜有较详细的记载。而后来见之于报端的某市1966年9月市委常委会的记录上却是白纸黑字：“十七、十八、十九三天取得辉煌战果。市三区抄家五百二十二户。工厂、机关、企业，据部分单位统计抄了四百一十八户，共一千九百四十人。对多数进行了批斗，大部分还游了街。赶走了三百四十七户，九百六十二人。查出黄金三百一十四两，银元九百八十一枚，白金七克，现金九万八千零三十三元……两天来，黑六类自杀九人。”面对这作为“辉煌战果”的一段痛史，评论者说：

“重温这段不算久远的历史，我的感想是，依法治国，公民权利，政治文明，首先要靠政府行为体现。今天人们最担忧的不是社会上的小流氓，而是一些官员利用国家机器胡作非为。”（丁东：《一则日记与一段痛史》，《团结报》1998年10月13日。）

作者利用当年的档案材料，把今天的“余悸”与“旧闻”中的数字联系起来思考，为国担忧，为民担忧，只怕妖

雾又重来，表现出可贵的民本思想和"稳定"意识。发思古之幽情从来都是为了现在。八年后的消息证实了"一些官员利用国家机器胡作非为"的担忧决不是杞人忧天——央视国际频道的"新华视点"2006年2月17日报道：院长带头搞腐败医生七成吃回扣，广东省江门市新会区人民医院200名医生却有140多名陷入了"回扣陷阱"，形成了多开多得、利益均沾的腐败食物链。院长方机占有江门市民华医药公司49%的干股，两年间新会区人民医院向该公司采购药品约2 850万元。方机仅收受一医药公司的贿赂就有价值130万元的房产两处及药品回扣25万元。医生有权决定用药量、用何种药，据此收受回扣。连电脑员都把电脑单卖给药商，2年来就收了10多万元"小费"。据报道，近一年多来"落马"的，还有江门其他6家医院的一把手——当胡作非为成为天经地义的时候，"旧闻"评论的意义即刻可以凸现了。

无独有偶，刘洪波的评论《颠扑则破》则根据党史材料展开了卓有见识的评论。资料曰："在参加中共八届十二中全会的人员中，八届中央委员只有40人，不足半数，98位候补中央委员中，出席者只有19人，两者相加只有59人；而被扩大参加会议的'中央文革小组'成员、军委办事组成员和各省市自治区革委会成员、各大军区、中央直属机关成员达到74人"。就是这次畸形的会议，撤销了刘少奇党内外一切职务并将其"永远开除出党"。作者的思考是：即便这次会议完全按照合法程序召开，全由中央委员和候补委员参加，那决议仍然极可能依然如故——

"那么多人的集中意志，完全没有起到任何作用。这固然表明全党意志遭到了粗暴的践踏，也反映出所谓的集体意志不过是变了种的'个人意志'而已，否则，何以'全党意志'被践踏时，不仅没有遇到阻碍，而且无处不荡漾着幸福的情绪呢？"①

作者发现："中国当代历史，毫无保留地证明了神话与奇迹的灾难"，于是更加深刻地体会到集体意志和民主

①刘洪波：《淳朴的异议》，新疆人民出版社，2001年版，第88页。

政治的不可或缺。史料公布的时间与政治环境的先后决定了这样的评论只能是“旧闻评论”，评论员的“直言”正是也必须是在“盛世多危言”的清明时分才会“脱口而出”，是故评论旧闻常常同样需要坚持真理的勇气。

有时评论员从旧闻切入的目的并不是“发现新闻”，而是“借题发挥”，于是“顺手”把评论写成了杂文。2003年9月，岳麓书社出版了原国民党政府行政院政务处长蒋廷黻的《蒋廷黻回忆录》，其中说到蒋介石的朴实生活令他“深受感动”：“他在牯岭住的是一栋朴素无华的房子，门牌正好是十三号。尽管他的许多外国朋友劝他换个号码，但他一直都不相信那种洋迷信。”评论家张金岭由此发挥道：

蒋介石过着怎样的“朴实生活”，且令廷黻先生“深受感动”，除了这几句简洁的文字，我们不得其详。但搜索一下自己的阅读记忆，发现一个很有趣的事，喜欢过“朴实生活”，竟然是某些政治大人物——政治家也好，政客也罢——常有的“爱好”。

希特勒这个第三帝国的“卓越领导人”、纳粹的大政治家，虽然享有独裁者的绝对权威，却也喜欢过“朴实生活”。希特勒为了纳粹的“革命事业”，终生未娶。这真是比我等“劳动人民”还要“朴实”的生活。为了事业，不娶也就不娶吧，自己混成了这么大的大干部，和小蜜们搞点绯闻什么的，也碍不了什么大事吧，况且有忠心耿耿的戈培尔博士“管宣传”，也一定能把这事儿宣传成领导的“工作需要”，保不准还能让德国人民真正认识到“领导也是人”，感动得一把鼻涕一把泪呢！但希特勒没有这样的绯闻。领导的确“也是人”，希特勒也有自己钟爱的女人，这个女人就是在纳粹灭亡的最后关头，在柏林的地下掩体里和希特勒完婚，并情愿和希特勒同归于尽的爱娃·勃劳恩。希特勒虽然很喜欢这个女人，但大概是怕“影响不好”，他总是不让她露面，不让她到元首大本营里来，甚至极少允许她到柏林来，而战争年代里，希特勒大部分时间是在大本营中度过的。对此，就连希特勒的司机埃里希·肯普卡都看不下去地说："她是德国最不幸的女人。她一生中的大部分时间是在等候希特勒。"（威廉·夏伊勒：《第三帝国的兴亡（下）》，世界知识出版社，1996年版。）领导自己弄得像个"苦行僧"似的，连"群众"都开始"不答应"了。希特勒不但不利用职权玩女人，也没有像戈林那样利用权势为自己捞一笔大财。希特勒的遗嘱写得非常"感人"，谈到临死前的婚姻，他说："这就弥补了由于我服务于人民而进行工作给我们两人所带来的损失。"谈到个人财产，他说："我的所有财物，不论其价值多少，都属于党，如果党不存在了，就归国家。假如国家也灭亡了，那我就用不着再交代了。"真是要多"朴实"有多"朴实"啊！

蒋介石、希特勒，这两个过着"朴实生活"的领袖，虽然一个生活在东方，一个生活在西方，但他们还有一个共同的地方：他们的"朴实生活"，和他们的专制独裁可以并行不悖，且相得益彰。比如蒋介石，他虽然不敢从根本上否认自由民主的思想价值，但他毕竟是个浑身浸淫着传统中国皇权专政文化基因的政治人物，因此，他对于独裁统治可谓情有独钟，早年统治中国大陆的时候固然就不用说了，就是败退台湾之后，这种本性也没有太多的改变。根据1946年民国宪法第四十七条的规定，总统的任期是六年，"连选只连任一次"。但是蒋介石的第二任总统任期到1960年3月期满，依法已不能再做总统的候选人，但人家还是照样继续干下去。手法很简单，老蒋不是向着宪法不干了，而是向自己的国民党说，党不但一致反对，而且还一致劝进，于是老蒋"为了党的利益"，只好再干下去（余英时：《从〈日记〉看胡适先生的几个疑案》，《万象》2004年第7期）。蒋介石也好，希特勒也罢，虽然过着"朴实生活"，但为了自己的独裁统治，使用任何下三烂的手段都一点不觉得脸红。

……

尼克松在《1999年：不战而胜》里有句话说得好："一个民主国家和一个专制国家在道德规范上是不能等同的。"

评论从蒋廷黻回忆的“旧闻”切入，从“朴实生活”的现象挖掘开去，联系多年的“阅读记忆”，把“朴实生活”背后的绝不朴实的独裁统治揭露得淋漓尽致。此种评论继承了鲁迅《朝花夕拾》的文风，以“现在的语言”说过去的新闻，把“朴实生活”的“局部道德”置于“独裁统治”的巨大背景之下，论得幽默而雄辩。

“属于上帝的归于上帝，属于恺撒的归于恺撒”，正因为时间总是公正的，所以发掘出的史料本身往往就是“无声的评论”。而这种从新近披露的“旧闻”中“发现”新闻的“旧闻评论”的美感多在于“发现历史”之后的“顿悟”，“指点江山、激扬文字”的“主人翁”意识和亡羊补牢、警醒后人的拳拳之心。

四、“细腻风光我独知”：从司空见惯的“旧闻”史料中“切入”新闻

综观鄢烈山、张心阳、刘洪波等常常于“旧闻”中开掘出重大论题的评论家的新闻评论，一个共同特点，就是“以旧例新”、“整旧如新”，说了旧的也就是说了新的。这一点无疑是继承了“旧闻记者”郑逸梅先生的“旧闻补白”的特点。郑老的《艺林散叶》记载“旧闻”达6610多条，精心选择，寓议于叙，言简意深，几乎一字不易。时时叫人多有感触，窥见新意。如——

◎慈禧曰，谁给我一时不痛快，我就叫他一世不痛快。可她特别喜欢李白的诗，能背诵十之三四。

◎包天笑手掌丰厚，相面者说他晚年必发大财。但到98岁死，依然穷书生一个。

◎诗人杨无恙，有名句“六十我满意”，59岁死。朱天目有一印“不死先生”；郑曼陀有一印“曼陀不死”，不数年，二人俱死。

◎ 李叔同在杭州教书时，凡师生朋友索取墨宝者，无不立时答应。有时砚有余墨，就向学生招呼：“有宣纸的可以拿来！”直至墨尽而止。

◎溥仪尝对人说，我身边有200个御医，可我的身体还那么瘦弱。

◎有人欲画马，师事徐悲鸿，徐婉谢之，谓画马必须以马为师，若以画马之我为师，落下乘矣。

◎柳亚子作书极草率，不易识。……一次，亚子致书曹聚仁与张天放，信尾注：你们读不懂的话，隔天见了面，我再读给你们听。①

由慈禧想到有些单位领导的"一言堂"；由包天笑、杨无恙等虑及街头摆摊算命的"半仙"；由李叔同联想到如今有的书法家的字幅恨不得按平方毫米卖，无奈字能够写得如弘一法师那般干净天真、骨力居中、含而不露的真是凤毛麟角。由溥仪的自叹悟出有时"御医"恰恰是"瘦弱"的重要原因——姑娘日益憔悴，因为镜子太多；工作毫无长进，因为指导太多；道德逐渐滑坡，因为楷模太多矣。由徐悲鸿想到今天的"艺术班铺天盖地"——都"以马为师"，还开什么班、挣什么钱？收什么报名费和学费？由柳亚子反观时下电报已经被取消，信札也日渐稀少的巨变……所有有关史料和旧闻评论都可以因受众脑海中原有的"格式塔"而变为新闻评论。

"论从史出"是需要积淀的。对于旧学根底深厚的专家学者，史料往往是信手拈来，"旁敲侧击"得天衣无缝。如鲁迅对于"安内与攘外"的精彩评论。1931年11月30日，蒋介石在国民党外长顾维钧宣誓就职会的"亲书训词"中，提出"攘外必先安内"的方针。1933年4月10日，蒋介石在南昌对国民党将领演讲时，又提出"安内始能攘外"，为其反共卖国政策辩护。这时一些报刊也纷纷发表谈"安内攘外"问题的文章。在"伪自由"时期，鲁迅无法畅所欲言，于是"东拉西扯"而借古例今，于1933年5月5日写出了著名评论《文章与题目》——

文章与题目

一个题目，做来做去，文章是要做完的，如果再要出新花样，那就使人会觉得不是人话。然而只要一步一步的

①郑逸梅：《艺林散叶》，《郑逸梅选集》（第三卷），黑龙江人民出版社，1991年版。

做下去，每天又有帮闲的敲边鼓，给人们听惯了，就不但做得出，而且也行得通。

譬如近来最主要的题目，是“安内与攘外”罢，做的也着实不少了。有说安内必先攘外的，有说安内同时攘外的，有说不攘外无以安内的，有说攘外即所以安内的，有说安内即所以攘外的，有说安内急于攘外的。

做到这里，文章似乎已经无可翻腾了，看起来，大约总可以算是做到了绝顶。

所以再要出新花样，就使人会觉得不是人话，用现在最流行的谥法来说，就是大有“汉奸”的嫌疑。为什么呢？就因为新花样的文章，只剩了“安内而不必攘外”，“不如迎外以安内”，“外就是内，本无可攘”这三种了。

这三种意思，做起文章来，虽然实在希奇，但事实却有的，而且不必远征晋宋，只要看看明朝就够。满洲人早在窥伺了，国内却是草菅民命，杀戮清流，做了第一种。李自成进北京了，阔人们不甘给奴子做皇帝，索性请“大清兵”来打掉他，做了第二种。至于第三种，我没有看过《清史》，不得而知，但据老例，则应说是爱新觉罗氏之先，原是轩辕黄帝第几子之苗裔，遁于朔方，厚泽深仁，遂有天下，总而言之，咱们原是一家子云。

后来的史论家，自然是力斥其非的，就是现在的名人，也正痛恨流寇。但这是后来和现在的话，当时可不然，鹰犬塞途，干儿当道，魏忠贤不是活着就配享了孔庙么？他们那种办法，那时都有人来说得头头是道的。

前清末年，满人出死力以镇压革命，有“宁赠友邦，不给家奴”的口号，汉人一知道，更恨得切齿。其实汉人何尝不如此？吴三桂之请清兵入关，便是一想到自身的利害，即“人同此心”的实例了。……四月二十九日。

尽管吞吞吐吐，照例一针见血，鲁迅从明朝切入，以旧闻评论新闻，以是不是“人话”半开玩笑，以明末宦官魏忠贤通过特务机构东厂、锦衣卫杀戮人民和正直士大夫的“东林党”的历史，说“安内而不必攘外”的现实；用镇守山海关的明将吴三桂勾引清兵入关，镇压起义军，李自成兵败出北京,说“不如迎外以安内”的现实;用《史记·五帝本纪》里“黄帝者,少典之子,姓公孙,名曰轩辕”的“始祖”理论,说“外就是内,本无可攘”的现实。句句紧咬现实而讥讽国民党蒋介石的卖国行径,评论得针针见血却天衣无缝。文章署名“何家干”可以译为“此评论是谁人所作,气煞人也!”亦可见设想“党国要员”阅读评论后的气急败坏,暴跳如雷。

相比之下,年轻的评论家们则是常常从司空见惯的“旧闻”史料中“切入”新闻,进而抓住一条线索,生发出与现实相关的重大话题。最具代表性的是出现在《南方周末》评论版上的何三畏的《那个年代的“卧底记者”》,作者从妇孺皆知的大诗人杜甫切入,评得有声有色——

他是一个优秀的卧底记者,善于深入社会底层,去报道社会主流所不愿与闻的新闻。天黑之前,他就潜入了石壕村,现场报道了“有吏夜捉人”的场面。现在,这些“经典报道”都选入了中学课本,使我们世世代代都知道,“吏呼一何怒,妇啼一何苦”,知道战争残酷到一个已经牺牲了两个孩子的母亲还要去随军服务,而这个“烈属家庭”的媳妇则穷得“出入无完裙”。在他现存的大量诗章中都具有一种值得我们现代人学习的“现代性”——尽管那时没有人本主义一说,但他有这样一种品质。

公元759年,他47岁了。在那个“人生七十古来稀”的年代,诗人只有十一年好活了,他用了八年泡在蜀中。本来,经历过难以备述的苦难,诗人已经“官复原职”,可同时,他也已经对政治失望。这时,有朋友到成都做领导,诗人总是一副诗人性情,于是当年秋后辞官,年底就到达成都。

想当年,十几岁就诗名动天下,后来一度枉把华章投权贵——即便对于现代的读书人,这也是正常的事——然而,幸也不幸,他功名不遂,生逢乱世,民间疾苦,世上疮痍,命运偏偏要成就一个“诗圣”,一个伟大的“卧底记者”。他用诗记录的历史,具有史诗般的壮阔,任何历史学家都不可能告诉你那么多,那么多直接采自“生活现场”

原生态的真实。

当年的川西平原，沃野千里，水肥草美，半生离乱的诗人遂得以安生。还是靠朋友帮助，在城郊置地一亩，盖起“草堂”。这时，他的生活呈现出一丝安宁祥和的景象。“老妻画纸为棋局，稚子敲针作钓钩”，看来，“流浪记者”开始休假。可是有一天，他的“茅屋为秋风所破”，想来诗人的茅屋不会是最差的，那么，其他的人可能就更不好安生了。诗人还是那种“以民为本”的观念，仰望长天，浩叹天下寒士广厦之不可得。“向下看的价值观”在任何时候都是孤高的。它出离时人，不仅使他不能在官方领到红包，也使这位很重朋友情谊，时常满怀深情地赞美和缅怀别的诗人和朋友的人，得回应者少。“百年歌自苦，未见有知音。”他注定要寂寞一生。

58岁了，“卧底记者”还要上路。他要死在路上。他如愿了——这是杜甫式的死法。

如此“古今杂糅”地写到结尾，读者才发现评论家的“新闻由头”是纪念杜甫诞辰和思考“文化”在时下的可怜处境——

他活着的时候，肚子里缺的就是卡路里。他没有料到的是，一千二百三十年之后，某些地方，一种现代产业——旅游，会因他卧过底而发达，甚至有一种肥肠食品会以他命名。一千二百三十年之后，他已经在多处长成了“文化象征”——他那副特有的石头一样瘦硬的形象，正为当地的经济要唱戏而搭台。而我因为有时被人称为记者，可想起来他就羞愧难当——我写了些什么呢？我将要写什么呢？——我能做到的就是，在他被人们以各种理由记起时，以我自己的方式写一篇短文来纪念他。（何三畏：《那个年代的“卧底记者”》，《南方周末》2002年9月19日）

读者几乎可以窥见字里行间闪亮的泪光。作者用“旧闻评论”的方式把杜子美重新描画了一次，顺便也为新闻评论提供了一种美学范例。为此，"百年歌自苦，未见有知音"的老杜九泉之下亦可会意而微笑了。

此类评论的美感在于"高屋建瓴"的机智、"旁敲侧击"的启示和"于古旧中见新鲜"的构思方式及氛围营造。此处审美的"陌生化"是于"至今已觉不新鲜"中"折腾"出新鲜，即评论家根据大家耳熟能详的"旧闻"重新铸造出自己的论点和论据，此等功夫，远非一般意义上的"纪念"或"学习"之类的"新闻评论"所能企及。

五、"不能忘却的纪念"：从尚存温热的"旧闻"复习中"强调"新闻

"寄蜉蝣与天地，渺沧海之一粟。哀吾生之须臾，羡长江之无穷。"——新闻是稍纵即逝的东西。时过境迁，是否还有人记得前不久惊天动地的事件？尘埃落定，是否还有人记得事件的受害者？我们都知道生活还要继续，人们必须"向前看"，因而也随时忘却了许多东西。于是，像鲁迅在两年之后写《为了忘却的记念》一样，所有急于回顾不久前发生的新闻并加以评论者，都是为了从尚存温热的"旧闻"复习中"强调"新闻。

2006年2月8日《北京晚报》载：春节长假最后一天，北京朝阳北路撞人逃逸案圆满告破，原来是某经营着婚庆公司等多个产业的富家子弟驾红色宝马撞死人后逃逸。报纸评论员自然记起了温热尚存的"宝马撞人案"——

要不怎么说"买车就要买宝马"呢！记得早有评论说：有了宝马，即便"对车的性能不了解"如苏秀文者，也能领上六年的驾照，轧死了农妇也能判一缓三。有了宝马，即便"根本上不适合开车"如黄娅妮，也开了"两三年车"，无证驾驶而连撞7人，自有老公花23万人民币——"摆平"。有了宝马，就买得到6666、8888之类的车牌，司机也会对那些挨揍的蠢蛋晓以利害："你们尽管去告，告到省委组织部，公安厅都不怕，你们看这车牌号就不是一般人的车子，在南京一般人上不了这车牌。"呜呼，无怪乎大家

常说宝马既威风快速又保险稳当，像高速坦克似的。不知这回“富家子弟”又有何种理由开脱？（三耳:《一周快评》，《湛江晚报》2006年2月14日）

用互相印证的写法，评论员统统让前不久的“旧闻”说话，“影射”后来的撞人者同样是飞扬跋扈的不法之徒。需要说明的是，评论里的“宝马”无疑是具有“特指”的内涵，绝非以偏概全地骂遍所有“宝马”驾驶者。

在孙志刚无辜致死两周年，《华南新闻》2005年4月20日发表了高一飞的《不能忘却的纪念——孙志刚之死两周年祭》，在“他人亦已歌”之时，写下了悼念孙志刚的祭文，重新唤起了我们的记忆。作者以朦胧诗人顾城的《一代人》——“黑夜给了我黑色的眼睛，我却用它寻找光明。”——作为题记，暗示孙志刚之死是一个时代的终结和一代人的屈辱，因此更加不能忘记。而通篇皆用第二人称，表现出对于死者的呼唤和亲近——

3月20日，中国的初春，这是一年一度的全国人大闭幕之际，全国各地的代表们又将意气风发地返回他们的工作岗位；我的兄弟姐妹又背负行囊，挤上南下的火车。两年前，你就是这样去了广州，27岁阳光的脸上，笑容洋溢，艺术者的气质，让你的身上透出一股书生意气。因为没有暂住证，你被带进了收容所。出来时，你在父母痛不欲生的呼喊中，已不能说话，只有满身的伤痕，像一张张说不出话的嘴。

你的木匠父亲孙禄松说：“志刚的死换来了社会这么大的进步，志刚的死也值得了。但现在打工仔的许多其他合法权益还没有完全受到保护，比如拖欠工资、孩子上学难等，‘打工仔’对城市的建设出了很多力，我希望他们能得到平等的对待。”多么善良的父亲，仇恨被很快忘记，悲痛被压在心底，而只是希望与你一样的同胞，不再有一样的悲剧。

你的父亲指着门上的对联、墙上的剪纸说：“现在他死了，我希望能给他出一本作品集。”你多才多艺，是村里唯一的大学生。可你的母亲因丧子之痛受了刺激，至今还经常跟你父亲吵闹，说"当初不应该送志刚读书，如果在家种田，儿子还活得好好的。"她把你的死归咎于送你读书，"送你读书"居然就成了一种罪过，成了一生的后悔。

可是，人性的光辉，也总是让人感动。两年前，是那几个《南方都市报》的记者，发表《被收容者孙志刚之死》，让丑恶无法藏身；是中山医大的法医推翻了"意外死亡"的结论。是社会各界通过各种媒体，发出了严惩凶手的呼吁，是有良知的学者提交了要求违宪审查的上书。在建设"孙志刚墓"之初，就墓地上的文字，全国各地的专家、学者以及打工者和其他普通民众，纷纷把悼词或碑文由网上传来，表达自己的心声。至今，来自全国各地的问候和参观者，来到这个本来默默无闻的山村，让我们知道，社会的良心仍然在跳动。

两年过去了，凶手已伏法，恶法已废除。与所有的逝者一样，除了还没有能从悲痛中解脱出来的白发父母，你也免不了被知识精英所漠视，为普通民众所遗忘，但中国法治史的伤口，每到寒潮，就会隐隐作痛。

我们听到的是："没有农业的稳定，就没有社会的稳定"。"没有外来人口的稳定，就没有城市的安宁"。我仰望星空，向这些人发问：人难道仅仅是社会稳定的工具？人本身难道就不能是目的？人的幸福与快乐难道就不能是制定法律的依据？我要说，没有所有人的自由、平等与快乐，这个社会即使很稳定，又有什么意义。

所以，我要平等，无论是城市还是农村、警察还是乞丐、总理还是百姓；我要自由，我要能在自己的国家随便走动，而不至于在半夜被查暂住证的嘈杂惊醒；我要快乐，要画画，要唱歌，要工作，要爱情。我要让所有国家的法律，都以自由与平等的名义制定。

什么是宪政，自近代以来，有宪法不一定有宪政，只要宪法没有把人民当作人；只要这个宪法不重视人民的声音。如果恶法废除，都要以生命为代价，那这是法治不能承受之重。人权之重，民主之重，法治之重，重在它重视每一个普通的百姓。

荆楚大地，出过很多的烈士、将军，平凡的你，本没有料到自己会青史留名，你只是想到城市的冷眼里、别人的屋檐下去寻找自己的梦，却没有料到，就是因为你没有暂住证，只是因为你“顶了嘴”，人的膨胀的魔性就可置你于死地。没有制约的权力，就会变成恐怖和暴力，就可以杀人。你以死为代价，当了恶法的原告，成了“值得纪念的人”。

为了我的姐妹弟兄不再被无端地盘查，人在他乡，就像在自己的家里一样，无须对这个世界以怯生生的眼光打量；为了共和国不再留下新的耻辱，新的伤痛；为了本来就属于我们的自由、平等。

愿自由伴我，法护民主人权。

愿宪行天下，人民幸福安宁。

事件的受害人，往往只是事件的配角，他本身所受的苦难被热烈的事件讨论淹没了，作者担心时光的流逝会把一切冲淡、冲远，于是帮助大家回忆可怜而单纯的孙志刚所受的非人的痛苦：“27岁阳光的脸上，笑容洋溢，艺术者的气质，让你的身上透出一股书生意气。……满身的伤痕，像一张张说不出话的嘴。”一个人如此悲惨地死去，作者所关心的并不是两年前大家所热议的某一制度的废除，新的政策法律的制定，而是对以往的收容制度所缺乏的人文精神提出了质疑：“人难道仅仅是社会稳定的工具？人本身难道就不能是目的？人的幸福与快乐难道就不能是制定法律的依据？我要说，没有所有人的自由、平等与快乐，这个社会即使很稳定，又有什么意义。”作者再次以泣血的声音，呐喊出了大多数人的愿望——希望有一个自由、平等、快乐的社会。如果硬要残忍地追问孙志刚事件的意义，意义就在于此。

虽然西方新闻界认为新闻是“高度易腐的商品”，“陈腐”的新闻是缺乏吸引力的。但同样是西方新闻界的有识之士也提出相反的观点：“及时性虽然重要，但它并不是一切。”不少虽则“时过境迁”，然而“石破天惊”的新闻事件——如我国的马王堆汉墓、秦始皇兵马俑、郑和下西洋的地图等等文物的发现，即使在几千年之后重见天光，仍然具有重要的评论价值。

古人云"温故而知新"，殊不知在有些时间、有些地点，"故"也就是"新"，尤其是依靠对比、联想、评点、稀释而"出彩"的新闻评论，更是离不开"旧闻"的根基。鲁迅先生说："历史上都写着中国的灵魂，指示着将来的命运，只因为涂饰太厚，废话太多，所以很不容易查出底细来。正如通过密叶投射在莓苔上面的月光，只看见点点的碎影。"①

具有历史和美学双重使命的评论家的任务是：搜聚碧海青天之中每一缕夺目的月光，为子孙后代的新闻评论"立此存照"。

①鲁迅：《华盖集·忽然想到》，《鲁迅全集》第三卷，人民文学出版社，1981年版，第17页。

第三章 同题作文："肉味"和"水味"的道义含量

[本章内容提示]

★同题对比之中的大是大非

★题在同一时间的不同事件

★题在同一事件的不同角度

★题在同一角度而不同人物

★题在同一人物的不同表演

一、同题对比之中的大是大非

"一边是庄严的工作，一边是荒淫和无耻"——对比是构思和创作新闻评论最常用的方法。以对比手法"立此存照"，无需多加分析，每每可以收到"此处无声胜有声"的艺术效果。"盛事多危言"也罢，"国家不幸诗家幸"也罢，大凡"盛产"杂文或时评的时代，一定是美丑、正邪、贫富、苦乐对比最鲜明的时代。而正义与邪恶、光明与黑暗、美与丑各各表现得十分充分的社会转型期，对新闻评论的使命感和责任感提出了史无前例的迫切要求。新闻评论要立足正义，就事论理，展开审美意义上的对比和联想是不可缺少的手段。

作为修辞格式，对比是把两种不同的事物或者同一事物的两个方面放在一起相互比较，以突出各自特征的方法。而作为新闻评论的主要手段之一，"同题作文"的对比写法不仅是修辞的问题，更是新闻评论"立意"即"照着哪一条思路联想和发挥"的问题。试看两则标题式评论——

科员级：第一学历硕士或本科，第二学历无。

乡科级：第一学历大专或高中、中专，第二学历本科或硕士。

县处级：第一学历中专或高中、初中，第二学历硕士或博士。

（冯一牧：《某地部分公务员学历》，《杂文选刊·上半

月版》2006年第1期)

交通局与违章者“共同富裕”;

环保局与污染厂家“共同富裕”;

打假者与制假售假者“共同富裕”;

老百姓在统计表上也已“共同富裕”;

(张子彬:《“共同富裕”》,《杂文选刊·上半月版》2005年第6期)

在此,评论员使用的是“合并同类项”的概括方法,简单的对比罗列中包含了对于“假学历泛滥成灾”、“乱发学历以牟利”、荒唐的“靠山吃山”、虚伪的“数字政绩”等等社会弊端的揭露和嘲弄,而读者诸君对于短评所揭示的事实的坚信不疑正是此类评论深得民意的舆论基础。所以,以对比形式出现的新闻评论的审美价值常常体现为:(1)通过对比而放大“丑陋”、“荒谬”和“不合理”,用以摧枯拉朽,激浊扬清。(2)揭示人物言行所蕴涵的哲学、社会学的意义,以明辨事理、分析真伪。

鲁迅先生说过:“比较是医治受骗的好方子”。此手法的运用,在中国现代新闻评论史上以鲁迅先生为最强,以“形势一片大好”的“文革”期间为最弱;20世纪80年代以降,拨乱反正、百花齐放,新闻评论中的“同题作文”手法再度为受众喜闻乐见。

对比手法要求作者深挖事物的矛盾本质,事例选取的典型之外往往要求时间、地点、人物、背景、言行等方面的相似。与其他文学写作不同的是:这里的对比和联想不是“形散神不散”的“冰糖葫芦”,不是找一个由头信马由缰写开去的“岁月随想”,而是紧紧始终“咬住”新闻事件,用对比和联想的方法“深挖”新闻事件背后的“内容”。其最为典型的表述思路有四:(1)取同一时间的不同事件;(2)取同一事件的不同角度;(3)取同一角度而不同人物;(4)取同一人物的不同表演。现分述如下——

二、题在同一时间的不同事件

“朱门酒肉臭，路有冻死骨”。与杜甫的《三吏》《三别》相仿，白居易的《秦中吟》亦可谓地地道道的新闻评论。作者原有序，说：“贞元、元和间，予在长安；闻见之间，有足悲者，因直歌其事，命为《秦中吟》。”“直歌其事”就是即景的时评。其第七首《轻肥》前十四句极尽那些为皇帝所宠信的宦官的穷奢极欲、豪华糜烂：“朱绂皆大夫，紫绶或将军。夸赴军中宴，走马去如云。罇罍溢九酝，水陆罗八珍。果擘洞庭橘，脍切天池鳞。食饱心自若，酒酣气益振。”而评论的核心力量却在同一时间的不同事件：“是岁江南旱，衢州人食人！”人与人之间生存环境的差别之大让作者也让读者目不忍视！

此类评论的关键是要紧扣时间的绝对相同和事件的巨大差别做文章。其审美技巧在于：同一（具有强烈政治色彩和文化影响力）时刻事件的差别越大，新闻评论的力度越大，审美（或审丑）刺激越强烈。

1934年，蒋介石于“新生活运动”中大搞“尊孔祀圣”，于8月27日“孔诞纪念会”上用40种乐器演奏孔夫子听了“三月不知肉味”的“中和韶乐二章”。据8月30日的《申报》报道，是“聆其节奏，庄严肃穆，不同凡响，令人悠然起敬”，表现了我国“酷爱和平”的“民族性”。据此，鲁迅立即写了《不知肉味和不知水味》的评论，文中引用同年同月同日《中华日报》上的大伤我“酷爱和平”的“民族性”消息：余姚天大旱无水，住民饮水大半在河畔开凿土井以汲取，故往往因争先后引起冲突。居民杨厚坤与姚士莲因争井水发生冲突，姚用烟筒头猛击杨头部，杨当即昏倒在地。姚见已闯祸，乘机逃避……鲁迅对比曰——

今年的尊孔，是民国以来第二次的盛典，凡是可以施展出来的，几乎全都施展出来了。上海的华界虽然接近夷（亦作彝）场，也听到了当年孔子听得“三月不知肉味”的“韶乐”。八月三十日的《申报》报告我们说——“廿七日本市各界在文庙举行孔诞纪念会，到党政机关，及各界代表一千余人。有大同乐会演奏中和韶乐二章,所用乐器因欲扩大音量起见,不分古今,凡属国乐器,一律配入,共四十种。其谱一仍旧贯,并未变动。聆其节奏,庄严肃穆,不同凡响,令人悠然起敬,如亲三代以上之承平雅颂,亦即我国民族性酷爱和平之表示也。……”

乐器不分古今,一律配入,盖和周朝的韶乐,该已很有不同。但为“扩大音量起见”,也只能这么办,而且和现在的尊孔的精神,也似乎十分合拍的。“孔子,圣之时者也”,“亦即圣之摩登者也”,要三月不知鱼翅燕窝味,乐器大约决非“共四十种”不可;况且那时候,中国虽然已有外患,却还没有夷场。

不过因此也可见时势究竟有些不同了,纵使“扩大音量”,终于还扩不到乡间,同日的《中华日报》上,就记着一则颇伤“承平雅颂,亦即我国民族性酷爱和平之表示”的体面的新闻,最不凑巧的是事情也出在二十七——“(宁波通讯)余姚入夏以来,因天时亢旱,河水干涸,住民饮水,大半均在河畔开凿土井,借以汲取,故往往因争先后,而起冲突。廿七日上午,距姚城四十里之朗霞镇后方屋地方,居民杨厚坤与姚士莲,又因争井水,发生冲突,互相加殴。姚士莲以烟筒头猛击杨头部,杨当即昏倒在地。继姚又以木棍石块击中杨要害,竟遭殴毙。迨邻近闻声施救,杨早已气绝。而姚士莲见已闯祸,知必不能免,即乘机逃避……”

闻韶,是一个世界,口渴,是一个世界。食肉而不知味,是一个世界,口渴而争水,又是一个世界。自然,这中间大有君子小人之分,但“非小人无以养君子”,到底还不可任凭他们互相打死,渴死的。……我们除食肉者听了而不知肉味的“韶乐”之外,还要不知水味者听了而不想水喝的韶乐。①

这种手法亦常常为近来的新闻评论所借鉴。如刘洪波发表在《南方周末》上的评论《荧屏上下的春节》,说是大年初一,看到春节联欢晚会上《今非昔比》的相声里吃救济粮“老救”住上了新楼,墙上挂两个等离子电视,开的

①《新版鲁迅杂文集·且介亭杂文》,浙江人民出版社,2002年版,第88—89页。

是宝马车，游的是世界各国，老婆穿上了裘皮大衣，就连给人送礼，也随手就拿出一台笔记本电脑。而大年初二，作者回到故乡——一个“全国百强县”的郊区，发现一些人家出不起400多元钱的初装费，所以看不到有线电视。一个有36年教龄的老师，说他们自嘲：“初中老师是个猪，600块钱还教书；小学老师是个羊，400块钱还拖堂；民办老师是个狗，200块钱还不走。”台上台下一比，作者慨叹——

我所去的村子显然不是《今非昔比》取材的对象，但《今非昔比》又取材何方呢？那样的村子是否存在？假如万一存在，又是否能够作为中国农村的“缩影”？贫困是农村的普遍现实，相声讲的是农民驾乘宝马车。宝马车比起自行车来，当然更算得“先进生产力”，但画饼终究当不得生活。

如果艺术制造的欢乐无需生活来垫底，大跃进时代的“吹牛”作品又有什么过分的呢？一个又一个乡村“耕地基本靠牛，照明基本靠油，通信基本靠吼，交通基本靠走，治安基本靠狗……”，虚伪的“歌颂现实生活的作品”却在最盛大的舞台上招摇。

春节晚会的节目，料想是层层筛选，层层“把关”而后才能演成。严格的审选当有保证节目质量的初衷吧，但像《今非昔比》这样的作品，从哪个角度而言，可以算是“高质量”的作品？深入生活啊，贴近群众啊，两为一主啊，“好作品”好像都是这么评价的，春节晚会上闯关夺隘而选中的这样作品，“生活”又在何处？

春节当然要欢快，但农村人说，“叫化子也有三天年”，无论生活怎样艰难，过年总归有一些喜气，而未必定要拿来宝马车不可。（《南方周末》2003年2月13日）

论者于不疑处见疑，用同一时间的亲身经历作比，告诉大家“假大空”要不得，受众也不会相信，即便是“吉利喜庆”为主调的春节，也不能靠“吹牛”造势。而三年之后的现实再次印证了评论员并非危言耸听。据《中国青年报》2006年2月8日文图《乡村四记》载，2006年春节期间，记者随几位在北京打零工，或以乞讨、拾荒为生的老人来到河南东部民权县，走访了林七、颜集、褚庙等乡镇，了解这里农民生活现状——

75岁的王修贤和老伴安生芝正在屋里准备做午饭。屋里很暗，桌子上的菜板上放着十来个有些发黑的饺子。"这是年二十九晚上儿媳妇送来的菜饺子，还没有吃完呢。"安生芝说，"老伴一直觉得饺子是好东西，只有过年才吃得上，初一早上吃了几个后，一直舍不得吃，说是要留到十五。"……

曾丽是颜集乡小罗庄为数不多的几名大学生之一，目前在北京一家民办高校念大三，学的是计算机控制。"学校每年的学费要9000多元，这在我们农村家庭简直是天文数字。"她说，"为了凑足学费，父母费尽心力，东家借西家求，还贷了不少款。"在学校，曾丽特别节省，每天的生活费用控制在五六元钱。……

和姨妈花白娥家比起来，曾丽家还算是幸运的。花白娥的三个孩子都在上大学，为了供孩子读书，家里一贫如洗。为了给孩子凑学费，花白娥不顾家人的反对，只身一人到北京乞讨。为了多讨些钱，花白娥过年没有回家，大年二十九都是在北京度过的。"我真没想到姨妈过得那么苦，晚上就睡在高架桥下，北京的冬天是那么的冷。"曾丽说，她在北京上学期间，去看过姨妈一次，乞讨者的生活环境让她很是震惊。"我不知道该不该劝姨妈回老家。"

篇末的"记者手记"评论道：

在农村虽然大部分地区已经解决了温饱问题，少数地区还走向了富裕小康，但因各种原因，一些乡镇"返贫"现象仍时有出现。

所谓"返贫"，是指已经脱贫的人口重又陷入贫困，即"饱而复饥，暖而复寒"。

据有关部门统计，我国各地的农村返贫率平均达

15%左右,西南、西北一些地区更达到20%以上。

造成农村返贫的原因主要有:遭受自然灾害,粮食歉收;患重病住院,无法承担高额的医疗费用;孩子上大学,费用惊人;致富心切,投资失败等。中国人民大学社会人口学院的李迎生教授分析说:"目前医疗和教育两方面的救助及保障措施还非常薄弱,尤其在农村。"

李教授呼吁尽快建立并完善农村社会保障体系,建立积极的救助机制,吸引更多的社会力量投身到社会慈善事业。

我们不可忽视建设新农村过程中这些也许很小的角落。

在至今"各地的农村返贫率平均达15%左右"的时间和地点,"老救"夫妇的新楼、等离子电视、宝马车、裘皮大衣、笔记本电脑显然是"拔"得太高而不无神话色彩了。春节晚会是平民百姓高高兴兴、合家团圆时分的"年夜饭",如果因为看了动机为"制造"欢快的节目进而对比自己的生活处境而悲从中来,势必会生出想笑而又笑不出的凄凉。

三、题在同一事件的不同角度

一曲"红楼梦",经学家听得见《易》,道学家听得见"淫",恋人听得是绵绵情话,愁人听得是雨打芭蕉。对待新闻事件亦然。同样一个事实,哪怕是很小的新闻事件,不同的眼光仍然会看出不同的结果。评论员抓住这一事件,既可以从不同角度顺向对比,也可以正反两面逆向推理,写出诗意葱茏的评论。

1926年"3·18惨案"发生之际,鲁迅先生评论中的顺向对比是:"如此残虐险狠的行为,不但在禽兽中所未曾见,便是在人类中也极少有的,除却俄皇尼古拉二世使可萨克兵击杀民众的事,仅有一点相像。"(《无花的蔷薇之二》)表达了对于"民国以来最黑暗的一天"的"出离愤怒"。而其胞弟周作人则将愤懑寓于"平和"之中,在《关于三月十八日的死者》中，他不温不火而文风趋于平实地写道——

这回执政府的大残杀，不幸女师大的学生有两个当场被害。一位杨女士的尸首是在医院里，所以就搬回了；刘和珍女士是在执政府门口往外逃走的时候被卫兵从后面用枪打死的，所以尸首是在执政府，而执政府不知怎地把这二三十个亲手打死的尸体当作宝贝，轻易不肯给人拿去，女师大的职教员用了九牛二虎之力，到十九晚才算好容易运回校里，安放在大礼堂中。第二天上午十时棺殓，我也去一看；真真万幸我没有见到伤痕或血衣，我只见用衾包裹好了的两个人，只余脸上用一层薄纱蒙着，隐约可以望见面貌，似乎都很安闲而庄严地沉睡着。刘女士是我这大半年来从宗帽胡同时代起所教的学生，所以很是面善，杨女士我是不认识的，但我见了她们两位并排睡着，不禁觉得十分可哀，好象是看见我的妹子——不，我的妹子如活着已是四十岁了，好象是我的现在的两个女儿的姊姊死了似的，虽然她们没有真的姊姊。当封棺的时候，在女同学出声哭泣之中，我陡然觉得空气非常沉重，使大家呼吸有点困难，我见职教员中有须发斑白的人此时也有老泪要流下来，虽然他的下颔骨乱动地想忍住他也不可能了。……

篇末，他撰写了一副"口语化"的对联曰：

死了倒也罢了，若不想到二位有老母倚闾，亲朋盼信；

活着又怎么着，无非多经几番的枪声惊耳，弹雨淋头。[1]

与鲁迅的"一刀见血，寸铁杀人"相比，周作人确乎"平和冲淡，枯涩苍老"而"静穆"得可以。但兄弟二人虽"文风"各异，控诉和讨伐之情却是异曲同工。由此亦可见，同样是"五内俱焚"的情感力度，而其发散形式可以是

①《周作人文选》(卷一)，广州出版社，1995年版，第427页。

多种多样的。

“逆向推理”的对比形式往往为驳论，其中既可参与敌我的搏杀，亦可在“人民内部”辩明是非。

1941年夏，抗日战争进入相持阶段。一个多月间，敌机进犯轰炸山城重庆数十次。为鼓舞军民士气，由《大公报》主编张季鸾立意，王芸生执笔写了题为《我们在割稻子》的社论。其中生动的对比曰——

在这一段空袭期间，东京各报大肆宣传，以为是了不起的战绩。然事实证明，敌机尽管卖大力气，也只能威胁我少数城市，并不能奈何我广大农村；况且我少数城市所受的物质损害，较之广大农村的割稻收获，数字的悬殊何啻霄壤？……所以我们还是希望天气晴朗，敌机尽管来吧，请你们来看我们割稻子！[1]

同为进犯轰炸，在日寇的媒体上是“了不起的战绩”，可在我抗日军民的汪洋大海里却成了“杯水车薪”。评论者没有抽象地说理和议论，仅用不露痕迹的敌我对比，便营造出“大音希声”的雄辩境界。

2004年7月，在因“非典”和“毒奶粉”等事件而逐渐实行的“问责制”一年之后，南方某报刊出一组很有意思的报道：《问责一年，“下课”官员今何在？》记者深入采访了这些官员，搜集了旁人评价。读了叫人感觉到这些“下课”官员不无被冤枉之嫌。为此，人民网“华东新闻”发表了题为《“下课”官员有啥冤的！》的评论，对“蒙冤论”提出严肃质疑——

因非典下课的某位官员被旁人评为“坦诚，实事求是”，可恰恰他“下课”的原因，就是没有“实事求是”地上报非典蔓延病例。究竟哪一个“实事求是”才是实事求是的呢？……在当时普通百姓都风声鹤唳、痛感非典来者不善之际，不管理由多么充足，主管官员真能把“瞒报”的责任推得精光吗？还有人为毒奶粉事件“下课”的阜阳市工商局长喊冤：几十万种商品，只要一种出了问题，工商局

①颜雄主编：《百年新闻经典》，湖南大学出版社，2000年版，第259页。

长就要下台，谁还敢干？这话更是不通。出了问题？什么样的问题？牺牲了12个婴儿的性命、100多个婴儿的健康甚至他们的未来这样的问题还不追究，试问还有什么问题值得追究？……老百姓的区区性命，在他们眼里，远不如一顶乌纱有价值！

同样一件事情，有媒体注目于问责制的种种缺憾——如让个别人"承担防范制度缺失的后果，并为此付出个人惨重的代价"。亦有评论发自内心地"感谢问责制"，"至少，它让官员们清醒：百姓的生命，草菅不得；百姓的事情，忽略不得；百姓的灾难，隐瞒不得！"两相比较，"肉味"和"水味"的道义含量昭然若揭矣。

四、题在同一角度而不同人物

"同一角度而不同人物"里的"角度"是指事件性质的一致性或表现的相似性，类似于数学的"合并同类项"。在美学意义上，评论员强调的不再是时间的一致，而是选取"题材"的"类推"。在以往，写这种评论需要较为丰富的史料和"以古例今"的能力，而网络时代的"相关链接"，为这种评论提供了史无前例的方便。

如评论1997年韩国女老板在珠海让中国劳工集体罚跪的事件，《辛酸的跪》(作者赵光瑞）一文就从古人的跪，到李鸿章、琦善的跪，说到"跪着暴动"！——某地村民因受基层官吏欺压盘剥，忍无可忍，在地区副专员下村视察之际，300多人跪于轿车之前，专员巨手一挥：此乃不敬首长的"政治事件"：村民胆敢"跪着暴动"！——批驳了指斥下跪者"麻木不觉悟"的论调——

跪，是弱者无声的抗议，是弱者对人压迫人的控诉；他们实际拥有的权利和地位，也许只允许如此——不跪就要丢掉工作(饭碗)，生计受到威胁——在他们这些基本的人生问题得不到保证的情况下，你还要他们"觉悟"到哪一步呢？

当年的李鸿章、汪精卫之流,面对洋人的“跪”,是卖国求荣、卖生求荣。而今日之同胞被人罚跪,又有何“荣”可求呢?岂能同日而语。人们是否真的又拥有了不跪的权利和资格,不在乎谁人的宣告,而是大家确确实实具备了“站起来”的力量。想想看,新中国成立后几十年的风风雨雨,我们的同胞迫于各种压迫而被人罚跪、下跪的事儿还少吗? 就是有些自以为“站”着的人,扪心自问,你敢说从未在高压下“跪”过么? 所以,倘若从内心里关心、同情同胞的跪,还是且慢“教导”被罚跪者的“觉悟”,最好在提高国人的主人地位, 创造一种罚跪者不能的氛围上多些思考。(《杂文选刊》1997 年第 4 期)

下跪当然无不辛酸,可不同的人有不同的辛酸,抓住了“辛酸”这个论题,对比自然连绵不绝。同为下跪,内涵大相径庭;同为辛酸,无奈与卑劣不可同日而语。作者紧紧抓住不同人物的下跪举动纵横捭阖,层层对比,把“提高国人的主人地位”的论题庄严托出,表现出思考的深度与广度。

而近现代新闻评论中有关“谢(即告别)本师”的三代学人的“同题作文”,或许更具典型性——

俞樾是晚清著名的经学家, 他非常器重弟子章太炎的才气,因而在师授过程中表现出相当的宽容与大度,太炎治经“专尚古文”,而乃师却“颇右公羊”,师徒侧重虽有不同,但相得益彰。1898 年,章太炎因参与维新被通缉,逃往日本占领下的台湾,任台北日报记者。俞樾于弟子出逃一事耿耿于心。后来章太炎剪辫子, 发表系列仇满言论,更是俞樾所不能容忍。1901 年,适逢章太炎到苏州东吴大学任教,来拜望老师,俞樾趁机怒斥弟子道:“闻而游台湾,尔好隐,不事科举,好隐则为梁鸿、韩康可也。今入异域,背父母陵墓,不孝;讼言索虏之祸毒敷诸夏,与人书指斥乘舆,不忠。不孝不忠,非人类也,小子鸣鼓而攻之可也!”对于这段痛骂,章太炎一方面搬出清学太祖顾炎武,从经学角度进行辩驳,一方面在《民报》发表《谢本师》一文,旗帜鲜明地表明自己的政治态度,并一针见血地责问其师："何恩于虏，而恳恳遮蔽其恶？"至此，章俞之间师徒反目、恩尽情绝。无独有偶，周作人作为章太炎的学生，同样对老师敬重有加。可后来见到老师在媒体上发电报"讨赤"，推曾文正为"人伦模范"，便毅然取章太炎当年作《谢本师》的"我爱我师，我更爱真理"的态度与之诀别，同样写了一篇《谢本师》公开表示决绝。篇末正气浩然，硬骨铮铮曰——

先生昔日曾作《谢本师》一文，对于俞曲园先生表示脱离，不意我现今亦不得不谢先生，殊非始料所及。以后先生有何言论，本已与我无复相关，惟本临别赠言之意，敢进忠告，以尽寸心：先生老矣，来日无多，愿善自爱惜令名。[①]

章太炎"谢"了业师俞曲园，周作人又"谢"了章太炎。接二连三的评论笔战已经构成不大不小的新闻事件，不料 12 年之后的 1938 年 2 月 9 日，周作人由于思想上的"失败主义"和后来刺客的逼迫屈膝"事敌"而"下水"，《每日新闻》刊载消息并配发照片：周作人长袍马褂立于日本军人和汉奸文人之间。消息传出，如同当年章太炎通电"讨赤"的消息一样，全国文化界哗然，"谢本师"的愤怒谴责和抗议声不少来自当年崇拜过周作人的北大学生和文学青年。诗人艾青以"异体叙述"的新闻评论形式赋诗曰《忏悔吧，周作人》——

周作人／在祖国艰苦战斗着的时候／叛变了／／周作人／那震响在中国疆土上的／摧毁生命的炮声／你听不见么？／……你能忘掉自己／是这流血的种族的子孙么？／……你能容忍／狞笑的恶魔／在你兄弟的坟上跳舞么？

艾青肯定说中国的青年不会忘记周作人的名字，但又坚定地表示，周作人若是不忏悔，"中国的青年/要向你射击"[②]！而周作人的北大研究院的学生任访秋也说："在

①《周作人文选》(卷一)，广州出版社，1995 年版，第 451 页。
②程光炜编：《周作人评说 80 年》，中国华侨出版社，2000 年版，第 154－155 页。

他的思想中，存在着一个民族失败主义。""我听了这个消息，一面觉得痛心，一面为他惋惜…… '一失足成千古恨'，造成了他历史上的最大污点。"[①]《谢本师》的评论又添了续篇。

陈平原先生说："这是中国现代文学史上很有名的三篇《谢本师》，之所以有名，是因为这种做法，代表了现代中国教育的一个特点——尊重真理胜过尊重师长。'吾爱吾师，吾更爱真理'"[②]。

综上所述，立足于同一角度而"串联"不同人物的评论方法一旦运用适当，往往可以制造出起伏跌宕的审美效果——这也是此种评论方法不断为后人袭用的重要原因。

同时，这里的"人物"也可以是相同类型的集合体而不仅仅是某一个人。如 2005 年 12 月 20 日《南方都市报》的评论(作者周云)——

本科生抄袭开除，研究生和教师呢？

北京大学近日出台了条例规定：抄袭论文、雇枪手写论文或者替别人当枪手的本科生都将被开除。应该说，北大的这一政策很必要，很及时。本科生抄袭论文的现象目前的确普遍，而且随着网络的普及，抄袭更为简单快捷。此风不刹，不仅不利于学生的提高，更助长了轻视学术、漠视诚信的风气。

但是任何一项政策、条例的出台，必须顾及公平。对于本科生来讲，他们的主要任务还是学习专业知识，而不是研究及撰写论文。而高校教师、研究生的任务则是以研究为主，论文是研究成果和研究水平的体现，因此撰写论文是教师和研究生的主要工作之一。而抄袭、剽窃论文的现象在教师和研究生当中，虽不如在本科生中那样普遍，但也是十分严重的。媒体不时爆出高校剽窃、抄袭、学术腐败的丑闻即是明证。北京大学也曾有过著名教授剽窃的事件发生。

同样都是不诚信、亵渎学术尊严、毒化社会风气的行为，就都应该处罚，处罚尺度也应该一致，甚至对于教师

①程光炜编：《周作人评说 80 年》，中国华侨出版社，2000 年版，第 191−192 页。
②陈平原：《大学排名、大学精神与大学故事》，《教育学报》2005 年第 1 期。

和研究生要更加严厉一些。希望北京大学校方能够尽快完善有关制度，对本科生、教师和研究生一视同仁，遏制学术造假现象的蔓延。

近30年来，本科生一再扩招，分数线一再降低，与刚刚恢复高考时的百里挑一相比，学生素质的下降是不争的事实，可是大学对毕业论文的要求并没有降低，于是形成了突出的矛盾。北京大学的严格管理自然是为了保证名牌大学的学生质量，然而顾此失彼的是，教师和研究生当中同样存在着抄袭的现象而并没有相关的处理措施。评论员抓住了处理作弊的"双重标准"提出诘问，立论稳妥而雄辩，清晰地显示出切入评论的比较思路。

五、题在同一人物的不同表演

"星星还是那个星星，月亮已不是那个月亮"——在同一个新闻人物身上也可以寻到"同题"的落笔之处。如果说以上几方面是从"何其相似乃尔"的意义上做文章，那么，同一人物的不同表演就是在"何以判若两人"上下工夫。本来，根据瑞士心理学专家荣格的"人格面具"理论，人们在不同的场合自然会作出不同的表演。荣格认为："人格最外层的人格面具掩盖了真我，使人格成为一种假象，按着别人的期望行事，故同他的真正人格并不一致。人可靠面具协调人与社会之间的关系，决定一个人以什么形象在社会上露面。"人格面具是靠我们的身体、语言、衣着、装饰等所体现。我们以此告诉外部世界我是谁，用人格面具去表现我们理想化的我。但在另一方面，人格面具又维护了人的虚伪与怯懦，使人不自觉地步入了与真实人性不同的心境。而"表演"的过分和失常往往为新闻评论提供了材料。大贪官王宝森畏罪自杀后，有论者发现了王宝森除了北京市副市长以外还有两个职务：北京市反腐败领导小组副组长和第七届国际反贪大会副主席。这两个职务与骄奢淫逸、大肆挥霍挪用公款上亿元的无赖相形成了鲜明的对比。接着，论者类比道——

“说到贪官领导反贪，就不能不提到严嵩和珅二人。明代严嵩当吏部尚书，和珅兼任户部侍郎理蕃院尚书，负责“整顿吏治”，与当今的“反腐败领导小组组长”也差不多。这两位本来就是数一数二的大贪官，由他们领导反贪，那么当时的腐败横行贪官遍地也就没有什么奇怪了。这种事，历史上有，现在也不少，王宝森就不说了，首钢的管志诚，被捕前的头两天，不是还在万人大会上作反贪倡廉的动员报告吗？”①

更具有对比意味的是原乐山市副市长李玉书。因索要款物共计人民币 893 万余元，并有 242 万元人民币、9.1 万元美金不能说明合法来源，且长期包养多名“二奶”——包括一 16 岁的未成年少女——的李玉书数罪并罚而被判了死刑。而其“行状”中最为幽默的对比俯拾皆是，新闻评论《李玉书的新幽默》(作者三耳)里夹叙夹议地说道——

李玉书的新幽默

廉洁的官员总是相似的，无耻的官员各有各的无耻。

2001 年 1 月 15 日，原乐山市副市长李玉书因索要款物共计人民币 893 万余元，并有 242 万元人民币、9.1 万元美金不能说明合法来源，且长期包养多名“二奶”——包括一 16 岁的未成年少女数罪并罚而被判了死刑。“学习”了李某的“事迹”，我体会最深的是人家的幽默感。试举一例——

2000 年 7 月的一天，李应邀去乐山某军分区军械库施工现场指导工作，与司令员宋某在工地上忙到中午 1 点钟。宋司令热情邀请他到乐山有名的西霸豆腐酒店进餐，6 人一共吃了 100 多元钱。李当场非常严肃地批评说：“老宋啊，军分区经费那么紧，你何苦这样铺张浪费嘛。我们作为党的干部，要节约。我这人从来不讲排场，下不为例哟。”弄得宋司令十分尴尬更十分佩服：难得的好官！到 8 月底，工程即将结束，李副市长又来到工地，又忙碌到中午 12 点多，又对宋司令说：“走，出去吃饭。”然后

①刘成信等编：《中国当代杂文精品文库(之三)》，《两代腐败者的比较》，长春出版社，1997 年版，第 275–276 页。

带领大家直奔一家面馆，且边走边说:“我最爱吃这家面馆的面条了，面质好，味道不错。我经常来。”随后又大声说:“大家随便吃，今天我私人办招待——老宋呀，我这人一点不讲究，在修成乐高速公路时，我车上只有两样东西:矿泉水和饼干。饿了，胡乱吃几口照样干工作。”

笔者佩服得笑出了眼泪。李某虽然46岁了，但凭着此等幽默演技，一举考上“中戏”还是不成问题的。

前一段老百姓一说贪官，都是“坐着桑塔纳、搂着十七八、吃着狗鸡八(狗肉、鸡肉、王八)”的酒囊饭袋，现在看来是需要订正的，人家学的文件比你多，也幽默着哩，幽默可是居高临下的智慧呢！从李副市长再向前追溯，贪官的幽默可谓八仙过海。

“谁看管多愁善感的你，谁安慰爱钱的你，谁讲了我和你的事，谁把它贴在网里?”——成克杰说:“中介费、好处费、回扣费，很多商业活动中都有，李平要，我也没有办法！”前副委员长也有忍气吞声的时候，这是“爱情价更高”的幽默。

“男厕所女厕所男女厕所；东写字西写字东西写字”——胡长清对办案人员说:“我这点事，说完就算了，我出去之后，给你们每人写幅字！”这是“艺术至上”的幽默。胡某从不像李玉书那样涎着脸索要钱财，只是以“书法家”的身份收点润格而已。江西人也真傻得可以，居然一夜之间把胡大人的墨宝铲除殆尽。殊不知人死了字才值钱，真是毫无收藏意识。

戚火贵在升任海南省劳改局局长时告诉其“铁哥儿们”:“以后你们要想见我，得到监狱里。”后来果然因贪污1300万元在监狱里度过了死刑前的余生。这是“一语双关”的幽默。

许运鸿检讨一家三口收459万元好处费时说:“我对老婆孩子太宽太爱太宠了。”谁叫咱既是丈夫又是爹呢?此乃“都是爱情惹的祸”的幽默。

去年有球友笑告，说远华走私罪魁赖昌星远逃白求恩大夫的故乡，在被捕前夕还打越洋电话，关心着厦门远华足球队的战绩，其一如既往的事业心和责任感不能不令人叹服。这是"执著如怨鬼"的幽默。

毕竟是后来居上，李玉书的上乘表演几回回让我惋惜该"公仆"选错了职业。不当那倒楣的官，演艺圈还不多个明星？

我想，贪官除了反面教员的作用，也有正面的、积极的作用：为当代喜剧美学提供一些经典范例，从而丰富了广大人民群众的周末文化生活。

人格面具保证了一个人能够扮演某种性格，而这种性格却不一定或者一定不是他本人的性格。以李玉书为代表的各类贪官的表演说明，这些人早已把"面具"锻炼为"本能"，成了假恶丑的无耻之尤。只要"立此存照"——把同一人物在不同场合的不同表演"美轮美奂"地复述出来，无须多加评论，即可收到"此处无声胜有声"的评论效果。

总之，"同题作文"的着力点是在对比之际的大是大非概念，即"肉味"和"水味"的道义含量。行文方法既有同中见异，又有异中见同，"题"既可以在背景，亦不妨在人事，关键是抓住"同题"的契合点把评论做出深度。

第四章　以小见大：从『风月』中发现『风云』

[本章内容提示]

★评论与新闻事件距离的“有限拉开”

★找到“引人入彀”的切入点

★站稳“危言耸听”的立足点

★训练“联想丰富”的敏感度

★保持“水到渠成”的逻辑联系

一、评论与新闻事件距离的“有限拉开”

为了得到较好的理论宣传效益，恩格斯对“宣传者”提出了四项要求：“更多的智慧，思想要更加明确，风格要更好一些，知识也要更丰富一些。”[①]实际上，这四项要求同样是对新闻评论提出了审美的要求。从“风月”中扯出“风云”——即新闻评论中的“距离提升”，无疑是跨入评论门槛而逐步达到思路清晰、行文机智、左右逢源、风格鲜明的重要一步。

从“风月”中扯出“风云”的评论方法是20世纪30年代中期“准风月”时代鲁迅先生的发明。30年代“文化围剿”之际，文坛到处笼罩着白色恐怖。国民党对言论自由管制极严，“几句杂感足以丧命”。为了作者和编辑的饭碗甚至生命安全，鲁迅的朋友、《申报·自由谈》主编黎烈文也不得不呼吁海内文豪“从兹多谈风月，少发牢骚”而明哲保身。鲁迅先生笑曰：“想从一个题目限制了作家，其实不能够的。……‘月白风清，如此良夜何？’好的，风雅之至，举手赞成。但同是涉及风月的‘月黑杀人夜，风高放火天’呢，这不明明是一联古诗么？”[②]在鲁迅看来，任何小的“切口”(风月)都可以谈出大的主题(风云)。所以在他的这本集子新闻评论里，貌似闲谈风月——说“二丑”、谈蝙蝠、说戏法、谈喝茶……实则把观点渗透入谈风月中，借风月之名继续谈自己瞩目的国事。鲁迅致萧红、萧军的信中说过：“留情面是中国人最大的毛病，他以为自己笔下留情，将来失败了，敌人也会留情面，殊不知那时他是决

①《马克思恩格斯全集》第四卷，人民出版社，1956年版，第304页。

②鲁迅：《新版鲁迅杂文集·准风月谈·前记》，浙江人民出版社，2002年版，第171页。

不留情面的，做几回不痛不痒的文章，还是不做好。”例如他对当时上蹿下跳的“二丑”们的描绘——

他有点上等人的模样，也懂些琴棋书画，也来得行令猜谜，但依靠的是权门，凌蔑的是百姓，有谁被压迫了，他就来冷笑几声，畅快一下，有谁被陷害了，他又去吓唬一下，吆喝几声。不过他的态度又并不常常如此的，大抵一面又回过脸来，向台下的看客指出他公子的缺点，摇着头装起鬼脸道：你看这家伙，这回可要倒霉哩！

这最末的一手，是二丑的特色。因为他没有义仆的愚笨，也没有恶仆的简单，他是智识阶级，他明知自己所靠的是冰山，一定不能长久，他将来还要到别家帮闲，所以当受着豢养，分着余炎的时候，也得装着和这贵公子并非一伙。①

该文貌似闲谈戏台上的“二丑”角色，实质是在描写当时社会帮闲文人的嘴脸：媚上欺下，依靠权贵、仗势欺人、竭力求荣。同时，文章还照样揭示产生这类人的根源：“世间只要有权门，一定有恶势力，有恶势力，就一定有二花脸。”由于当时的时代背景，鲁迅只能在闲谈风月中融入深刻的思想，从小事件或隐或显地“整”出大观点，即谈出风云。

同样一个新闻事件，评论员可以从不同的角度切入，从而得出不同的甚至截然相反的结论。例如一则“情人节幽默短信息满天飞”的新闻，就可以从以下诸方面进行评论——

1、传情有了更为现代的手段。

2、“拇指经济”又出现新一轮商机。

3、节省拜访、送花、电话问候的时间，接轨“节约型社会”。

4、短信创作的千篇一律未给情人节添彩。

5、情人节不是愚人节，玩笑不可开过头。

6、洋节大举占领中国“市场”，“正月十五”和“七七鹊

①鲁迅：《新版鲁迅杂文集·准风月谈·二丑艺术》，浙江人民出版社，2002年版，第178页。

桥会”今何在?

7、意味着婚恋关系逐步开放。

8、“情人”红火风光,隐含家庭危机。

以上评论的“切口”有大有小,评论员自有选择的余地。如果不将自己的评论与“情人节幽默短信息满天飞”的新闻事件拉开一定的距离,简单地以“好坏”、“对错”褒贬,当然很难评出深度和新意。是故,根据社会需要、受众心理需要、市场需要找一个较小的切口“下嘴”评头论足,才是新闻评论的“识时务”之处。

二、找到“引人入彀”的切入点

究竟从哪里切入更有利于展开自己的论述?一般说来,“切口小”并不代表“言轻”而不够引人注目。切口的小与影响的大绝不是水火不容的。明眼人一看就会知道:这件“小事”仅仅是冰山的一角,背后一定会有大文章!

昔读黄仁宇教授的《万历十五年》一书,颇有新闻评论的感慨:作为一部成功的历史学著作,它何以出版20余年来多次刊行而不衰,被史家和文坛同时奉为圭臬?而明万历十五年,即公元1587年,在中国历史上原本是极其普通的年份。作者又仅仅从极小的一件事——阳历的3月2日,误传皇帝陛下要举行午朝大典,数以千计的文武百官不敢怠慢,立即奔赴皇城。后来知道皇帝陛下并未召集午前,官员们也就相继退散。——说起,抽丝剥茧,梳理了中国传统社会管理层面存在的种种问题,道出了一个时代的历史,甚至是整个中国历史的关键所在。“叙事不妨细致,但是结论却要看远不顾近”,强调将人物与历史大背景相结合,且不放过人物的个性特征——这就是正所谓“大历史观”。新闻评论如何借鉴其思路和手法,由小到大、由表及里、去伪存真?关键的一点,就是找到“引人入彀”的切入点。

2004年10月3日《法制晚报》载:“10月3日上午9时,在国美电器北京木樨园店,某手机品牌搞促销时,让6名女促销员穿上军装,扮成‘红卫兵’站在门口招揽生意”。此举自然引来不少人——尤其是经历过“文革”劫难的人的反感。但大家也仅仅把这件事情当作“不适当的促销手段”来批评。而时评家魏文彪却即刻发现一个重大的启示:“文革”就要被下一代遗忘了。于是他在《中国青年报》(2004年10月8日)发表了引人注目的时评——

也应拉响“文革”灾难的记忆警报

“红卫兵”是十年浩劫的产物,是民族灾难史中的一个特别“记号”,折射出一个时代的癫狂与失范。“红卫兵”及其所代表的“文革”也是难以数计国人心灵上的梦魇,给无数国人以无法抚平的创伤。因而,当有人冒天下之大不韪,为谋一己私利而公然以“红卫兵”形象作促销道具时,人们难免反感乃至愤怒。

但实事求是地说,认定此类促销活动的组织者故意引发人们的痛苦记忆,的确有些冤枉。他们可能只是追求一种创意上的标新立异、与众不同,并没有考虑过多。但是,有一点却不容否定也不该忽视,就是关于“红卫兵”、“文革”等,在他们心目中的悲剧性色彩已然淡化。在他们看来,“红卫兵”、“文革”仅仅是一段“历史”、一段没有特别内涵的与其他类似的“历史”而已。也就是说,许多人可能没有忘记“红卫兵”、“文革”,却忘记了这些词汇背后的灾难性背景。

“忘记历史就意味着背叛”。同样,忘记“红卫兵”、“文革”所代表的民族灾难和悲剧,就不能警钟长鸣,也就不会致力于探究防止悲剧重演之道,为建立法治与民主而努力。

近些年来,“文革”似乎已被淡忘,少有人去探究“文革”发生的根源。尤其是在对于广大青少年的教育中,“文革”灾难、“文革”发生根源等内容十分有限。其实,社会与经济的发展,是建立于法治与民主的基础之上;失去这一基础,国家长治久安将无法得到保障。

“9·18”前后,关于国家落后、民族挨打的反思文章很多,有人痛心地提出“应拉响民族灾难的记忆警报”。同样,关于十年浩劫、“文革”灾难,也应成为人们记忆中的警报，让国人时时不忘，永远铭记。如此，“红卫兵”、“文革”才不至于沦为商品促销的道具，其幽灵才不会死灰复燃、借尸还魂。

当一个满目悲剧的时代过后，却被后人视为喜剧，说明悲剧仍在继续。如今二十多岁的一代人，对“文革”的认识很多时候往往只限于历史教科书上非常简短的两个自然节的内容，或者只是浓缩成几个名词：“5·16 通知”、“二月逆流”、“走资本主义道路的当权派”、“文攻武卫”、“无产阶级专政条件下的继续革命”、“粉碎四人帮”……对文革里的许多细节和不为人知的史实了解甚少。随着时间的推移，没有上一代人的提醒，他们将会淡忘了“文革”给整个民族带来的创伤，居然还有人开起了“文革”的玩笑。凤凰台《鲁豫有约》节目里面讲到：“文革”期间挨批挨斗的老人经受许多灭绝人性的用刑，惨烈至极。作家金敬迈因为经受不起折磨，曾经自杀过很多次，其中有一次是用刀把喉咙割开，鲜血淋漓，怕被人发现，也不敢叫出声来——旁听的学生们吓哭了，他们不敢相信。在此背景之下，评论员就从“穿衣戴帽”的“小切口”撕开了一个大得不能再大的裂口：历史呼唤沉思！历史不容忘记！

新闻评论和新闻事件距离的“有限拉开”，即行话里说的“切口要小”，不仅给评论员提供了驰骋的空间，亦为读者对事件背后的历史意义、现实意义、理论意义的理解进行了“导读”。重要的是拉开距离之后的评论手法，“以小见大”就是依靠“深挖”、“联想”或“对比”等手段，从比较小的新闻事件里找到一个“引人入彀”而“别有洞天”的切入点，进而提醒受众关注一个“事关重大”的“原则问题”。

1984 年底，中国银行同意向苏联提供 200 万美元的贷款。在动辄上千亿美元的国际金融事务中，这件事情的确不大。可法国《费加罗报》(1984 年 11 月 14 日)的评论员却作了题为《中国不但贸易顺差而且是金融大国》的评论。其中说道——

……中华人民共和国的中央银行即中国银行最近同意向苏联提供200万美元贷款。这笔贷款的数据小得不值一提。

如果认为这是莫斯科的和平鸽衔给北京的橄榄枝，或者是北京鸽衔给莫斯科的橄榄枝，那岂不是天真甚至简单的看法吗?如果是那样，在提供贷款过程中又何必拐那么多弯?

为什么给苏联贷款?问题的答案之一(我们倾向于这个答案)是:中国银行想通过此举表明，苏联斤斤计较地向北京盟友提供帮助的时代已经过去了。

中国现在不但是外贸顺差国(自1980年以来外贸一直是顺差)，而且已是一个金融大国(其外债微乎其微，只有30亿美元)。中国拥有黄金外汇和外汇储备共200亿美元，相等于英国的黄金和外汇储备。

鉴于中国幅员辽阔，这个数字是不大的。所以中国要向日本和世界银行贷款。

但是，中国也向一些西方银行提供贷款（按市场利率)。这些贷款一般是短期的，数字不下百亿美元，而且，中国还提供为数不多的中期贷款。

是否应该认为，中国提供的这200万美元贷款是一种中国的略带一点残酷的幽默?（1984年11月14日法国《费加罗报》)①

既然“这笔贷款的数额小得不值一提”，为什么评论员要津津乐道呢?因为它说明“苏联斤斤计较地向北京盟友提供帮助的时代已经过去了”，中国的经济贸易正在起飞。而结尾一句“是否应该认为，中国提供的这200万美元的贷款是一种中国的略带一点残酷的幽默?”顺便又幽了曾经给中国经济制造过麻烦的前苏联一默——文章通过“1980年以来一直是顺差”、“拥有黄金外汇和外汇储备200亿美元，相当于英国”的具体数字点了“金融大国”的题，显示了评论员抓住宏旨大义、见微而知著的眼光。

①颜雄主编:《百年新闻经典》上册，湖南大学出版社，2000年版，第424-425页。

三、站稳“危言耸听”的立足点

“以小见大”的“小”是“皮”,而其背后的“大”才是“瓤”。所谓的站稳“危言耸听”的立足点,是说一定要避开“小题大做”的嫌疑,既要把受众的目光引进深入、开阔的地域,又要将自己的论点稳稳地立于不败之地。在此,从哪一个“小口”切入并不重要,关键一点是那结论要“危言耸听”得“石破天惊”,要雄辩地道出“大”在何处?为什么“大”?如何解决这个“大”得铺天盖地的问题?如二战结束后不久的 50 年代,美国进入了经济发展的高速时期,物质生活质量的日益提高,抚慰了二战期间人们受伤的心灵。同时,物质的丰富却带来了精神的危机,而道德的滑坡则是精神危机的具体体现,也成为了许多人关注和讨论的热点。而评论员路易斯·拉科斯从 90 名西点军校学员考试作弊行为曝光的新闻事件入手,写下“危言耸听”的、但获得了 1952 年普利策最佳社论奖的文章——

公民道德的滑坡

90 名西点军校学员考试作弊行为的曝光,只是当今美国人道德滑坡问题的一个侧面。这种道德滑坡已使许多国人思虑:美国是否也会走上促使罗马帝国崩溃的腐败之路。这是一个清醒的认识:必须面对现实。

那些西点的学员不诚实。他们作弊。有些人这样做是因为他们玩足球时间太多,以致无法跟上学业,而那些不是运动员的人这样做,则是因为他们认为:这是一条通过考试的捷径。

运动员们提出了体育应在学校生活中扮演一定角色的借口。这种错误的看法在美国高等院校中普遍存在。组织一个好的球队来赚钱,以建造一个可以赚更多钱的大体育馆:这种需要已使我们许多学校错误地购买球员和参加公开赛以捧红某个橄榄球明星。一些学校已意识到这个错误并开始给体育降温,这是早就应该做的。

在西点,这种动机稍有不同,因为山姆大叔为它掏腰包,负担了学校的全部费用。但就个人来说,都有一种组织一个一流的或者接近一流的球队的欲望。如果运动场上的活动干扰了学生，那么就小小的作弊一下，混个及格。

但从根本上来说，西点军校发生的事情已反映出不仅在美国学校，而且在美国社会及政治生活中，早已确立的传统的诚实和正直已遭到扭曲的现状。

在政府高层里此类现象也屡见不鲜。二战后人民常被政府欺骗。我们被告知政府并没有与任何人签订秘密条约，但随后不久，我们发现政府签署了德黑兰条约、雅尔塔公约和波茨坦公告，并且，朝鲜战争的爆发也已不可避免。

在新政时期产生了这样一种思想，即一个政府可以通过让选民得到实惠的手段而使自己永久执政。还记得哈里·霍普金斯是怎样选择了主持美国工程兴办署而在肯塔基赢得了一次选举胜利的吗？在那个时代产生了这样一种说法：无论市、州或个人，都不必为他们生活的来源或谋生策略发愁——让华盛顿去操心吧！经济萧条与政治把戏纷至沓来，使许多美国人产生了一种贻害不浅的思想：努力工作是愚蠢的，如果你需要工作，挑最省事的，尽可能多地要钱——越多越好。

今天我们所关心的年青一代，像那些西点军校的学生，那时还是婴儿。他们在一种“拿到即是你的”氛围中长大，对美国传统一无所知。他们是过去20年错误的畸形产物。

我们今天在华盛顿看到了什么？腐败和丑闻；黑社会和政客们的勾结被凯弗维尔委员会揭露出来了吗？富布赖特委员会公布了复兴金融公司丑闻和那些有权势的、有时甚至是在白宫庇护下高价出卖合约的牟利者。

我们听说过征收所得税的政府部门可疑的行为。

我们听说过援助物资像平常货物一样在柜台上进行交易的情形。

一位陆军将军心安理得地从与其做政府生意的人手中收受回馈，同时将政府物资化为己有。

民主党全国委员会主席曾凭空许愿能左右复兴金融

公司的贷款，并以此向圣路易斯公司索取回扣，被揭发后，他却高叫“冤枉”。

总统的一位密友，是一位少将，他在白宫办公。在那儿他轻松地签发着一张张免费送来的冰箱收条，然后再把它们发往政治上需要的地方去。

去年，俄亥俄州、马里兰州参议员席位的竞选也造成了一个新的政治低潮。

因此，当90名西点军校学员偏离了诚实的道路，当令人作呕的贿赂大学篮球队案被曝光，当被指控抢劫的年轻人(他们在纽约也这样干过)站在法庭上坦承有罪并厚颜无耻地说“每个人都这么干”的时候，当青少年因吸毒而被捕的时候，当太多的男女青年嘲弄纯洁与羞耻的信条的时候——当我们国家的年轻人犯罪案件逐年上升的时候，我们成年人应该对此作一个清醒的思考。

错误究竟在什么地方呢？家庭吗？也许是。学校吗？可能有部分原因。教会吗？也有部分原因。但主要的原因在于公众道德和精神的严重滑坡。这种道德和精神是美国的建国先驱们精心培育的，而现在却很少有人关注。在我们很多人中间，一个被普遍接受的事实是，只要没被当场抓住，一切都是正当的；我们每个人都有权不劳而获；世界欠我们一份生活；一天诚实的劳动获取一天诚实的报酬是不可理喻的行为；在别人骗你之前赶快去骗别人是惟一的牟利的原则。

公众道德水准低下。不幸的是，好的榜样不在华盛顿。总统是他的幕僚的牺牲品，但他却由于一种错误的忠诚观而无法拍案而起。他的勉强态度姑息了谬行。两党的领导都是较弱的，因为这种领导是以下届选举能否当选，而不是以公众利益为基准的。事实上公众道德的低下，是由于各级政治游戏都是在一个历史性的低谷中进行的。他们互相帮衬，共谋利益。

然而，我们却跑遍世界去告诉人们来学我们的经验，来看我们最优秀的民主制——请照搬过去吧，我们承担一切费用。但是，我们仍然要问，《真理报》会对90名西点学员说些什么呢？

是重振道德的时候了。西点事件只是令人沮丧的编年纪事中的一节。罗马帝国灭亡了,不是因为外部力量推翻了它,而是亡于内部的腐败。如果我们需要祈求回复到古代宗教规范下的日常行为和尊重上帝的道德法则的话,那就这么做吧。当一个国家的道德格局开始损坏的时候,就应该在整个烂掉之前进行修补。全国性道德滑坡的前因后果将成为下届总统选举的议题。(1951 年 8 月 6 日美国《圣路易斯环球民主党人报》)①

本文的"切口"也并不大,因为考试作弊古今中外都有,而且至今仍然没有彻底解决。可是作者却从一个著名军校的作弊入手,文章联想丰富,旁征博引,高屋建瓴,追根寻源,一步一步引出了美国社会存在的至关要紧甚至要命的问题:公民道德的丧失引发的全社会的道德危机——这种危机几乎足以导致整个社会的崩溃。文章以小见大,危言耸听;又由表及里,令人信服,将作弊背后公众道德滑坡给美国社会带来的深重危害解说得触目惊心。是故获 1952 年普利策最佳社论奖情在理中。

四、训练敏感度和洞察力

能否"管中窥豹"、"滴水见太阳",关键是看评论者的敏感度和洞察力。新闻评论意识比较强、思考问题比较深入的论者,往往能够以一叶知秋而明察秋毫,从大家司空见惯却"习而不察"的地方找到自己下笔的切口。这种能力来自平时的观察训练与写作训练。例如,《北京青年报》2003 年 2 月 27 日有一则并不起眼的消息:"中共中央政治局委员、国家发展计划委员会主任曾培炎,今年 1 月中旬在东北考察煤矿资源枯竭地区沉陷问题并慰问煤矿困难职工途中遇车祸受伤。昨天,在中央电视台十六届二中全会的电视新闻上出现了曾培炎的画面。据悉,曾培炎目前已基本痊愈,在即将召开的十届人大一次会议上,仍将按惯例作计划报告。"(《国家计委主任曾培炎一月遇车祸现已伤愈》)——偏偏引起了时评家马少华先生的注意。

①路易斯·拉科斯:《公民道德的滑坡》,颜雄主编:《百年新闻经典》上册,湖南大学出版社,2000 年版,第 405–408 页。

国家计委主任遇车祸受了不太重的伤而且已经痊愈，当然不能说是“惊天动地”的大新闻，而且时间已经过去一个月，按照以往的惯例，甚至连一般性的新闻也谈不上，可是马少华先生评论道：

曾培炎车祸报道为何迟到？

2月26日这一天，中国共产党第十六届中央委员会第二次全体会议结束。当晚中央电视台的新闻联播作了报道。有一个人出现在电视画面中，没有引起一般人特别的注意。可是《北京青年报》第二天为此专门发了一篇消息：《国家计委主任曾培炎1月遇车祸现已伤愈》。消息说：“中共中央政治局委员、国家发展计划委员会主任曾培炎，今年1月中旬在东北考察煤矿资源枯竭地区沉陷问题并慰问煤矿困难职工途中遇车祸受伤。昨天，在中央电视台十六届二中全会的电视新闻上出现了曾培炎的画面。据悉，曾培炎目前已基本痊愈，在即将召开的十届人大一次会议上，仍将按惯例作计划报告。”

这明显是一条迟到了的消息，尽管巧妙地找到了一条很近的新闻由头。我特别留意到这一点，不是挑剔或是称赞这家报纸的操作，而恰恰是因为：国家高级官员身上发生的类似事件，长期以来绝少报道。这种不符合新闻规律的现象，可能有着各种各样的考虑或纪律，但都是信息封闭、信息控制的结果之一。

车祸就是新闻，昨天有一位当街卖菜的大爷被车撞了都是新闻，国家计委主任出了车祸岂能不是新闻？而偏偏是卖菜的大爷被车撞了当天就能见报（晚报），国家计委主任出了车祸一个月伤愈之后才见报，这反映了什么呢？总是反映了某一个特别值得关注的人群的报道盲区或禁区吧。这与民主政治、政治文明要求的新闻报道原则是有距离的。

的确，现在一些地方的党委和领导自觉提出，要媒体多报道群众，少报道领导干部的活动。这是给新闻媒体松绑，或者说是新闻改革的一个举措。但是，这不意味着作为读者的人民群众不关心、关注领导干部，也不意味着新闻媒体不应该满足人民群众的这种关心、关注。这种关心、关注和对这种关心、关注的满足,本身是民主的政治生活的一部分,是人民的当然权利。

对于人民来说,领导干部千篇一律的视察、参观、剪彩,乃至开会,都可能不是新闻,有的可以说是“假事件”(外国传播学者的一个学术定义,不含褒贬)。但是,落在谁身上都是真的“事件”和真的新闻的事儿——车祸,落在他们身上也当然毫无疑义地是新闻。一个高级领导干部车祸受伤的漏报或者封锁,可能是很小的事,但是领导干部身上的普通新闻不能像其他新闻那样及时报出来,确是根本问题。

实际上,与充斥于报端和电视屏幕的领导干部的身影同时存在的,恰恰是报端和屏幕之外领导干部报道的盲区(或是禁区?)。在减少充斥于报端和电视屏幕的领导干部的身影的同时,也应该同时消灭那些报道的盲区(或禁区?)。

人民对领导干部的关心、关注,永远是正常的。除了因为新闻的显著性这一规律之外,领导干部比别人更多地对我们的生活产生影响。新闻改革的一个内容,我看,就是把新闻当成新闻,把不是新闻的别当成新闻;把读者关心的当作新闻,把读者不关心的别当成新闻。(《南方都市报》2003 年 2 月 28 日)

“项庄舞剑,意在沛公”,把对这样一次普通车祸的报道上升到“把新闻当成新闻,把不是新闻的别当成新闻;把读者关心的当作新闻,把读者不关心的别当成新闻”的高度,作者显然也是经过深思熟虑而悉心挖掘的。在此,评论员不仅是在评论,而且在进行新闻学本身的“导读”:我们应该如何剖析“小事件”背后的“大新闻”。

2003 年 3 月 9 日,香港财政司司长梁锦松公开承认“没有避嫌”地在加税前购置了一辆豪华房车,节省了数万元税款。梁锦松说,考虑到 2 月份家里就要“添丁”了,而自己原有的两部轿车明显不适合婴儿,“作为准家长,是会在婴儿出生前准备好一切所需用品”。在梁锦松买车后，特区政府2月份决定调整汽车首次登记税，梁锦松强调并非预先知道要加税而“偷步”买车。买车事件被媒体揭露后，梁锦松坦白地向公众交代了买车的经过，并表示愿意向公益金捐出所“逃”税款的双倍款项。梁锦松认为，事后看来，当时应为了避嫌，不该在3月5日的财政预算案公布前买车。但香港的一些媒体并不罢休，继续批评梁锦松为了“避税”的“无心之失”。3月10日，梁锦松向行政长官董建华提出辞呈，但不为行政长官接受。为刚降临人间的爱女买了新车——这对于“财神”梁某来说也算不得大事。他已经向市民大众道歉，还拿出了相当数目的钱捐给慈善事业以示忏悔。针对此事，《南方都市报》评论员束学山再次看到了另外一个重要的侧面——

“梁锦松效应”给我们的启示

香港财政司司长梁锦松为刚降临人间的爱女买新车惹起了不小的风波，他被指在增加汽车登记税前“突击”买车，是为了“避税”。从现在报道来看，我以为，梁锦松在整个“购车事件”中的表现是令人满意的。他向市民大众的道歉和保证是诚心诚意的，我能感觉到他内心里深深的愧疚和自责。一个崇高的父爱因为一点“疏忽”而失去了仁慈的光彩。梁锦松作为一位老来得女的父亲，为自己的爱女买车遭受到如此责难，我甚至感到有些于心不忍。他的“痛改前非”的举动令我感动。因此，我以为，从目前方方面面在“购车事件”中的反应来看，可以把它称为“梁锦松效应”。

为什么香港会产生“梁锦松效应”呢？有论者认为，这是源于政府官员的“公事和私事”都“公开和透明”的结果。但我以为，“公开和透明”只是一个外部条件，但这个外部条件却不一定能产生如此良好的结果。我们经常在我们的周围看到一些官员跑官要官、买官卖官的丑恶现象，看到一些官员甚至只是小科长却开着高级小轿车上下班，以至于某省的高级官员在会上对这种现象进行了尖锐的批评，但为什么没有产生类似于梁锦松的“效应”呢？

我们再回到梁锦松"购车事件"中。我们不清楚梁是否知道港府要提高汽车首次登记税,有两种可能,一是他确实不知道;二是他知道,但"想在爱女出生前为爱女准备一切"因而急于买车,并没有想到这样做的后果,也就是说,他这样做是无意的。从结果上看,他可能真的不知道,也可能真的没想到这样做的后果(梁不是公务员出身),因为他若真是想赚取购车税的差价,完全可以偷偷地买,或以他人的名义来买,因为,他若按照一套潜规则行事,真的想拿手中的权力来为自己牟私利,或进行权力寻租,他可以会有很多其他办法来避免目前受到指责的处境。但他为什么没有那样做,而是有些书呆子似的直来直去呢?这是因为他是"无心之失"(董建华语)。但即使这样,他还是受到了公众的指责,受到行政长官的批评。这一切,是因为在香港,无论是政府官员还是媒体和市民都有强烈的规则意识,规则强于潜规则,规则战胜了潜规则。规则是一种制度性的文化,在这种文化环境里,规则大于潜规则,能扼杀潜规则于摇篮之中,使潜规则没有生存的土壤。如果不是这种制度性的规则文化,而是按潜规则行事,其结果必然不是这样。虽然在我们这里腐败的幕后交易很多,有的甚至是公开化的,但却产生不了"梁锦松效应"。

"梁锦松效应"表明,那些或已赴黄泉路、或已身陷囹圄的腐败官员在一定程度上可以说是这种潜规则的牺牲品。若在他们还处于类似"购车事件"的萌发期,就被斩草除根,各方面也不断强化他们的规则意识,那么,这些官员的命运应该会更好些。

"梁锦松效应"已经给我们做了一个良好的示范,现代社会应该形成这样的规则文化:整个社会,不仅是政府部门,还有媒体和无数民众都遵循这种规则,都按照这种制度办事,那么我们的社会会更健康更文明。(《南方都市报》2003年3月13日)

从梁锦松买车的前前后后说到"效应"的必然产生,从香港的"规则战胜了潜规则"过渡到我们四周的这样那样的“不透明”,从一人一事讨论到“潜规则”的如何废止,评论员显然对“梁锦松效应”有着比较深入的思考。

当然,新闻敏感度和社会洞察力的训练不仅仅是文、史、哲的综合素质的叠加,其间的政策意识、法律意识、民俗观念、地域观念对于理论往往起着举足轻重的作用。

五、保持“水到渠成”的逻辑联系

通过以上简析可知,这种“以小见大”的新闻评论的关键是“小”和“大”之间一定要有必然联系,即具有“提升”或“借题发挥”的前提,具有“水到渠成”的内在逻辑关联,让受众稍觉“意料之外”的同时,很快感到“情理之中”。2005年7月25日的《南方日报》上登载了消息:一瓶人头马,“上千雪花银”,广东省贫困县清新县教育局的领导们用人头马来招待远道而来寻访贫困大学生的北京志愿者,想借此表达他们“对扶贫工作的一向支持”。不料志愿者想到饥寒交迫的乡亲们,不仅没有开怀畅饮,反而放声大哭,弄得教育局的领导一脸尴尬。而次日的《南方日报》便登了一篇新闻评论:《人头马喝哭志愿者 拷问集体无意识》——

……这一哭,哭倒了官场尊严,哭出了官民之间截然不同的生活方式,更哭出了我们内心的不安:在物欲横流之下,成人们正逐渐失却纯真,良知被一点点地侵袭。作为曾经的扶贫志愿者,我亦经历过某些盛宴。当其时,心中难免会存有一些局促,总是会想起当初在华北平原所见到的早早辍学的儿童、冬日里窗户洞开无人赡养的老农,以及那干涸缺水的土地。然而,短暂的局促之后,酒杯依然端起,推杯换盏之间,我猛然发现,自己已经随波逐流地在适应“潜规则”。

个人无法对抗社会,是我们自己给自己逃避责任所制造的理由。我与一些官员曾作过属于两人之间的长谈,这些官员被当地的百姓讥为“除了吃喝,就只剩下向群众要钱的本领了”。问及这一点,某位贫困县的老兄面露苦笑:难道我就真的愿意被老百姓咒骂吗?可是,你不去请人家吃喝玩乐,人家凭什么要把扶贫款划拨给你?我再问,不是有一套专门的程序吗?老兄面露不屑之色:程序还不是得由着人家的性子!

我于是被这几番问答震慑住了。我的无意识、他的无意识,以及众人的无意识已经汇聚成流,造成了使"不正常"现象成为"正常"的"集体无意识"。这种"集体无意识"的表现有许多种,有对罪恶的集体失语,有对不良现象的集体麻木,也有不知不觉间把"喝人头马作为了官场的生活方式"。在集体无意识之下,制度反而成了次要的东西。

志愿者们哭了。他们是这个时代还坚守着青春与梦想的可爱的人们。他们的哭既是对贫困县教育官员的嘲弄,也应当促使我们每个人反思:你有没有经常性地逾越底线伦理,你有没有经常性地被集体无意识化?(《南方日报》2005 年 7 月 26 日)

的确,"假作真时真亦假",你的、我的、他的、大家的无意识,早已经汇聚成流,造成了使"不正常"现象成为"正常"的"集体无意识"。有可能不久的将来,哭泣的大学生也会为这无意识所俘虏——作者从"喝不下酒"这件不算太大的新闻事件入手,揭露出到处存在的反常的社会无意识形态,继承鲁迅先生挖掘"民族劣根性"的事业,显示出相当的理论深度。关键在于,"喝不下酒"与"集体无意识"原本有着千丝万缕的联系,只是我们缺少发现而已。

1922 年先后爆发了直奉战争、直皖战争。直系军阀首领吴佩孚想借英美的武力统一中国。当时国内只注意"统一中国",而没有注意到其间同样也有卖国的引线,于是,1922 年 10 月 25 日,《向导》第 7 期发表了蔡和森的文章,大胆发问:迎合英美旨意的就不要注意其行动吗?文章说:"我们要问:迎合英美意向的顾维钧,天天向新银行团进行几万万的卖国大借款,而且对于有关中华民族独立、平等、前途的中俄会议毫无诚意进行,你吴佩孚何以反而那样拼命的维护呢?可见你吴佩孚也只是利用一派卖国贼为你借款练兵(这就是孙丹林所说的‘为国不为私’)呵，你的‘爱国’门面之内，还充满着更加可怕的卖国引线呵！国人们，吴大军阀一手援引的新卖国贼，只有我们自己行动起来注意其行动咧！”评论“小”到只剩下一个机智的反问：为什么包庇顾维钧卖国大借款？但那结论却大得惊人：吴在“爱国”门面之内，隐藏着“卖国引线”。

总而言之，此际的“提升”是自然而然的，水到渠成的。否则，不顾新闻事实而胡乱“提升”、硬性“提升”，就会变成“小题大做”甚至“以偏概全”。

在《讽刺与幽默》报上，笔者读到一篇《标题新闻》(作者乐忆英)，虽则不无夸张，却把另一种“以小见大”即胡乱“提升”的评论手法讽刺得入木三分——

标题新闻

背景：牛头乡马面村村民丁当今年种植几亩地的黄瓜，由于该乡没有统一部署及规划，村民们盲目跟随，一哄而上，大面积种植黄瓜，致使黄瓜价格比往年低了一半。丁当一气之下把所有黄瓜砍了，不料，在黄瓜地中央意外地发现了几棵西瓜秧，经过精心培育，终于结出了一个重达 88 斤的大西瓜。

记者们知道后，纷纷前来采访……

乡通讯员：《瓜农丁当结硕果，一个西瓜 88 斤重》……

县报记者：《科技致富，硕果累累》——瓜农丁当种出 88 斤重大西瓜……

市报记者：《我市农民兴起一股科技致富的热潮》——记腾云县牛头乡马面村瓜农丁当……

省报记者：《我省农民争做科技致富的领头羊》——记腾云县牛头乡马面村瓜农丁当……（《讽刺与幽默》2003 年 9 月 20 日）

在此，“一个西瓜 88 斤重” 的新闻事件是真实可信的，虽然在“农业战线”上不算重大事情，可在西瓜种植方面堪称一条新闻。问题在于记者用标题做的“评论”步步“提升”，把新闻背景和意义无限地扩大，以至于把 88 斤重的西瓜提升到“我省农民争做科技致富的领头羊”的荒唐的高度。这种建立在“好大喜功”、“报喜不报忧”心态上的“基于想象的评论”，不仅是新闻评论的大忌，而且从审美上说，是将严肃的政策庸俗化，将沉重的话题轻松化，将认真的正剧喜剧化，为新闻美学所不齿。

类似文学创作的“题材无大小”，“以小见大”的新闻评论也不仅仅是“评论什么”的问题，重要的是“怎样评论”的问题。正因为“文明批评”和“社会批评”关乎社会进程和文化前进的方向，所以尤其需要高屋建瓴的眼光，深邃犀利的思考。即从较小的“切口”步步深入、扩展，从“风月”中发现“风云”，从司空见惯里窥见重大的主题和惊人的“文眼”，进而达到贴近实际、贴近生活、贴近群众的目的。

第五章 借鸡下蛋:别人的酒杯与自己的块垒

[本章内容提示]

★借鸡下蛋:引用与转述的美学

★吃到一只苍蝇:当事者说

★唱给雪山的歌:知情者说

★常识是如何背弃的:档案材料说

★“绝对碰伤”:古今中外说

一、借鸡下蛋:引用与转述的美学

舒芜先生论周作人评论的“文抄公”特色时说过,周作人写文章的一大特色是引用大量的典故、史实、文献等,其引用之多在中国文学史上是罕见的:“我们试去翻看,其品类之富,数量之多,会使我们吃惊。将来如有人在此基础上,编一部周作人平生引用过评论过的书目提要,必定是一部分量不小的书,有益于读者的书。”而古今中外、横七竖八的材料,只要经过了他的手,串起来就是好文字,有人想模仿反倒怎么也弄不像①。这种“借鸡下蛋”的评论方法来自于深厚的文学功底和文章功底。

其实,无论是文学评论还是新闻评论,都有“六经注我”和“我注六经”两大门类。“六经注我”者,我的思路或观点是主干,但所用材料洋洋洒洒,皆为我的论据,靠引用左右逢源,即“借别人的酒杯浇自己的块垒”。而“我注六经”式则是从头到尾自说自话,绝不引用或极少引用,至多是化他人的书面语为自己的口语,正所谓“暗引”。本章所讨论的就是前者在新闻评论中的运用。

有人说引用谁人不会,东拼西凑而已。其实,新闻评论中的引用与杂文随笔里的信马由缰不同。杂文随笔的写作是以我为主,我对于“天地人”的感觉决定了我要写什么和怎样写。而感觉恰恰是以评论者的知识结构为基础的。因此可以说是“引用在先”。而新闻评论是跟着新闻由头走,是别人写什么评论者评什么,新闻事件并不沿着评论者的思想和知识结构或特长行进。即便是知识面较宽的博识学家,也无法成为七十二行的“通才”,总有捉襟

①舒芜:《两个鬼的文章——周作人的散文艺术》,程光炜编:《周作人评说80年》,中国华侨出版社,2000年版,第386页。

见肘的“盲点”。所以,在从事新闻评论的时候,尤其需要学会“借鸡下蛋”,以弥补自己感观与思想的局限。

从审美意义方面考察,“借别人的酒杯浇自己的块垒”主要是指新闻评论的氛围营造。评论员要通过他人的手,营造出“诗”与“论”水乳交融的氛围,以增强评论的感染力和说服力。新闻评论能否旁征博引写出“大家风范”?能否写得气韵生动犹如“暖玉生烟”?其“干”(隔膜、生涩、枯燥)和“湿”(腴润、丰满、光鲜)如何区分?如何才能尽快而又长时间地吸引受众的眼球?能不能在自己的评论里营造出一种汪洋恣肆、“引人入彀”的气氛至关重要。因此,在评论——尤其在夹叙夹议的述评中使用“借鸡下蛋”的写法,将成为普遍运用的手段。

“借鸡下蛋”之际,新闻评论的发言者每每躲在幕后,穿针引线,引用他人的评述阐发自己的观点。此刻,评论员的立足点、着眼点、态度和指向性左右着“酒杯”的大小、深浅、型号、质地。此种新闻评论的要旨在于:(1)评论员一定要慧眼识“鸡”,换言曰所借之“鸡”必须是能够下得出“金蛋”的高手,是足以让评论员“不著一字,尽得风流”的力量所在。(2)评论员必须把握好引用的“度”。借“鸡”者,彼“鸡”为我所用之谓也。所以,既不能彻底隐身,把下蛋的“鸡窝”也拱手交给了他人;又不能借而不用,束之高阁或点到为止、浮光掠影。在引用的时候,有时需要不惜篇幅,有时需要适可而止、见好就收。如何掌握在“0.618”的位置,是对于评论员新闻意识和文字功底的综合测试。(3)发论者一定要有自己的立场和“独见”。你可以在最关键处抬出专家泰斗名人权威现身说法;可以把当事者、知情者的“猛料”作为自己的“杀手锏”抛出;你也可以似周作人仅仅以三言两语串连;但无论多少赵钱孙李的“念珠”,那串连的“绳索”应该始终攥在自己的手里。否则“述而不作信而好古”,面面俱到人云亦云,终究不过是“新闻补白长编”而已。

在“借鸡下蛋”的新闻评论中,评论员多是依靠“当事者说”、“知情者说”、“档案材料说”、“古今中外说”几种方法结构文章。

二、吃到一只苍蝇：当事者说

从近年来的新闻评论考查，评论已经基本形成了“软”和“硬”两种体式。“硬”的如激情社论，高屋建瓴，通观全局，指点江山，激扬文字。“软”的有点像“小女子散文”，细声细气，家长里短，以小见大，发人深省。“当事者说”多属于后者。是叫新闻事件的当事者替自己作评论，是把评论当作消息写，当作通讯写，当“心得体会”写——《南方都市报》评论版的“街谈”栏目就相当典型。例如，不大不小的上当受骗，人人都可能遇到，但遇到以后如何对付？各人恐怕行为各异。而2006年2月18日的“街谈”就对此发表了评论(作者马青)——

上当受骗，一定要大声讲出来

《南方都市报》昨日报道，湖南人林风(化名)的经历，听起来有点典型：先是被假招工广告骗了，接着伙同骗他的人再去骗别人，然后良心发现，“反水”了，开始揭发骗局，在街头的假招工广告上覆盖“小心上当”的告示。

在“骗”这个动作里，一个人能扮演的三种角色他都扮演过了，被人骗、骗人，以及揭发人骗人。从被人骗到骗人，可能也许有点走投无路，一狠心便做了。从骗人到与骗人者作对，“良心发现”这个过程，却让人直觉就以为，定是有些故事的。以我俗气的故事逻辑猜想，那一定是受了很多委屈，憋了很多愤怒，然后才能坚持做这样又辛苦、又有风险、又没回报，据说还不合法的事情。

不过再想一想，这反应其实也是平常的。有一回我去办公室附近一个餐馆吃饭，吃到最后发现盘子底下躺着一只苍蝇。那种恶心真是难以形容，就觉得自己一定是吞了一只苍蝇腿进去了。想要吐都吐不出来，完全不知如何才能消除这种复杂的情绪：恶心、委屈、愤怒，以及我怎么这么倒霉！于是回到单位立刻在内部论坛上发帖郑重宣告：某某餐厅再也不要去了，我吃到了一只苍蝇！

我心里当然是有这样的逻辑：我这么做了，多少都会影响一点这个餐厅的声誉,从而最终,使得那个害我感到自己吃了苍蝇的餐厅受到惩罚!这样一说,就是报复啊!当然我表现出来是说,不要让同事们像我一样倒霉。有人说文明社会的法律,就是用国家报复来代替赤裸裸的个人报复。我大概是试图运用市场的大手,来代替我赤裸裸的个人报复吧。要不还能怎样呢?去抓一只苍蝇来强迫餐厅老板吃下去吗?

不管动机如何,背后的情绪如何,这种信息的传播是有好处的。林风的小告示,应该确实是使不少人多了一份警惕,免于上当受骗。一方面保护了无辜的人,另一方面打击了骗人行为。人们平常说的坚持正义啊,维护社会风气啊,具体起来一桩一桩,不过也就是这么一回事吧。一只苍蝇引发的热情传播,说起来也是在促进市场公正吧。

有时候看见女人在商店里热火朝天地讲价,就非常感谢她们正在促进整个市场的价格都逼近合理,市场的无形大手就是这样形成的吧。想想信息如何在人群中传播,这些信息又如何改变人们的决定,想着想着,便觉得这社会是有形有生命的呢,它得以表现出某种理性,大致就是受益于人和人之间的这种沟通吧。所以,上当受骗,一定要大声讲出来。

有时当事者原本在"隔江犹唱后庭花"地"自说自话",不料"隔墙有耳"而"听者有心",于是"自说自话"于不经意间变成了"立此存照",成了评论者评述的口实,其"从实招来"的雄辩,往往为评论文字增添了非同一般的说服力。如杂文家王大海就是把希特勒的女秘书克里斯塔·施罗德的回忆串连起来,写成《从希特勒女秘书回忆录说到"秦桧也有三个朋友"》。回忆录写道:"有一天他说,青年时期在浪迹维也纳期间,他贪婪地读完了市图书馆所藏的全部书籍……""希特勒在女性面前是十足的绅士风度,有很丰富的人情味……""希特勒又是一个不倦的工作者。他所有身边工作人员不得不适应他那种特有的生活方式:他总是工作到深夜,到第二天凌晨才结束他一天的工作……"王大海先生评论道:"够了!原来这个发动了第二次世界大战，使5 000万人死于这场战争，因而被世界人民视为‘狂人、疯子、恶魔’的人物，在女秘书心中是这样一个富于‘天才’，富于‘人情味’的‘伟人’！”[①]的确，“读完维也纳市图书馆全部书籍”可以有另一种幽默的解释：藏书少得可怜！据《第三帝国的兴亡》一书记载，希特勒是有过“横扫图书馆”的纪录，只是为了考试而专门“读”书脊上的书名，而后自己编造一些语录，置于书名之下以唬人而已。而一个杀人魔王越是“总是工作到深夜”，其罪恶就越是罄竹难书。在此，女秘书的“深情褒扬”恰恰给了我们又一个“吃苍蝇”的提醒：纳粹亡灵阴魂不散！

鲁迅先生说：“我们看历史，能够据过去以推知未来，看一个人以往的经历，也有一样的作用。”[②]当事者的片断回忆放进了时代背景以“还原”，就成了“口述历史”，由于“当事者说”的“借用”，原本希望“树碑立传”的素材恰恰还原成了“作秀”或者“作孽”的罪状。而作者的“联想”与当事者的回忆相交织，愈发增加了历史的值得回味的程度。当事人回忆的细节与评论家联想的深度和广度一纵一横，使得评论尖锐而厚重。

三、唱给雪山的歌：知情者说

从新闻写作的角度考查，新闻评论与新闻采访是互相渗透的，知情者所提供的被采访的内容也常常就是评论者展开评论的主干。“知子莫过父，知妻莫过夫”——在评论中让知情者不失时机地发言足以给文章提供最有力的支持。知情者对事件的发生、发展、始因、背景、结局、意义均有超出记者或评论员的熟悉和体会，所缺乏的只是整合与梳理。所以，在进行评论时，由这些知情者的回忆作为底本，往往可以写出感情色彩比较浓重的文字。

北大“山鹰社”登山队15人于2002年7月24日进驻海拔5400米的希夏邦马西峰大本营，8月7日部分登山队员遭遇雪崩，5名队员不幸遇难。笔者在长篇述评中始终以与五位同学朝夕相处的同学、同乡甚至恋人的忆

①王大海：《思想的落叶》，河南人民出版社，2000年版，第179—180页。
②鲁迅：《华盖集——答KS君》，《鲁迅全集》第3卷，人民文学出版社，1981年版，第111页。

念为主，写出了《唱给雪山的歌》——

唱给雪山的歌

那个关于雪山的梦想永远留在心里，没有什么风沙能将它打磨褪色，这不仅是关于攀登，也是关于成长与爱，关于生命与自由。

——北大山鹰社一女队员

整整半个月间，我锁定了北大网站的“山鹰论坛”，一天天呆坐着。千里之外的雪光和我的泪光常常在字里行间闪烁，一个声音反复地、轻轻地环绕耳畔：“为那五个孩子点一支蜡烛吧！”——他们的名字是雷宇、卢臻、杨磊、张兴柏、林礼清。

岂有豪情似旧时？许久没有那样长时间的、默默地流泪了。许久没有什么东西能让我那样长时间的、默默地流泪了。五位同学遇难，对我来说，打击远远超过美国的“9·11”事件或当年“挑战者号”失事。作为与学子朝夕相处的教师，作为每次出差都住在北大勺园的旅人，作为靠琢磨智慧、生命与自由为生存方式的蹈虚者，我下载了数万字的帖子，发给想看又几乎不敢看的朋友和学生。

如今，网页早已更新，新生即将报到，不少朋友或许忘记了雪峰上发生的一切。幸运的是，我已把那些有着眼泪温度的字迹托付给闪烁的星群。每年的 8、9 月间，我都会静对苍穹，以生命和真诚的名义复习它们。

谁还记得遇难者的室友、同乡、山鹰同仁们的字句？

他们刻在洁白的时间上——

●“你们只是走累了困了，对吗？兄弟？你们只是迷路了睡着了，对吗？兄弟？我知道你们会回来的，就如你们向最爱的人保证过的，爬也会爬回来！我相信，就在哪一天，在我不经意打开岩壁大门时，会看见你们五个背着大包跌跌撞撞扑过来的身影！我相信！”

●“总是听到雷宇唱《回到拉萨》：回到拉萨/回到了布达拉宫/在雅鲁藏布江把我的心洗清/在雪山之巅把我

的魂唤醒/爬过了唐古拉山遇见了雪莲花/牵着我的手儿我们回到了她的家……”

●“怀念老雷。怀念他的《大盗贼》。一起出去拉练的时候常听他唱，大家也一起唱：‘绿色森林里有树又有花/生活多快乐又没有警察/我是个大盗贼什么都不怕/我是个大盗贼整天乐哈哈！’真想再听到他那有点跑调的歌声，那只有纯洁而热情的人才有的歌声。以前唱时含着笑，如今含着泪。”

●“卢臻，就住我隔壁的那个沉默寡言的大男孩。憨憨的一笑，做事平静而认真。记得考试前还和他一起看书，他慨叹‘书念的太少啦！’前几天一个同学打电话来：‘瞪着眼听电视里念出他的名字。我回家之前还玩他的电脑呢，怎么就这么……’他说不下去了。我能听得到电话那端久久不能平静的喘息声。我能感受到他心中的滋味。因为那也是我心中的滋味。”

●“我和好友张兴柏都是从乡村考到市里的重点高中的，高一在理科班，我总能考在他前面，我曾暗自庆幸，可他总是走到我身边，向我祝贺。高二我们一起去了文科班，又展开了新一轮竞争。我们的友谊别人无法理解，也有人猜想我们可能是男女朋友。考到北大后，我不适应，总想家。他就安慰我，让我觉得在北京并不孤独。他和女朋友闹别扭时，我会劝慰他，逗逗他。他高中的理想是考国际经贸，可是高考没有发挥好，对此他一直耿耿于怀，所以他报了双学位，打算以后考经济系的研究生。我羡慕他身体好，体育好，可是现在我却痛恨他身体好，体育好，也许他身体差一点，就不能参加山鹰社，就不会去登山，就不会发生这样的事情……写不下去啦，我忍不住哭啦。我知道自己不够坚强，但我真的忍不住，直到今天我的情绪才稳定下来，我想我不能只是哭泣，我要写点东西为我的好友祈祷，希望他回到我们的身边，让我再听听他那爽朗的笑，让我再看看他那灿烂的笑容。今天在《东方时空》看到他的照片，我又一次哭啦——苍天哪，你怎么忍心夺去这么年轻的生命，再给他一些时间吧……”

●“为了供礼宜上厦大，礼清上北大，林家最小的一个儿子初中即辍学打工。一家人省吃俭用,每个月也只能给礼清寄去三四百元。在北京,林礼清四年未向家人说过生活上的困难,自己打工挣钱补贴生活。哥哥给他买了一部传呼,他为了省下20元的月租没用几天就给报了停。出事前他已被北大保送研究生。我母亲在看报的时候哭了……"

●"在过渡营地,高高大大的卢臻周围总是偎着一大堆藏族小孩,有的抱在怀里,有的坐在腿上,有的倚着他的肩,有的蹲着牵着他的衣角。他自己一边指,一边教'眼睛,鼻子,嘴巴,耳朵……';他得意告诉我们,聪明的'铁蛋'能数到37,'旺才'差一点,还只能数到7;大家都说,以后卢臻一定是个好爸爸。在扎寺,一个不到半米高的藏族小孩跟在我们后面,太小了,我们慢慢地走,他都要摇摇晃晃地跑着,卢臻特别着急地翻出零钱,递给他,说,你叫什么名字,回去吧,不要跟着我们走迷路了。小孩还不会说汉语,转身回去了。卢臻直起身来遗憾地对我说,我还想和他说说话呢。"

——在那些殷红的回忆下面,常常是如下的帖子:

●"我哭了。"

●"我也哭了。还记得那些人训练时和收拾帐篷的样子,很后悔我做了逃兵。cry……"

●"不知为什么,眼睛湿了。"

●"别说了。难受。"

●"主啊!主啊!"

●"在图书馆,却怎么也背不进单词,只有时不时地抬头与叹息。只有轻轻走近攀岩壁,看着人们放在那里的花束,又轻轻地走过。我什么也不能做。只有祈祷,不知谁能听到……"

●"这两天竟然不敢去听那些伤感的情歌,很奇怪那些哀伤的调子总是莫名其妙的勾起我伤痛的记忆甚至是想象……不敢听,却又禁不住想去听,让思绪在歌声中继续演绎着自己的悲伤。有时又听一些自然的轻音乐,例如

bandari 的专辑，在空灵缥缈的音乐中，感受一尘不染的美丽。在音乐的世界里，享受万籁俱寂的宁静，希冀自然的花鸟鱼虫、阳光、森林、沙滩、清风来抚慰疲惫的心灵。有时候又不想让自己总是沉浸在低调的忧郁中，希望振奋一下自己的精神，所以也听一些快节奏的舞曲或摇滚，那种感觉就像是喝过酒，又服了摇头丸，伴着疯狂的音乐舞蹈，就这样欺骗着自己真实的感受——人在最悲伤的时候是会笑的。”

学子们用各自的方式述说着也驱赶着自己的难受，那情形让我想起帕斯捷尔纳克的话：“他们的痛苦是笔墨难以描绘的，他们的痛苦使忧愁变成一种心病。他们的才能是值得钦佩的，他们的为人是值得纪念的，除此之外，让我们怀着同情的心，再在他们所蒙受的苦难面前低下头颅吧！”

实在写不下去了，他们就把键盘当作画笔，或者借别人的酒杯浇自己的块垒。于是网页上出现了山鹰的图案、长城和黄河的图案，出现了年轻人熟悉的歌词和书摘：

- “你问我还要去何方/我说要上你的路/看不见你也看不见路/我的手也被你攥住/你问我在想什么/我说我要你做主/我感觉你不是铁/却像铁一样强和烈/我感觉你身上有血/因为你的手是热乎乎/……我要永远这样陪伴着你/因为我最知道你的痛苦。”（崔健《一块红布》）
- “你问我几时能一起回去，看看我们的宿舍我们的过去，你刻在墙上的字依然清晰，从那时候起就没有人能擦去，……你曾问我的那些问题，如今再没人问起。”（老狼《睡在我上铺的兄弟》）
- “真正的世界是广阔的，有一个充满希望和恐惧、感动和兴奋的天地，正在等着有勇气进去、冒着危险寻求人生真谛的人们。”（《简·爱》）

——没有了熟悉的《回到拉萨》的歌声，不见了睡在上铺的兄弟，但活着的学子们没有却步，甚至没有迟疑。

他们说，听从心灵和雪峰的召唤，“如果有机会，我还会西行。”他们的帖子是——

●“明天的太阳为你们而升起”。

●“希望他们的灵魂守护着雪山，保护那些追逐梦想的人！”

● “我们可爱的登山队员在喜马拉雅这一片宁静的雪域永远安息”。

●“希夏邦马，我会回来——如果有我，我想说。”

网页上出现频率颇多的一句话是——“下学期我要参加山鹰社！”

面对某些质疑和不屑，面对一些人“这样的死亡究竟有什么意义”的追问，学子们的回答同样充满了悲剧的崇高感——

●“每年都会有事情发生，或是幸，或是不幸。只是这幸与不幸之间，谁又是终局的裁判者？这世界上多的是愚昧的、卑微的、苟活的灵魂，这世界上多的是脆弱的、四散的、在艰苦或舒适的环境中缴械投降的梦想。那些仍坚持在琐碎的生活中闪光的梦想，才是这划破混沌世界的闪电，那些仍坚持着追寻梦想的人，才是真正的勇士。怀着敬畏怀念那些长眠雪山的勇士吧，他们的灵魂已经获得了永远的圣洁、高贵和自由。尊重梦想，尊重那些执著追寻梦想的山鹰！”

●“每个人都有选择苟活的权利，但每个人也都有选择献身的权利，你可以不屑甚至揶揄献身的具体对象是雪山或者大自然，但请你不要站在自己狭隘的角度去窥测那些年轻的心。……为什么不能用自己学习以外的时间，去憧憬在他看来比远比学习更有意义的东西？多年来，中国的高考制度，填鸭式地培养了一批又一批考试机器，他们除了学会考试，什么也没有学会。甚至连做人的基本道理和原则，都在一点点的迷失，更不要说什么远大的梦想、美丽的青春。难道这就是中国的下一代？”

●“现在有许多人在做任何事情之前都口口声声讲有什么意义，却从来没有认识到伟大举动的精神之所在。就像当年一位大学生跳进粪坑勇救老农而献身时，居然许多人会在此有无实际意义上争辩不休。什么实际意义？是作为一个人、作为一个伟大民族的人身上体现出的精神！……刚看完世界杯，看了高丽人、日耳曼人、爱尔兰人的比赛，我们总是要自责：我们的民族精神哪里去了？现在，看看那些讲所谓‘实际意义’的废物，按他们的逻辑，他们自己的父母生他们都没有意义！”

●“抛弃生命/我舍不得/抛弃温暖/我舍不得/抛弃熟悉/我舍不得/我甚至舍不得抛弃我桌面上的一层薄薄的尘土。/我不是勇士/但是勇士却让我鼓舞/重新认识现在/终于知道/有时候抛弃是痛苦的/同时也是幸福的。/ /我想/雪山上的人/如果不上雪山会很懊悔/今生无悔/所以他们幸福。”

遥想1998年初，北大三名山鹰社员以“每走五步，就必须停下来休息一分钟”的艰难，出现在海拔8 201米的高度，为母校百年华诞献上绵延百里的精神哈达。登顶同学的日记写道：“大风夹着雪粒，铺天盖地地扑过来，打在脸上、身上，眼前是白茫茫的一片……虽然不见蓝蓝的天际，不见山下的平野，但心里的那片天空却比天比地宽广。”

能够在滑坠、雪崩、滚石、严寒、缺氧、高山病中思考生命、追求高度的孩子，我爱你们，死亡无法征服你们，造物主不敢看轻你们。可你们背后有老母倚闾、亲朋盼信，你们要小心哪！

西哲曰：对于某些人，“沉思四十年人生与沉思一万年没有两样——你会看到更多的东西吗？”是的，我们只能这样毫无危险、按部就班、四平八稳、似有若无地活下去，只能常常为鸡毛蒜皮的事情喋喋不休甚至怒发冲冠。我们已无力像他们那样悲壮地活着和死去。我们都有足迹，但深浅大不一样。我们现在所能够做的，是为他们在雪峰上划下的每一道痕迹拜首。是的，我们绝不会跌倒，更不会为白雪掩埋，因为我们从来没有爬上过那样的高度。20年前读勃兰兑斯的《十九世纪文学主流·德国的浪漫派》,见“我们没有跌倒过,因为我们没有攀上过有跌倒之虞的高度。我们把攀登勃朗峰的任务让给了别人。我们小心翼翼地防止扯断脖子，但我们也采不到只在山巅和悬崖旁开放的阿尔卑斯山的花朵。”还觉得那样太浪漫了，为什么都得攀登勃朗峰呢？为什么一定要扯断脖子呢?现在年近半百,是“山鹰”们给我们上了人生哲学的点睛一课。

作为个人行为,学子们与“北大精神”的关系或许只是间接的血缘关系。重要的是他们对于“做什么”和“如何做”的义无反顾的选择。“顶天立地身,只为换自由”,选择的自由和坚定，使他们前进的每一步都放射出照彻古今的光辉。

五个孩子,长眠于皑皑白雪之中。“冰山连绵不断,成为一代人的塑像。”希夏邦马就是他们,烛光和泪水就是他们。大音希声,大象无形,他们因此不再需要任何痕迹。我们是需要的,需要房子和车子、著作和头衔、鲜花和掌声。

他们静静地睡在希夏邦马的怀里,睡成五朵雪莲。他们对山峦和月光毫无妨碍。我于是明白了,征服自然不是砍伐、排污、人工降雨或把国旗插上月球,而是像他们一样融入自然,化为自然。后者可以同时征服历史和未来,而前者只是享用现在。

请回忆北大大学生登山队“山鹰社”1990年以来的足迹：

1990年东昆仑玉朱峰(6178米)

1991年慕士塔格峰(7546米,未登顶)

1992年念青唐古拉中央峰(7117米)

1993年慕士塔格峰(7546米)

1994年各拉丹冬峰(6621米)

1995年宁金抗沙峰(7206米)

1996年玛卿岗日峰(6282米)

1997年东昆仑玉朱峰(6178米)

1998 年卓奥友峰(8201 米,五月校庆)

1998 年念青唐古拉主峰(暑期,未登顶)

1999 年新疆克兹瑟勒峰(没有查到高度)

1999 年四川雪宝顶峰(5588 米,女队)

2000 年桑丹抗沙峰(6590 米)

2001 年穷母岗日峰(7048 米)

以下是山鹰社"一位老社员"的为了五位兄弟而唱给雪山的歌——

●五位兄弟走了,我们不会忘记他们,他们没有做的事情我们会替他们做,他们的父母就是我们的父母,我们将略尽绵力。我们会到神山下,为五位兄弟献一束花,洒一壶酒,唱一支歌,在玛尼堆上添一块石头。传说中的天国离这里很近,你们一定已经到了吧。

请你们不要就此离去,
雪山上的五位兄弟,
妈妈盼着你们归来,
妹妹在等你们的好消息。

请你们不要就此离去,
雪山上的五位兄弟,
让我们再唱一首歌,
玩一次昨天晚上的游戏。

老三,昨天我输了,
今天我要赢你,
其实我早就知道,
你和老四耍了赖皮。

老六,我真的还没懂,
上次你给我讲的概率问题,
但你好像也没搞清楚,
结构主义的确切含义。

老七,这朵雪莲是为谁采的,
我们一定帮你传递,
你是不是有话要告诉她,
或者给她你偷偷写的日记?

这里离天堂很近,
请你们不要走得太急。
到了后也想想我们,
我们亲爱的兄弟。(《教育时报》2002 年 8 月 30 日)

在相当一部分场合和地点,人的真正的生命是回忆中的生活。《追忆似水年华》的作者普鲁斯特认为:回忆中的生活比当时当地的现实生活更为现实。所以评论家拉封·蓬比亚尼说“他对于遗忘的猛烈反抗;这种为了生活在时间的绝对性中而进行的狂热和不懈的努力就是《重现的时光》(《追忆似水年华》末卷)的主要意义。”新闻评论的“回忆借用”也是这样,在这篇述评之中,许多细节——如卢臻周围总是偎着一大堆藏族小孩,夏天大家坐那藤架下面啃西瓜,老雷唱的有点跑调的只有纯洁而热情的人才有的《大盗贼》,雷宇唱的《回到拉萨》……是千山万水之遥的评论员所无从知道的,只有借助了同学、同乡、室友、队友的滴血的回忆才使得五位献身的同学的形象有血有肉。而“这就是一种精神!是作为一个人,作为一个伟大民族的人身上体现出的精神!北大山鹰社的所有青年都是中华民族的优秀后代,是民族勇于攀登、不怕牺牲精神的合格继承者。”以及最后一位老山鹰社员的诗歌本身就是声情并茂的评论,大大节省了评论者多余的抒情。

四、常识是如何背弃的:档案材料说

评论所“借”的东西越是翔实、确凿,对受众的冲击力就越大。如今,大量历史档案逐渐地对公众开放,自然灾害的灾情不再作为秘密，报刊上也时有各类档案材料公之于众——如天津人民出版社的“百年老新闻系列丛书”、《共和国往事·老新闻》、中国文史出版社的“普利策新闻摄影奖·世界新闻摄影比赛大奖”系列《黑镜头》等等,都为我们提供了重要的历史资料。因此,利用档案材料说话,组织别具一格的评论既是历史的必然,也是评论的技巧。如前述《方法》杂志披露了我国著名气象水文科学家编纂的权威资料,证明1959至1961年全国的气候都是天公作美的历史最好时期，对历史的谬说进行了拨乱反正。再如黄一龙的《评注成克杰年谱(大纲)》,就是全部使用报刊上刊载的成克杰的档案材料，加上“前年入党,今年做官”、“前年升官,今年通奸”等“评注”,进行了别具一格的评论。其中“粗疏”之处一笔带过,而“细”的时候则细到一次具体的报告——

一九九四年,六十一岁。在广西全区反腐败工作会议上提出三点意见:一要正确处理改革、发展、稳定的关系,深入开展反腐败斗争。二要紧密结合我区实际,保证反腐败斗争不断抓出阶段性成果。要从根本上解决乱收费的不正之风;从严惩治敲诈勒索、贪污受贿行为,坚决刹住讲排场比阔气等铺张浪费歪风;严肃处理弄虚作假的歪风;加大执法监督的分量,保证令行禁止。

同年至一九九五年,利用职权,使银兴公司承接南宁市江南停车购物城工程，并指示南宁市政府大幅度压低工程土地价格;要求银行为银兴公司发放工程贷款。事成后,银兴公司支付给贿赂款人民币二千零二十一万余元。

正所谓“不著一字,尽得风流”、此处无声胜有声。而作者“不著一字”的偷懒恰恰是建立在成克杰年谱的“白纸黑字”之上的。而杂文家张心阳几乎搜集到了所有公开出版的有关前苏联的资料,谈及前苏联,无论其对前苏联执政党的极权、腐败等问题的分析和批判,还是对前苏联党内存在的封建专制、脱离实际、个人崇拜,特别是意识形态的虚无缥缈化等诸方面问题的揭露，几乎篇篇呼呼啦啦如同竹筒倒豆子,“无一字无来历”。像列宁遗嘱的被篡改之疑点、莫洛托夫的终于被报复、有损于奥斯特洛夫斯基“英雄形象”的300多封个人信件被封锁;像勃列日涅夫不要精英的“厨房内阁”和他获得苏联文学最高奖“列宁奖”的中、长篇小说;像深孚众望的国家领导人奥尔忠尼启则与斯大林争吵后自杀,斯大林指示“在报纸上只能说他是因为心脏麻痹致死”;像列宁逝世时布哈林作为第一个得知消息的人而在场的事实被掩盖;像贝利亚在斯大林病危时有意拖延救治时间,“表现得不成体统”(斯大林之女语);像勃列日涅夫刚刚告诉全苏办公厅人员自己已经被授予苏联元帅头衔,“贴身小棉袄”契尔年科便“举起了一幅与真人一样大小的元帅画像”“万分荣幸地恭贺”起来(准备得何其周到!)……仅仅从他提供的思维材料足可见非同一般的敏锐度、知识面和立足点。比如其名篇《常识是如何背弃的》——

常识是如何背弃的

目前读到钱理群先生《回到“常识”》的文章,后来还在别的书中也读到相近话题的文章。既然是常识,就不应是问题,更用不着专门来作研究,就像黄一龙先生说的,近君子还是近小人,如同吃饭还是吃屎一样简单明了。这种常识性的问题不应有什么闹不清的。

……

最近读了本有关前苏联的书,发现“尊敬的”斯大林同志同样犯过不少常识性错误。这里且不说他如何瞒天过海一再篡改列宁的遗嘱,如何靠枪毙前面的画家来胁迫后面的画家美化自己的标准像,只讲他在本世纪三十年代进行“大清洗”之初的两件小事,便也够玩味。

曾经号称党内六位著名人物之一的国家计划委员会副主席皮达可夫,于1937年被当作“托洛茨基反苏平行中心”首要人物而冠以叛国、从事间谍活动的罪名被推上法庭。如何让皮达可夫真正负起叛国的罪名呢?外事管理局人员斯卢茨基替皮达可夫编造了这样的供词:皮达可夫出访柏林期间偷偷乘火车到挪威与托洛茨基见了面,与之进行密谋和策反。斯大林对这一理由不满意,认为乘火车至少也要两昼夜,而皮达可夫几乎天天都在与德国人会谈,时间上不可能。于是他授意改乘飞机更合适。而斯卢茨基认为飞机乘客都有登记,一查便露出破绽。斯大林气愤地说道:“难道不可以说他是乘坐由德国人提供的专机去的吗?”这样,皮达可夫叛国罪名的重要证据算被敲定。

继皮达可夫之后,深孚众望的国家领导人奥尔忠尼启则很快被斯大林列为重点清洗对象。奥尔忠尼启则在与斯大林一次争吵后预感到大祸临头,于次日傍晚在家中开枪自杀。可当奥尔忠尼启则的妻子季娜伊达要求在报纸上公布自杀真相时,斯大林却阻止了她,说:“在报纸上只能说他是因为心脏麻痹致死。”季娜伊达不答应,说因心脏病发作死亡人们不会相信。这时的斯大林像被激怒的猛兽,带着威胁的口吻喝斥道:“为什么不相信?因为他有心脏病,因此大家都会相信。”

这位伟大的“智者”显然缺乏一些常识了。说皮达可夫乘火车去挪威会见托洛茨基固然让人不可信,可改乘飞机或专机就一定让人相信?须知,任何一个国家,飞机起降在任何一个机场都是有详细的登记。果然,宣判皮达可夫的第二天,挪威报纸便发表通告,声称供词中所说的那个时间和机场不曾有任何飞机降落。谎词即被揭穿。对于奥尔忠尼启则死亡消息的发布,在斯大林看来,只要报纸说什么,人们就一定相信什么。可是,一个心脏病患者就一定死于心脏病而不可能死于非命吗?而自杀的枪声一定只有季娜伊达一人听到吗?

……

毛泽东曾经有一句名言:“卑贱者最聪明,高贵者最愚蠢。”卑贱者其实不一定都聪明,但高贵者中确实有愚蠢的人。“智者千虑,必有一失。”这“一失”就是“一愚”。当然,有的还远不只是“一失”,而是“多失”和“屡失”,一切全凭主观臆断,主观意志完全代替了客观现实,他就不可避免地要犯下常识性的错误了。

对于斯大林,毛泽东就对他有这样的评论:“他骄傲了,不谨慎了,他的思想里产生了主观主义,产生了片面性……愈来愈深地欣赏个人崇拜……”毛泽东这一评价实际上就道出了一个人犯常识性错误的因果关系。人一受崇拜,就不可避免地骄傲自大,就不可避免地自以为聪明,于是也就不可避免地走向愚蠢。

骄傲者是成功者,受崇拜者是权力至高无上者。权力到了极致,往往也就昏庸到了极致,因为此时此刻他便以为无所不能了,甚至可以颠倒黑白了。而与此同时还有一些无耻小人为了在他们手下讨一杯羹,或多领一份奖赏,也会昧着良知对他们错误的东西进行所谓合理性论证,比如把亩产十万斤粮食论证成不容置疑的事实,把某个只为敛财的小人行为论证成怀有某种政治目的,这样就更使得他好像能够高瞻远瞩,明察秋毫,英明伟大了。其实他何曾知晓自己正在不知不觉中犯了一个个让人看来十分可笑的常识性错误。

有人说,绝对的权力必然导致绝对腐败,其实岂止,绝对权力还会导致绝对的愚蠢——在背弃常识者中总是绝对权力者多——这才是背弃常识的根本原因呢。(《杂文月刊》2000 年第 3 期)

作者的“旧闻评论”的灵魂所在,就是陈寅恪先生所说的“独立之精神,自由之思想”。20 多年前,古诗词专家华钟彦先生点拨有志于国学的弟子,说了三个字:“治经史”。张心阳的评论集《带毒的亲吻》正是对“治经史”一法的“活学活用”。广大评论作者真能“啃透”一国、一族、一朝、一姓的历史,而后有感而发,纵横捭阖,新闻评论界必有一番鹰击鱼跃的气象。较之一事一议、陈陈相因、几个典故抄来抄去的“杂八股”和“时评套路”,这种评论太稀少、太刺眼也太重要了。而其“借鸡下蛋”的主要来源,就是早在国家九五计划之初,中国社会科学院组织的一个较大的阵营,编译出版的苏共解密档案。这套资料已于 2002 年下半年正式推出,近 2000 万字,为研究前苏联的历史教训提供了最直接最有效的资料和证据。

五、“绝对碰伤”：古今中外说

对于学富五车、文化功底深厚的论者，用古今中外的种种学问、资料、掌故来“包围”自己的论点，是常用的手法，其美学特点在于以知识性与趣味性烘托、渲染、加深、延长文章的论辩力量。如周氏弟兄在各自的评论集子里均引用了数千种古今中外的典籍。所以两位的评论往往能够用四面八方的知识“围困”自己的论点，使新闻评论能够收到“在学术中评论”的“文化批评”的效果。如周作人的名篇《碰伤》——

碰伤

我从前曾有一种计划，想做一身钢甲，甲上都是尖刺，刺的长短依照猛兽最长的牙更加长二寸。穿了这甲，便可以到深山大泽里自在游行，不怕野兽的侵害。他们如来攻击，只消同毛栗或刺猬般的缩着不动，他们就无可奈何，我不必动手，就使他们自己都负伤而去。

佛经里说蛇有几种毒，最厉害的是见毒，看见了它的人便被毒死。清初周安士先生注《阴骘文》，说孙叔敖打杀的两头蛇，大约即是一种见毒的蛇，因为孙叔敖说见了两头蛇所以要死了。（其实两头蛇或者同猫头鹰一样，只是凶兆的动物罢了。）但是他后来又说，现在湖南还有这种蛇，不过已经完全不毒了。

我小的时候，看《唐代丛书》里的《剑侠传》，觉得很是害怕。剑侠都是修炼得道的人，但脾气很是不好，动不动便以飞剑取人头于百步之外。还有剑仙，那更厉害了，他的剑飞在空中，只如一道白光，能追赶几十里路，必须见血方才罢休。我当时心里祈求不要遇见剑侠，生恐一不小心得罪他们。

近日报上说有教职员学生在新华门外碰伤，大家都称咄咄怪事，但从我这浪漫派的人看来，一点都不足为奇。现今的世界上，什么事都能有。我因此连带的想起上边所记的三件事，觉得碰伤实在是情理中所能有的事。对于不相信我的浪漫说的人，我别有事实上的例证举出来给他们看。

三四年前,浦口下关间渡客一只小轮,碰在停泊江心的中国军舰的头上,立刻沉没,据说旅客一个都不失少。(大约上船的时候曾经点名报数,有帐可查的。)过了一两年后,一只招商局的轮船,又在长江中碰在当时国务总理所坐的军舰的头上,随即沉没,死了若干没有价值的人。年月与两方面的船名,死者的人数,我都不记得了,只记得上海开追悼会的时候,有一副挽联道,“未必同舟皆敌国,不图吾辈亦清流”。

因此可以知道,碰伤在中国实是常有的事。至于完全责任,当然由被碰的去负担。譬如我穿着有刺钢甲,或是见毒的蛇,或是剑仙,有人来触,或看,或得罪了我,那时他们负了伤,岂能说是我的不好呢?又譬如火可以照暗,可以煮饮食,但有时如不吹熄,又能烧屋伤人,小孩们不知道这些方便,伸手到火边去,烫了一下,这当然是小孩之过了。

听说,这次碰伤的缘故由于请愿。我不忍再责备被碰的诸君,但我总觉得这办法是错的。请愿的事,只有在现今的立宪国里,还暂时勉强应用,其余的地方都不通用的了。例如俄国,在一千九百零几年,曾因此而有军警在冬宫前开炮之举,碰的更厉害了,但他们也就从此不再请愿了……我希望中国请愿也从此停止,各自去努力罢。①

与其兄鲁迅“论时事不留面子”的写法不同,周作人是以古雅舒缓、侃侃而谈为特色的。1921年6月3日,北京十五校学生为维持教育事业举行请愿,北京八所国立学校教员同时出动抗议北洋军阀政府积欠教育经费而举行讨“薪”游行,不料在新华门前被军警殴击,伤十几人。此后政府发布命令,竟然宣布是教员自己“碰伤”。面对这一新闻事件,周作人照例采用了“旁敲侧击”、“正话反说”的写法。前三节以儿童心理、佛教公案、武侠传说立论,说明对于“自讨苦吃”的“愚笨”之徒,谁被“碰伤”该谁倒霉,此乃“国粹”所在,古已有之。下文切入正题,又立刻以沉船为例,道明具有典型意义的“现代碰伤”同样有例可稽,

①周作人:《泽泻集·碰伤》,《周作人文选》(1898–1929),广州出版社,1995年版,第91–92页。

可谓“今亦有之”。而无论古今,杀人者皆无丝毫责任,是讨要工资的教师们一出门自己先就错了:明知有“碰伤”之虞,干吗没头苍蝇一样地往上撞?

整个评论机智诙诡,对中外典故信手拈来,虚写“碰伤”活该而实写是非颠倒、世道荒唐、老百姓无法存活。而侃侃而谈的语气,“若无其事”的议论,反而加重了评论的讽刺力量。正如舒芜在其《周作人概观》里评论的:“反正真理在我手里,轻轻提起,缓缓道来,又有何妨。这就使文中有一种风度,文外有一种韵味,从而烘托、渲染、加深、延长了文章所说的道理的力量。”

周作人晚年在《知堂回想录》中谈及本评论时说:“我这篇文章写的有点别扭,或者就是晦涩,因此有些读者就不大能懂, 并且对于我劝阻向北洋政府请愿的意思表示反对,发生了些误会。但是那种别扭的写法,却是我所喜欢的。”

“造语的曲折” 是评论幽默感和讽刺力量的文字依托,而用古今中外的种种学问、资料、掌故来“包围”自己的论点才是“曲折”的资本。时下的新闻评论写作——尤其是初学者习作中, 目不旁顾、直奔主题、“一竿子插到底”的写法是通病之一,所以体会一下周作人《碰伤》的余味,我们或许会距离新闻评论的“美学精神”更近一些。

第六章 机智诡谲：智慧包容与逻辑狡黠

[本章内容提示]

★深刻而机智的“狡猾”笔法

★命题的嘲弄和反讽

★思路的多变和机警

★行文的夸张与诡谲

★结论的奇警与智慧

一、深刻而机智的“狡猾”笔法

某外国通讯社报道蓝鲸濒临灭绝的消息用了一句评论性的导语：“大自然用了 1 亿年的时间创造出了蓝鲸，而人类只用 50 年就把它毁灭了。”真是“惊心动魄的伟大”！与其他美学写作一样，新闻评论写作中的幽默与诡谲，经常表现为一种智慧之美，散发出睿智的哲学的光芒。“哲学”(philosophia)一词是古希腊哲学家毕达哥拉斯“撮合”的：他让作为构词成分的“爱好”(philo-)和“智慧”(sophia)联姻，生成了“哲学”二字。而以“人生哲学”、“生命哲学”和“生存哲学”为底蕴的新闻评论写作，理当展示深刻、多变、机智的内涵。

1966 年 4 月 16 日——距离“文革”正式开始的“5·16 通知”发出一个月前，《北京日报》以三个版的篇幅，发表了一批批判吴晗、廖沫沙的《三家村札记》和邓拓的《燕山夜话》的文章，拉开了“文革”的序幕。而《燕山夜话》和《三家村札记》的 200 来篇文章，多数是就各种各样的社会问题有感而发的，或褒或贬，切中时弊而生动活泼。可以说，“文革”是从扼杀激浊扬清的新闻评论开始的。流弊所及，在相当一段时间，尤其是十年浩劫当中，“首长治下臣民，服装一律灰蓝”，生动活泼的智慧之美为“最政治的政治”、“最核心的核心”、“不是小好不是中好而是一片大好”的假话大话空话所取代，新闻评论的论坛一片沉寂。粉碎“四人帮”之后，才华横溢而机智诡谲的新闻评论才重新回到媒体中来。

通过思路的多变、造语的曲折、行文的机警，即以比较“狡猾”的笔法——类乎老舍自传的“今已有一女一男，均狡猾可喜”——从事新闻的评论，显露的往往是智慧和才情。作为智慧的微笑，机智诡谲出于理解，是一种温厚的包容；出于讽刺，亦不无善意的狡黠。

新闻评论是不是一定要正襟危坐、一板一眼？其品味、思路、笔调、风格是不是一定要恪守某一种模式？换言曰，能不能用玩笑和幽默展开自己的论题？在以往，这样的“不严肃”似乎是不允许的，因为我们一直在强调评论的权威性、严肃性、政策性、建设性和规范化，这一切似乎都与幽默、诡谲有相当的距离。况且大到社论、社评，小到编者按、编后，评论几乎都在代表整个媒体发言，“不严肃”就难免有“不正经”的嫌疑。

然而，生活本身的生动性与丰富性决定了评论的不拘一格，艺术表达的千姿百态也决定了新闻评论这块“严肃的土地”终将被机智与幽默的铁犁所开垦。应该说，从马克思到毛泽东，在机智诡谲的评论方面早已作出了表率。例如马克思在谈到爱尔兰的《每日快报》时说——

这家报纸每天都要编造各种关于谋杀、武装抢劫和夜间集会以飨读者。但使这家报纸感到莫大遗憾的是，被杀死的人竟常从坟墓中爬出来，并且就在这家报纸上抗议编辑部这样摆布他们。①

在直接针对“党八股”的评论中，毛泽东先是幽默地解释“我们为什么又叫它做党八股呢？这是因为它除了洋气之外，还有一点土气。也算是一个创作吧！谁说我们的人一点创作也没有呢？这就是一个！（大笑）”而后，他又“以毒攻毒”地列出党八股的八大罪状，即：一、空话连篇，言之无物；二、装腔作势，借以吓人；三、无的放矢，不看对象；四、语言无味，像个瘪三；五、甲乙丙丁，开中药铺；六、不负责任，到处害人；七、流毒全党，妨害革命。八、传播出去，祸国殃民。号召“洋八股必须废止，空洞抽象的调头必须少唱，教条主义必须休息，而代之以新鲜活泼的、为老

①《马克思恩格斯全集》第12卷，人民出版社，1956年版，第712-714页。

百姓所喜闻乐见的中国作风和中国气派。”[1]

从审美的角度考察，这种机智诡谲的新闻评论的美学特质在于：(1)更多的具有杂文的性质——即往往是撇开了具体的新闻事件而以综合的“类”的特点概括之。所以此处的“新闻评论”是一个“大新闻”的概念，即往往针对一个时期所集中表现出来的、比较突出社会现象作综合的评论。(2)对于这种“非事件性新闻”的评论更多的具有喜剧美学的性质——行文中充分展示了“嬉笑怒骂皆成文章”的抒情主人公姿态，评论往往洋溢着鲜明的才情和情趣，有很强的可读性。

此类的新闻评论主要有以下四个方面的特点——

二、命题的嘲弄和反讽

做标题如画龙点睛，一个好标题不仅能够提示评论内容、评价新闻事件，更能够美化报刊版面、擦亮读者的眼睛。机智诡谲类的评论的标题尤其是显露评论员智慧和才情的窗口，一个优秀的论者，应该具有用评论标题一下子抓住受众的能力。在命题方面，此类评论多使用以下手段：

1、古谱新诠。恰如其分地运用典故或别具匠心地“生吞活剥”名诗佳句，往往能够使评论标题顿生光彩，散发出浓厚的文学意味。20世纪80年代初，香港已经跻身国际大都市，一些内地人以为到了香港就可以迅速暴富，一步登天，殊不知当时香港房租一年半涨了一倍半，饮食、交通、水电开销也比内地大得多。于是《文汇报》1980年2月12日的述评题目曰《香港居 大不易》——借唐代诗人白居易进长安“居大不易”的典故，为盲目行事者敲了一记警钟。2003年7月11日的《中国经济时报》有朱健国的时评，谈自己回乡的所见所闻。说自己的老家洪湖市——当年的“湖北十强”县，一百多家知名企业如今已荡然无存，好不容易新开一家上市公司也已很快倒闭；自己当年那些旧友，则半数已因当了官后的经济问题成为囚徒；政府公务员则已多半发不出工资，男的五十岁女的

[1] 毛泽东：《反对党八股》，《毛泽东选集》，人民出版社，1964年版，第787-797页。

四十五岁一律办退休。其评论标题改杜甫《赠卫八处士》名句“访旧半为鬼，惊呼热衷肠”半联曰：《访旧半为囚》，令人唏嘘之余又哭笑不得。

2、语序倒颠。语序和字词的改动在机智诡谲类评论里常常出现且效果不凡。《人民日报》1983年9月23日发表昊昊的评论，评论毁田建房的症结所在——一些部门和单位办事不公、措施不力、大敲竹杠问题出在主要领导身上，题目顺理成章为《老大难难在“老大”》！这种“回文”式的语序惹人注目，起到了及时的警策作用。2000年，黑龙江省克东县人民检察院检察长张某，为了解决办公楼的建设资金问题，大干抓人敛钱、收钱放人的勾当，用大罚特罚得来的钱盖了“人民检察”大楼。而面对镜头，张某轻描淡写：“在盖房的过程中，存在着先抓人后立案，以抓人去要钱之类的小问题。”笔者作为时评版的编辑，约著名评论家牧惠先生与著名漫画家黄永厚以“左图右文”的形式为河南《大河报》撰写时评。大作用邮件发过来，牧惠先生的标题赫然入目：《检察人民院》！文章披露黄永厚寄来漫画时写信说出了妙语“人民检察院还是检察人民院？大楼盖完了又该动什么新的点子呢？”于是自己顺手拿来做了时评的标题。遗憾的是发表之际值班主编怕伤及有关部门的情面，临时改为《这是什么院》。鄢烈山的评论改“一元化领导”为《一人化领导》，改“颠扑不破”为“颠扑则破”等均属于此类。

3、双关飞白与反语。利用修辞格做标题是诡谲评论的捷径之一。《人民日报》1980年1月25日的一则消息题为《啤酒气足　群众气消》，该标题本身就是点睛的评论。而啤酒的“气”指的是泡沫，群众的“气”指的是怨声载道，一“气”双关，恰到好处。“飞白”的修辞格属于一种仿效，即明知其语言上有错，却故意照样用别字、白字记录下来，将错就错，从而达到出其不意的效果。在笔者的新闻评论中，先后使用过的“飞白”和反语如《论雷峰塔的倒不掉》（评杭州恢复“西湖十景”之一的雷峰塔）、《不杀不足以平官愤》（评买凶杀人的官员供出大批受贿贪官引出“官愤”）、《何妨潇洒带一回》（评南方某大学伙食科长也成了博士生导师)《"白社会性质"》(评兰州"李氏集团"于光天化日之下购买枪支、抢劫门市、追杀无辜,欺男霸女)等,获得了较好的反响。

4、突出特征。在命题的嘲弄和反讽方面,鲁迅先生的新闻评论可谓作出了表率。其主要特征就是特点抓得准。如《不负责任的坦克车》(对投机文人攻击杂文是"不敢负言论责任的文体"的评论)、《"抄靶子"》(对帝国主义在上海的巡捕对普通老百姓强行搜身新闻的评论)、《谈"激烈"》(对上海公共租界的英国当局用所谓"上海保安会"的名义,散发维护帝国主义利益的反动传单与图画,高喊:"中国元气大损,再用不着破坏了!"的评论)、《忧"天乳"》(对《顺天时报》载北京辟才胡同女附中主任欧阳晓澜女士不许剪发之女生报考的评论)、《"碰壁"之后》(对北京女师大学生反杨风潮中,杨荫榆无理开除学生自治会职员六人行为的评论)、《"碰壁"之余》(对女师大进步学生被反动当局殴曳出校后,陈西滢诬蔑进步人士声援女师大学生是"重女轻男"的评论)等,都是以标题吸引人注意,叫你不得不阅读的名篇。尤其是1933年2月14日《申报》载南京专电云:"中执委会令各级党部及人民团体制'忠孝仁爱信义和平'匾额,悬挂礼堂中央,以资启迪。"大肆宣扬孔孟之道,鲁迅先生评论的标题为《由中国女人的脚,推定中国人之非中庸,又由此推定孔夫子有胃病("学匪派"考古学之一)》,堪称机智诙谐之大手笔。

三、思路的多变和机警

既然是用"嘻笑怒骂"的笔法从事评论写作,文字中的幽默与诙谐就往往表现在使用一种与常规不同的思路。或删繁就简,或高屋建瓴,或旁逸斜出,或插科打诨。比较"按常规出牌"的新闻评论,这种类型的评论常常使读者或受众产生"机警"或"奇崛"的感觉。例如同为对"诚信卖官"等"荒唐的郑重"的评论,《南方日报》2005年8月1日龙齐富的文章与耿法先生在《杂文选刊》上的文章就颇有不同。龙齐富的文章题目是《"诚信卖官"是对诚信的亵渎》。文曰——

“诚信卖官”是对诚信的亵渎

新一期《瞭望》新闻周刊剖析了安徽省近年来因卖官受贿被查处的18个县(区)委书记(或离任不久而犯罪事实集中在县委书记任内的),发现了一个腐败新现象:贪官开始讲究“诚信”。比如说,在农民人均年收入仅2000多元的全国重点贫困县定远,原县委书记陈兆丰的近千万元不明财产并不是一朝一夕积聚起来的;而他长期以来之所以贪而不倒,直至成为腐败的“大鳄”,就是因为他很讲“诚信”。

诚信者,真诚也;有一颗真诚之心也。本来,在现代社会里讲诚信,不仅是一个官员应该具备的基本品质,而且也是任何一个公民应该具备的基本品质。但陈兆丰所讲的“诚信”显然不是这些,他讲的是什么呢?“诚信”卖官,他在卖官的时候讲“诚信”。也就是说,当有人向他买官时,他如果收了谁的钱,谁头上的乌纱帽就指日可待,区别只在于“帽子”的分量轻重而已——他要根据钱多钱少,待价而沽;而如果他感到事情难办或没有办成,必定原封不动地奉还银两,不“贪”。这么一来,买官的人在没有达到目的时不至于“亏本”、官财两空(直接结果),也就不至于怀恨在心,日后气急败坏地来个举报什么的(间接结果亦即最重要结果)。因此,卖官的讲“诚信”,等于给买官的吃了颗“放心丸”,卖与买之间可以说实现了“双赢”。

于是,我们就认清了贪官所讲的“诚信”的真实货色:卖官一方向买官一方订立的一种契约,前提还是把官职作为商品。且不说现代正常社会的官职不是商品,也不可能成为商品;即使在官职是商品、可以“捐”得的年代,它也是“国有资产”而并非属于个人的商品,卖得的钱不能落入个人的腰包。贪官在卖官的问题上讲“诚信”,只是对买官者的,对人民则是彻头彻尾的虚伪和背叛,对诚信这个词汇构成了亵渎!其实质上拨动的仍然是个人的算盘,只是与以往不分青红皂白、见到钱财眼睛发绿的贪官相比,高了一点儿“层次”,多了一点儿“理智”,懂得了一点儿规避风险。陈兆丰不是有这样的"诚信"准则吗?"办不到或没法办的事情不收,领导或熟人托办的事情不收,嘴巴不严的人不收"。颍上县原县委书记张华琪在卖官的问题上不是也"言出必践、老少不欺"吗?他们的骨子里仍然是贪的,只不过,他们要降低索贿受贿的风险,不得不使卖官的手法更隐蔽、更狡猾而已。

卖官买官已成为我们社会的一颗"毒瘤"。前几天,黑龙江省绥化市原市委书记马德被一审判处死缓。在这起迄今为止新中国最大的卖官案中,危害在于马德将绥化政坛改造成了一个庞大复杂的"官市"——以官位为商品的市场,从而将贪贿之习层层下递,买官成为惯例进而成为"规则",最终对当地的政治风气产生摧毁性的破坏力。在卖官买官盛行的地方,危害莫不如此。颍上县全县31个乡镇的领导干部,就100%向张华琪行过贿。讲"诚信"的贪官真的要比不顾一切的更加可怕。

该文有板有眼,步步深入,守己有度,伐人有序,的确不失为一篇严谨的评论文章。而耿法先生在2005年11期《杂文选刊》上的"百字杂文"题为《"诚信"的摩登》,用的就是"立此存照"的方法,选取了具有代表性的五个新闻特写镜头,基本上可以说是新闻照片的解说词——

"诚信"的摩登

一

一夜间,街道上突然冒出许多"牛皮癣"小广告,赫然写着四个字:"诚信办证"。

二

那些卖假种子、假化肥以渔利的黑心公司,在广告上、在和农民签订的合同上,全是"诚信为农民服务"的字样。

三

网络上,一则广告为:代写毕业论文,代参加英语四、六级考试,保证成绩合格后付费,君子服务,诚信为上。

四

一同事在公共汽车上钱包被窃,不日收到一封信,里面装着他的身份证、工作证。一张纸上歪歪斜斜地写着:要钱不要证。

五

一些贪官接受贿赂,也有某几种情况下决不收钱的"规矩",其中之一即是"办不成事不收钱"。(《杂文选刊》2005年第11期)

区区250字,把类似"诚信卖官"的"另一种诚信"的"筋"活活地抽了出来,叫人顿悟:"诚信!多少龌龊假汝名而行!"所以,正襟危坐的评论有严肃的力量,幽默诙谐的笔触有巧妙的作用;优秀的评论员应该"两样货色齐备,各有各的用处"。同时,由于时间、地点、政治环境等条件的限制,在新闻事件不便点明或不敢直说的时候,评论中的幽默与诡谲最容易派上用场。

"构思的出奇"是说在新闻评论里,也可以像欧·亨利的小说,以悬念制造期待,含褒贬于玩笑之间,引人入彀,篇末显志,给人以美的享受。1985年是文学的"分水岭",随着市场经济的发展,文学迅速地被"边缘化"。正如雷颐先生论"知识分子"时所说的:"在市场经济大潮冲击之下,作为整体的知识分子更加迅速地被'消解'为各类受过训练的专业人员。其尊卑贵贱,都要通过'市场'这个大考场上的拼搏竞争而一见分晓。……以前,知识分子总居舞台中央,无论是正剧悲剧还是喜剧闹剧,扮演正角还是反角,是为刀俎还是为鱼肉,其命运总为万众瞩目。或是举国'共讨之''共诛之',或是普天为之同洒一掬热泪。现在却日渐冷落,难免有些自怨自艾。"[①]由于意识形态的功能与作用在某些领域日益淡化,"价值"、"意义"、"生命"、"永恒"等与意识形态关系密切的文学追求渐渐向"纯文学"或曰美学的圆心退缩。"十年磨一剑"、"皓首穷经"日

①雷颐:《取静集》,新华出版社,1998年版。

渐成为笑谈；而靠着一篇小说、一首诗歌、一出戏剧惊山河、泣鬼神的时代恐怕也一去再难复返。于是，言情小说、惊险故事、武林传奇、法制文学、广告文艺立刻成了文坛的“主角”。评论这一社会现象的文字可谓多矣，但沙叶新却用一篇“有奖阅读小说”从事了精彩的新闻评论——

《他和她》

深秋。月夜。公园幽静的小径。

万籁俱寂。一片落叶飘下。寂静得可以听见落叶与空气的摩擦声。

他和她从林中深处走来，沐着月光，踏着落叶。公园早已关门，这对年轻的恋人是尚未出去，还是刚从围墙缺口处进来？他们忘了。他们忘了一切，忘了时间，也忘了空间。此时此刻，他心里只有她，她心里也只有他。

他们沿着林中小径款款而来，在一株玉兰树下站定。值此良夜，他满怀柔情，她充盈蜜意，他们幸福地偎依在一起。他听见她慌乱的心跳，她感觉到他急促的呼吸。他们终于相吻了。他冲动地捧着她的美丽、洁白的面颊吻着，热烈地吻着。突然，他从她的面颊上闻到一股沁人心脾的香气，香得那样文雅，那样恬静。啊，这原来是她半年前喷洒在脸上的皇后牌香水的香味。

“皇后”香水，物美价廉，洒上一滴，保香三年。

皇后牌香水是轻工部名牌产品，曾荣获国家银质奖章。厂址：贵星路17号。电话693287。电报挂号4415。

“鲁科，我要回家了。”她说。

“倩倩，再待一会儿吧。”他实在舍不得离开她。

“回去太晚了，路上有坏人。”倩倩有些害怕。

“我保护你，我有武功。”鲁科立即表现出他的骑士风度。

倩倩笑了，她不相信这个文质彬彬、戴着眼镜的鲁科真的会武功。

突然，丛林中窜出一条汉子，獐头鼠目，虎背熊腰，身长八尺，声如洪钟。鲁科和倩倩吓了一跳，原以为来人是公园管理员，再已细察，方知是一歹徒。看情形，此歹徒许是越狱外逃，无处藏身，躲入公园过夜的。

“识相点儿，把钱包交出来！”歹徒亮出匕首。

“当心！”倩倩大惊失色。

鲁科却异常沉着。原来他确有武功，插队四川时，一灯法师曾亲自向他传授双龙剑、赤虎刀、八卦拳、太极拳。此时，只见他纵身一跃，拔地而起，左腿如弓，右腿如矢，直朝歹徒右手腕心踢去。歹徒暗暗一惊，未料到这白面书生果然武艺超群，身手不凡，于是连忙侧身，以虚避实，用其“黑蛇归洞”之势化解鲁科“蛟龙探海”之招。两三回合之后，歹徒突然“回首望月”，将匕首直往鲁科胸间掷去。鲁科微微曲身，来了个“燕子衔泥”，用嘴将匕首稳稳衔住，再一咬牙，匕首裂成两半，落地有声。读者诸君或许有问：鲁科之牙何其硬也？此乃鲁科常用“八面钢”药物牙膏之故。

“八面钢”药物牙膏，防治牙病有奇效。常用“八面钢”牙膏，可使牙床坚如车床，牙齿硬如齿轮。购买十支，八折优待，另赠奖券一张。

歹徒见鲁科咬断匕首，惊恐万状，连忙掏出越狱时偷来的左轮手枪，对准鲁科，冷笑道：“量你不是刀枪不入之身！”

倩倩惊呼：“鲁科，当心！”

鲁科却道：“别怕，他开枪，我就跑！”

歹徒扣动手枪扳机，一粒子弹直向鲁科眉间射来。

说时迟，那时快，鲁科一听枪响，转身便跑，速度惊人，风驰电掣。只见那粒子弹在鲁科脑后穷追不舍，可总也追他不上，仅差一寸之遥。鲁科为避开子弹，跑出三里之后，便绕树而跑，不想子弹也绕树而飞，紧跟鲁科，始终不离须臾。跑至湖边，鲁科想转身往回跑去，谁料刚一转身，那粒子弹射中鲁科的眼镜。但鲁科并无性命之虞，双目亦未受伤，连镜片也完好无损，因为鲁科戴的是强力牌防弹眼镜。

眼睛是灵魂的窗户，眼镜是最迫切的“目前”问题。为了保护您的灵魂，请在“目前”为您的灵魂之窗配上强力牌防弹玻璃。强力牌防弹眼镜全国各大百货公司均有出售，欢迎选购。

一副眼镜救了性命，鲁科暗自庆幸。他捡起垂头丧气落在地面的子弹，用手绢小心包好，放入袋中，作为歹徒行凶的罪证，然后在暗中飞一般地跑回那条林中小径。可是一个令人惊骇的景象在他眼前出现了：月光下，只见歹徒被绑在一棵大树上，头顶开花，血流满面，不知给谁打死了！鲁科高声呼唤倩倩，可是只听见回声，而无人回答。鲁科在林中四处寻找，亦不见倩倩的踪迹。

是谁打死了歹徒？倩倩又去往何处？欲知后事如何，请看下期连载。

《他和她》集当今流行的言情小说、惊险故事、武林传奇、法制文学、广告文艺于一身，可谓五美齐全。本报将分百期连载，并实行有奖阅读竞赛，凡在六十秒之内，将每一连载部分过目成诵、一字不错、一点（标点）不漏、且能倒背如流者，分别给予头奖、二奖、三奖。

头奖，一名，家用万能机器人一个。该机器人外形逼真，动作灵活，可包揽一切家务，举凡买菜、烧饭、洗衣、守门、清扫无所不能。出门还可当车，背负一人，行走如飞，时速可达一百公里。

二奖，五十名，五十八平方米住宅一套，三室一厅，煤卫齐全。而且地处市中心，交通方便，附近有9路、88路、194路、5001路汽车停靠，前门可通轮船码头，后门直达机场。

三奖，一百名，五千元（注意：并非人民币，而是兑换券！）。

有奖阅读得到皇后香水厂、八面钢牙膏厂、强力眼镜厂的大力资助，特此鸣谢！①

①沙叶新：《閒世戏言》，华东师范大学出版社，1995年版，第174–177页。

本评论的深入思索和“有情讽刺”是以机智诡谲的微笑实现的。作者紧紧抓住了流行一时的言情小说、惊险故事、武林传奇、法制文学、广告文艺的主要文体特征，以活灵活现的模仿，凸现了哗众取宠的“广告托”如何把读者“忽悠”进产品的圈套。评论似乎并不针对任何新闻事件，却又逼真地把我们带进了真假难辨的广告世界。在此，以“文体”作为结构评论的线索，以稍显“夸张”的笔触表达自己的主旨，收到了一般新闻评论不易获得的艺术效果。

四、行文的夸张与诡谲

如果说消息、通讯、特写等文字的美感主要在于准确、凝练、质朴、干净，那么，新闻评论文字的美感就应该是多种多样的。如前所述，新闻评论写作中的幽默与诡谲，见于评论的行文之中，更多地表现为艺术的夸张与放大。在此，论者是以喜剧的心态切入自己的评论对象的，幽默中满含指向，讽刺中更有规劝。一般意义上的喜剧依赖的是“透明的错觉”——在观察者面前，某种属于深远内层的东西被虚构成为伟大而重要的事物，为的是最后化为某种无意义的东西——而新闻评论夸张与诡谲的喜剧色彩则在于“叙述的变形”——用比较纯粹的文学的语言和构思达到“评论新闻”的目的。

这种“较纯粹的文学语言和构思”主要见于评论中用语的机智。

“风格和情绪、倾向之类，不但因人而异，而且因事而异因时而异。”(鲁迅《准风月谈·难得糊涂》)在比较特殊的评论中，言语的变化能够完全改变文字的味道。例如2000年前后，进入新世纪，经济发展，广告业也鹰击鱼跃，欣欣向荣。各种媒体上面广告铺天盖地，商家也竭尽全力使自己的广告语与众不同。于是，利用汉字的谐音改编成语俚语俗语制作成广告用语，成为了众多商家津津乐道的新创意，如“饮以为荣、随心所浴、默默无蚊”等等。而这种做法是否恰当，在当时的社会各界反响很大，褒贬不一。有人认为这样“一‘名’惊人”,既有独创性,符合产品的形象特征,能够给消费者留下深刻的印象,对祖国语言也是一种丰富和“重铸”。也有人认为这样滥用成语不利于语言健康文明的发展,于是出现了小学语文教师率领学生到报端和街头去“成语打假”。该如何评论这个社会现象?笔者当时曾经写评论曰——

稍抬贵手又何妨?

——为广告中的“假成语”一辩

“假作真时真亦假,无为有处有还无”。科技发展至今,不仅烟酒磁带化妆品假货不断,连人民币美元甚至主持春节文艺晚会的“国嘴”赵忠祥都叫人莫辨真伪。无怪乎当年卓别林在“摹仿卓别林”大赛中仅获第二名,假的比真的还“真”,岂不气煞活人!也正因为如此,“质量万里行”和各行各业的“打假”才深得人心。

不料“打假”之风近日开拓到了文字上。这两个月在大报小报上颇见了几篇指斥广告糟践成语或组织学生“成语打假”的文章,同声讨伐说一些广告破坏了祖国语言规范。

笔者认为,大家维护民族语言纯洁、保护儿童正常学习的精神可嘉,只是成语之“假”与伪劣商品之假“根本不是一家人”,甚至相距甚远,还望穷追猛打的同胞们稍抬贵手。

查广告中的“假”成语,可列简表如下:

原成语	“假”成语	所卖产品
刻不容缓	“咳”不容缓	止咳药品
蔚然成风	蔚然晨风	晨风电器
天长地久	天尝地酒	白酒
脍炙人口	快治人口	口疮药
爱不释手	爱不湿手	洗衣机
其乐无穷	棋乐无穷	中国象棋
其乐无穷	骑乐无穷	摩托车
包罗万象	报罗万象	报纸

步步为营	步步为赢	药品
口蜜腹剑	口蜜腹健	口服液
一代天骄	一戴添娇	手表
一鸣惊人	一明惊人	明目器
百依百顺	百衣百顺	电熨斗
百依百顺	百衣百顺	西服
百闻不如一见	百见不如一闻	音响

上述广告"假"成语,除个别(如"步步为赢")不甚恰切,绝大部分另辟蹊径,于谐音中充满风趣和机智。细细品味,我们只能叹服祖国语言的丰富多彩,诙谐多变,进而窥见创意者的匠心所在。只要稍有东方人那源远流长的宽容和幽默,断不会将上述广告与伪劣商品等量齐观的。而且,此等创意港台和海外也多有佳作,如某酱菜广告曰"'酱'出名门";某鞋店的"岂有此履";台湾海龙洗衣机厂的"'闲'妻良母";美国卖眼药水的"把眼珠转动数次,可使药水布满全球"等等。

手边这本1932年出版的《修辞学发凡》(陈望道著),已有"飞白"修辞格,道是"明知其错故意模仿",且分为"记录飞白""援引飞白"两类,前者以鲁迅《鸭的喜剧》为例,说孩子们将俄国盲诗人爱罗先珂先生叫成了"爱罗希珂",以突出孩子的天真。后者则例举《红楼梦》第20回,言史湘云称"二哥哥"贾宝玉为"爱哥哥"被黛玉取笑。再查1984年版《现代汉语修辞学》(宋振华等主编)更有"大军南下,其势如火如荼"(茶)的例句,并注明恰当使用飞白,可增加刻画力,产生幽默风趣之效果。作为"古已有之"的修辞手段,为什么电视广告就不能使用呢?

再查各种体裁广告词,计有"描写体""论说体""抒情体""幽默体""故事体""戏剧体""曲艺体""诗歌体""对联体"等等,日后恐怕果真会出现一种"假成语体"。即专找家喻户晓的成语或熟语借谐音、多义或近音"改头换面"以引起注意,即如"一明惊人"将"鸣"改为"明",亦可以在鲁迅笔下找出例证:

这就是文人学士究竟比不识字的奴才聪明，党国究竟比贾府高明，现在究竟比乾隆时候光明：三明主义。(《伪自由书·言论自由的界限》)

鲁迅先生改“民”为“明”,顺手幽了高唱“三民主义”的党国一默,给人印象极深。我想,此类飞白或“准飞白”非但算不得“语言污染”,而且还是连翻译家也无能为力的“国粹”呢！与其率领小学生“打假”,真不如先领学生“叫真”,顺便看看广告创意之精巧,以研讨语言,开拓思路为佳。

且夫广告广告，为的就是妇孺皆知，或以画面“夺目”,或以音乐入耳或以文字出奇,连小学生即可“打假”,可见中国现代汉语并未脆弱到几个广告“假”成语即可造成“混乱”的地步。至于有学生将“一鸣惊人”写成了“一明惊人”,则是没有电视广告之前也不新鲜的事,只要教师讲透了用法,再见到“一明惊人”的广告,学生大概只会会心而幽默地一笑吧!

而且,伪劣商品的假是唯恐其不“真”或曰唯恐不能乱真,因为它要鱼目混珠,其内容见不得人。而上列大部分的广告则是张扬其“假”,以便直接让你“打假”而打入你的记忆——看来他们是成功了,“打假”不正是大大地扩大了人家的影响么?(《语文月刊》1995年第9期)

笔者评论的原意是:谐音或“飞白”修辞在语言表达中早就被广泛地使用，使用得当可以取得出乎意料的表达效果,如“春蚕到死丝(思)方尽”、《红楼梦》中的“甄士隐(真实隐)”“贾雨村(假语村言)”、《红楼梦》里的“万艳同杯(悲)”、“千红一窟(哭)”,都给人留下了深刻印象。广告稍加点染,同样可以以少胜多,像服装类的“‘衣衣’不舍”、饮料类的“有口皆‘杯’”、冰箱的“领‘鲜’一步”、燃灶器具的“‘烧’胜一筹”均形神兼备、绘声绘色,拉近了顾客与商家的距离。但欠缺是过于“宽容”,没有顾及“稍抬贵手”的另一面是:一味地去迎合部分人猎奇的心态而对成语“脱胎换骨”,有可能会对语言产生很大的伤害。如“天下大事，汾酒必喝，喝酒必汾”就不无牵强。又如某种涂料的广告语“好色之涂”、男性用品广告词“男儿‘裆’自强”，就包含了明显的不健康的色彩。也让消费者从心理上产生厌烦，与广告人的创意南辕北辙。而著名剧作家沙叶新先生就别出心裁，现身说法，以夸张而且诡谲的“文字游戏”的方式对此引起全国关注的新闻事件进行了“剑走偏锋”的评论——

壮“痔”凌云

我总以为自己很健康，即便生了病也不愿意就诊，很是自以为是，讳疾忌医。一个月前，早晨起来突然感到心悸、头昏、胸闷、气短，在妻子的逼迫之下，我才不得不去了医院。

不料大夫诊断之后，要我立即住院，我说：“没这么严重吧？”大夫说：“你频发性早搏，一分钟高达十多次，而且心动过缓，一分钟只有四十几跳，这么厉害的心脏病，气色又这么不好，还不严重？”我笑嘻嘻地说：“心脏不好我心眼儿好，气色不好我气质好，没关系的。”大夫正色道：“你要是开玩笑，拒绝住院，后果你自负！”没办法，我只得乖乖地住进医院。

在病房里每天吊针、服药。其中有一味药为黄连素，据说可治冠心病，一日三次，每次三片。我服后却有副作用，便秘；便秘之后又引发痔疮，痛苦不堪，极难忍受。我除了使用医院配给我的九华痔疮栓、马应龙麝香痔疮膏之外，自己还买了肛泰、根痔灵以及进口药CIR-CANETTEN。一周后，稍有缓解，但也未痊愈，仍很痛苦。

病急乱投医，我继续寻找能够根治痔疮的良药，以解后顾之忧。

一日，在报上看到一则痔疮新药的广告，广告用语四个大字：“痔者必得”，非常醒目。这则广告用语和卖鸡的“鸡不可失”、卖衣服的“百衣百顺”、卖热水器的“随身所浴”等广告用语一样，都是用了同音替代的手法。对此，教育界人士颇为反感，担心容易诱发学生产生别字，误人子弟;更有甚者,认为这是对祖国文字的践踏,极为愤怒,大声疾呼要整治这类广告。也有人士认为不必大惊小怪,他们声称这是一种特殊的修辞手段,文艺作品和外国广告为使语言风趣和广告易记,也经常使用。还有人士认为广告不会误导学生出现别字,相反倒是这类广告提供了一个有趣、易记的方式让学生更能识别同音字的不同含义。如果一定要说会诱发别字的话,那也是老师在课堂上的责任,而不能推诿于广告。这几种意见争论激烈,相持不下,至今也无结论。

有位朋友问我对此有何高见,我诚惶诚恐,嗫嚅冒汗,心律即刻失常。只因这个年代,不好表态。昨天报上说生命在于运动,今日又说生命在于静止,昨天说长跑有益健康,今日又说长跑于健康有害。况且言为心声,我心律失常,言语也必定失常,于是决定沉默不语。

无奈日有所思,夜有所梦。

梦中,我去这家"痔者必得"的痔药厂购买新药。只见厂内黑压压的一片,全是痔同道合、踌躇满痔者,煞是壮观。厂长出来接待,并痔辞:"同痔们,你们好!我代表'痔者必得'全体职工欢迎大家。痔疮是常见病,多发病。不但老年人老骥伏枥,痔在千里,青壮年也壮痔凌云;就是小孩也有痔疮,有痔不在年高嘛!如今是十男九痔,十女九痔,无所不痔,无微不痔,不久就要全民所有痔!所以我厂全体同痔,斗痔昂然,专心致痔,终于有痔者事竟成,研痔成功了'痔者必得'特效药,欢迎诸位试用!"

于是我和同痔们都争相购买"痔者必得",并立即服用。梦醒后,我发现我的痔疮并未见好,肛门部位仍是淋漓尽痔!

第二天我的朋友继续追问我对"痔者必得"广告用语的意见,我不得已,向他说了我的这个梦,并说这种广告用语的用法虽可采用、借用,但不可滥用、乱用,否则就会有反作用、副作用。①

正如一些主张宽容之士的评论:"总有一些错别字让你说不出它的错",意思是当"用语错误"与"机智诡谲"联

①沙叶新:《壮"痔"凌云》,《杂文选刊创刊十五周年精华本》,长春出版社,2004年版,第156页。

系在一起的时候,即出于善意的"明知其错故意模仿"的时候,"过分"与"夸张"或许也是可以容忍的了。作者紧紧抓住了"痔……"这个语言线索,用"过分"甚至近乎"荒谬"的叙述,道出了自己的主旨:"这种广告用语的用法虽可采用、借用,但不可滥用、乱用,否则就会有反作用、副作用。"比义愤填膺的"打假"与虚怀若谷的"宽容"更有以幽默诡谲服人的说服力。

五、结论的奇警与智慧

"夜正长,路也正长,我不如忘却,不说的好罢。"评论的诡谲、机智并不是为诡谲而诡谲、为机智而机智。而往往是由于种种原因不好说、不便说、不能说。所以,此类新闻评论的结论也往往与众不同——往往是需要动一下脑筋、绕一个弯子才能够恍然大悟。略作思索,结论的奇警与智慧计有话不说、正话反说、大话小说、实话虚说诸种类。

有话不说——这是"难得糊涂"的写法:前面把"糊涂"的全说了,到了需要明白的时候偏偏不说。如鲁迅先生著名的评论《现代史》——

现代史

从我有记忆的时候起,直到现在,凡我所曾经到过的地方,在空地上,常常看见有"变把戏"的,也叫作"变戏法"的。

这变戏法的,大概只有两种——

一种,是教一个猴子戴起假面,穿上衣服,耍一通刀枪;骑了羊跑几圈。还有一匹用稀粥养活,已经瘦得皮包骨头的狗熊玩一些把戏。末后是向大家要钱。

一种,是将一块石头放在空盒子里,用手巾左盖右盖,变出一只白鸽来;还有将纸塞在嘴巴里,点上火,从嘴角鼻孔里冒出烟焰。其次是向大家要钱。要了钱之后,一个人嫌少,装腔作势的不肯变了,一个人来劝他,对大家说再五个。果然有人抛钱了,于是再四个,三个……

抛足之后，戏法就又开了场。这回是将一个孩子装进小口的坛子里面去，只见一条小辫子，要他再出来，又要钱。收足之后，不知怎么一来，大人用尖刀将孩子刺死了，盖上被单，直挺挺躺着，要他活过来，又要钱。

"在家靠父母，出家靠朋友……Huazaa！Huazaa！"变戏法的装出撒钱的手势，严肃而悲哀的说。

别的孩子，如果走近去想仔细的看，他是要骂的；再不听，他就会打。

果然有许多人 Huazaa 了。待到数目和预料的差不多，他们就检起钱来，收拾家伙，死孩子也自己爬起来，一同走掉了。

看客们也就呆头呆脑的走散。

这空地上，暂时是沉寂了。过了些时，就又来这一套。俗语说，"戏法人人会变，各有巧妙不同。"其实是许多年间，总是这一套，也总有人看，总有人 Huazaa，不过其间必须经过沉寂的几日。

我的话说完了，意思也浅得很，不过说大家 Huazaa Huazaa 一通之后，又要静几天了，然后再来这一套。

到这里我才记得写错了题目，这真是成了"不死不活"的东西。①

原本的结论是想说："党国治下的一部中国现代史就是变了法子向可怜的老百姓骗钱的罪恶的历史"，这话在当时自然是无法畅所欲言的，所以结论就变成了"到这里我才记得写错了题目，这真是成了'不死不活'的东西。"

正话反说——如同闻一多的"不如让给丑恶去开垦，看他造出个什么世界"——以无奈之语作愤激之词，该说的此前已经方方面面地说了，作者没有必要再煞有介事地告诉大家结论，因为说了也没有用处。如周作人的著名的新闻评论《死法》。乍一看去，作者似乎是百无聊赖地在统计着死法的分类。这里有"寿终正寝"和"死于非命"两大类。"寿终正寝"里可分老热、病死、猝毙三种；"非命"中又含有 "十字架"、"荼毗"、"车边斤"、"吞金喝盐卤"、"吃鸦片烟"、"怀沙自沉"、"吊死"等等。作者兴致勃勃、滔滔

①鲁迅：《伪自由书·现代史》，《新版鲁迅杂文集》，浙江人民出版社，2002年版，第79页。

不绝地谈着，令人大有“丈二和尚摸不着头脑”之感。但就在谈到所谓最理想的死法——枪毙时，作者笔锋急转直下，写到了“三·一八”惨案中死于枪弹之下的爱国青年，写到在为这些死难烈士开追悼会时作者送去的一幅挽联。这时，也只有在这时，读者才会如梦初醒似的恍然大悟了。周作人的挽联仅有十六个字，上联是——

什么世界　还讲爱国

下联是——

如此死法　抵得成仙[①]

这是典型的“正话反说”的结论，意为这样的生存环境，这样的社会境域，正直而善良的人们虽生犹死、生不如死，哪里还有爱国师生的活路？在这样脓血污秽的社会里，如能蒙受统治者的“恩赐”而枪毙，那就已经抵得上成仙！——在现实生活中，人们习惯于把下地狱做鬼看做是一件可怕的事，而把升天堂成仙看成是一条幸福的路。作者在这里却偏偏把枪毙与成仙等同起来，自然具有极大的讽刺意味，而这种讽刺意味是悲哀到了极点的结晶。所以，这里正话反说的诡谲其实正是被逼无奈的诡谲。

大话小说——牵扯到大是大非的原则问题，“大话大说”就有可能招来横祸，于是就用大话小说的方法作出结论。如林语堂评论上世纪20年代末30年代初的“蒋冯阎大战”，说来说去，结论是“诸位的小学教师没有把作文教好”，有话没有说明白。阎锡山应该说想与蒋兄换换座位，蒋介石应该说党国的位置不能擅自赏赐，只是可以再给你添几个官职，加一些军饷。最后以“蒋介石也是论语派”收场——因为一个“真”字，是林某对学生作文的最高要求，也成了对蒋冯阎的开脱。虽然也有揶揄的意思，但拐弯抹角的虎头蛇尾最终落得大话小说而已。

实话虚说——本来结论是比较明确的，但是由于说明白了就犯了“行规”或“忌讳”，有伤所谓的“大雅”和“面

①周作人：《死法》，钟叔河编：《周作人文选》(1898–1929)，广州出版社，1995年版，第430页。

子”，因此就用似是而非的结论道：“倘若……”“或许是……”等等。如鲁迅的《答托洛斯基派的信》：“我看了你们印出的很整齐的刊物，就不禁为你们捏一把汗，在大众面前，倘若有人造一个攻击你们的谣，说日本人出钱叫你们办报，你们能够洗刷得很清楚么？……我不相信你们会下作到拿日本人的钱来出报攻击毛泽东先生们的一致抗日论。你们决不会的”。[①]无论用假设的句型还是用反语的口气，睥睨与鄙视的姿态跃然纸上——仅仅是由于来信者左一个“先生的学识文章与品格，是我十余年来所景仰的”，右一个“在许多有思想的人都沉溺到个人主义的坑中时，先生独能本自己的见解奋斗不息！”一口一个“鲁迅先生”，碍于所谓的“面子”，鲁迅才故意用诡谲的曲笔实话虚说。

最好的新闻评论不仅是把道理讲得最透彻的文字，而且应该是叫人思考得最多的文字，直奔主题而让人一目了然的时评可以以其即时性、直接性和建议性而在新闻评论中得到一席之地，而机智诡谲的评论文字或许会因其文化含量而流传既久。

① 鲁迅：《答托洛斯基派的信》，《鲁迅全集》第六卷，人民文学出版社，1981年版，第588页。

第七章　逆向思维：其实你不懂它的心

[本章内容提示]

★新闻评论的另一种逻辑走向

★钢铁是怎样没炼成的：挑战“从来如此”

★万幸，刘利民“没有授过衔”：设想“即便如此”

★正是走狗的活写真：咬住逻辑漏洞

★我们“保护”环境？：试着倒过来想想

一、新闻评论的另一种逻辑走向

逆向思维就是换位思考，是从相反的角度去思考论题、作出判断。丹麦人奥斯特发现：在导线上通电流可以使附近的磁针偏转。英国人法拉第由此想到磁铁是不是也能够使通电导线移动，于是发明了电动机。接着法拉第又想到：电既然能够生磁，那么反过来，磁能不能生电？他立即做了实验，发现磁也能生电，于是发电机同样应运而生了。法拉第“倒过来想”的“换位思考”引发了推动世界前进的第三次工业革命。而这种“本末倒置”的逆向思维同样值得引入新闻评论的领域——新闻评论的逻辑美学特点何在？如何使得自己的论述更加雄辩？一个重要方面是：从正常思维的对立面，甚至是“不合常理”的角度，发掘新闻事件背后的逻辑联系，“往不能想的地方想想”，从而评出深度、厚度和广度。

以往，一旦进入评论状态，我们就习惯于顺向思维，批评也罢，赞颂也罢，总是沿着“如果这样下去，将会……”的思路行进。当然，按照顺向思维进行深入分析，顺藤摸瓜、层层剥笋，同样可以做出深刻而精当的判断和评论。问题在于，久而久之，这种顺向的习惯会形成思维的惯性以至于惰性，后来就从不愿、不屑到不会“倒过来想”了。《中华每日电讯》2006年1月24日有消息说：在营口市某看守所里，原沈阳市中级法院贾姓、梁姓正副院长“收监”之后仍奢靡嚣张，几乎天天与亲友吃喝，15天之间消费达到16000多元，看守所里没有的菜由看守人员专程购买,风光丝毫不减当年。——如果按照顺向思维进行评论,我们可以分析其背后隐含的“为什么”:没有“余威”,为什么敢铁窗里摆谱、大吃大喝?没有“跟班”,钱和物如何不失时机地到位?没有“指示”,小狱卒敢不敢擅自违纪?没有好处,谁去给“阶下囚”鞍前马后?如此风光八面,谈何“检查反省改邪归正”?——这样的思考无疑是必要的,有深度的。可是如果颠倒过来,从贪官的角度出发,我们同样可以更有讽刺意味地发问:“贪官也是人”啊,毕竟已经是“人性化管理”了,毕竟又临近春节啦,有亲戚朋友来看望一下、吃饭喝酒又有何不可?“合并同类项”地设身处地,“在押”的贪官尚且如此进退有据,威风八面,“在朝”的贪官们还有什么后顾之忧?如此“幸福美满”的铁窗生涯,小民百姓怎么能不慨叹:“做贪官,挺好!”——如此一来,既有正话正说,又有反话正说,新闻评论会显得厚实而有文采。

具体到新闻评论的写作方面,如何进行逆向思维才能够开掘出文章的逻辑美学特色?在思路一端,至少有以下几点值得注意:(1)与有关新闻事件的报道的结果“倒过来想”。思考“如果这一事件不曾出现或恰恰是相反的结局会如何?”(2)与司空见惯的常识“倒过来想”。思考历史的和现实的惯性留给我们的结论是否继续正确或永远正确。(3)与辩论的对方立论的主要论据“倒过来想”。看看A真是否刚好可以推导出来A假,寻找对方的逻辑漏洞。“你在桥上看风景,看风景的人在楼上看你”——既然我们身处的就是由相互对立的事物组成的和谐的与不和谐的世界,而每一事物又有相互对立的两极,多作逆向思维常常能够使我们的思维更加灵活,从而找到更多切入评论的途径。

二、钢铁是怎样没炼成的:挑战“从来如此”

“祖传老例”造就了千百年来的思维定式,致使我们对于“习惯”二字形成了下意识的直接认可。“从来如此,便对吗？”——鲁迅先生借笔下的狂人之口大胆发问，振聋发聩。他在文明批评与社会批评里经常由果溯因，逆向思索。对“髦得合时”的节烈、文明、历史、数目一直保持着怀疑的态度。正是这种态度，使他成为近现代中国最具深度的思想家和新闻评论家。早在“五四”运动前夕，新的和旧的“国粹派”就把几千年来的习惯制度“抬得很高，赞美得了不得”，并且觉得国粹“既然这样有荣光”，自己“自然也有荣光了！”对于这种“合群的爱国的自大”，鲁迅在其《随感录》里立即反其道而问之——

什么叫“国粹”？照字面看来，必是一国独有，他国所无的事物了。换一句话，便是特别的东西。但特别未必定是好，何以应该保存？

譬如一个人，脸上长了一个瘤，额上肿出一颗疮，的确是与众不同，显出他特别的样子，可以算他的“粹”。然而据我看来，还不如将这“粹”割去了，同别人一样的好。

倘说：中国的国粹，特别而且好；又何以现在糟到如此情形，新派摇头，旧派也叹气。

倘说：这便是不能保存国粹的缘故，开了海禁的缘故，所以必须保存。但海禁未开以前，全国都是“国粹”，理应好了；何以春秋战国五胡十六国闹个不休，古人也都叹气。倘说：这是不学成汤文武周公的缘故；何以真正成汤文武周公时代，也先有桀纣暴虐，后有殷顽作乱；后来仍旧弄出春秋战国五胡十六国闹个不休，古人也都叹气。

我有一位朋友说得好：“要我们保存国粹，也须国粹能保存我们。”

保存我们，的确是第一义。只要问他有无保存我们的力量，不管他是否国粹。①

古人“畏天命畏祖宗畏大人之言”，鲁迅指斥传统老例，不仅在胆略过人，更在其逆向思维，目光犀利：“保存我们，的确是第一义。只要问他有无保存我们的力量，不管他是否国粹。”为后人的新闻评论提供了更为全面的思路。

①鲁迅：《热风·随感录三十五》，《新版鲁迅杂文集》，浙江人民出版社，2002年版，第260页。

仿效鲁迅先生的逆向思维，在上世纪末电视连续剧热播《钢铁是怎样炼成的》，同名小说也再度风行之时，时评家朱健国却在大面积的赞美之外另辟蹊径，从“都想成才而因为种种原因都无法成才”的角度反向立论，结合对于1958年“大跃进”之际的“大炼钢铁”的主观盲目性的思考，写出著名的评论《钢铁是怎样没炼成的》——

钢铁是怎样没炼成的

6岁之时欣逢1958年。家屋前面的操场上，先是一座座热火朝天的土高炉，接着是一堆堆碗来大的铁渣蜂窝。许多年后，直到我下放“广阔天地”，第四遍翻读《钢铁是怎样炼成的》，那些没有炼成钢铁的铁渣蜂窝也还是依稀躺在操场旁的草丛里慢慢锈蚀。

这记忆早已被深圳的淘金浪潮所淹没。不料前几天和一个老报人一块度假，它突然又清清晰晰地展现在眼前——我看到了成千上万上亿的“铁渣蜂窝”在草丛里慢慢流淌着锈水……

那一次我们彻夜长谈。主讲是老报人。50年代初，那时风靡全国的一本书是苏联小说《钢铁是怎样炼成的》，他也没有例外，日夜研读着这本书，幻想自己成为保尔·柯察金，成为钢铁。于是他参军了，于是他以艰苦的自学考入了北京大学，于是他成为了省报名记者，于是他成为“文革”中省级造反派的决策人，和“新中国最红最红的红太阳”一起对答天下大事，于是一忽而成为批判、审查对象，软禁一年，下放七年，到得改革开放，重新执政一报，终于“夕阳无限好，只是近黄昏”……他像一块没有炼成钢铁的铁渣一样，而今等待着悄悄消失。

更令人叹息的是他的两个朋友。两个都和老报人一样才华横溢，可是一个在当上副区长后，却被一把手无端整死了，一个也被人整得走投无路，最后逃往香港，如今生死不明(多半是死了，否则一定来找他)。

我先是为老报人和其朋友伤感，叹息本是好好的可炼成钢铁的材料却终于炼废了。真是可惜。不料眼睛稍一转动，忽然吓得不知所以……天下岂止老报人和朋友未炼成钢铁?

建国以来,中国人几乎人人都希望成为中国的保尔,可是后来呢?不是成了“右派”,就是成了“反右扩大化者”,不是成了“右倾机会主义分子”,就是成了“四不清”,不是成了“造反派”、“5·16”,就是成了“保皇派”、“三反分子”、“走资派”……到如今,腐败分子已不稀罕,其前身可能就是“优秀党员”、“三梯队”……一个个想炼成钢铁的人,最终都失望地没有炼成钢铁,反而,沦为锈迹可恶的“铁渣蜂窝”。

历史简直开了一个大玩笑。虽然有哲人说过,历史常常让人走错门,但也不至于让人如此播龙种收跳蚤吧。

当然今天我们有不少值得骄傲的人物,但大多数应该炼成“钢铁”,期望成为“钢铁”的人没有被炼成“钢铁”,这应该是一个不争的事实。即便是今天,许多作家、学者,以他们现有的成就而言,和几十年、上百年前的同行相比,他们也只有承认“钢铁”没有炼成。

几个、几十个、几百个废品,可能是这些材料本身不成“钢铁”,但大多数炼不成“钢铁”,这就可能要检讨炼“钢铁”的设备、工艺、环境及操作者:你们怎么不能让这些材料炼成钢铁呢?

什么叫“钢铁”,当然是个很难准确界定的概念。也许今天看来,保尔也非是个“钢铁”,因为他为之奋斗的事业后来竟出现了那么多残酷的“肃反”。但是,我相信,一切善良人的奋斗愿望如果走向反面或不能真正实现,就是“钢铁”没有炼成。①

前事不忘,后事之师。篇末,作者建议成立几个“钢铁为什么没炼成研究所”,以便总结历史,无愧未来。在此,一般观众读者注意的是如何把自己“百炼成钢”,而评论员的着眼点则在如何“没有炼成”。这正是二者的区别所在。对于前《人民日报》总编辑邓拓在“文革”伊始的自杀事件,魏得胜有评论题为《书生习气不可无》,其思路在于:总编辑邓拓书生气大得连中共中央主席的招呼都理解不了,未必一定要叫他从政。叫书生安心读书做学问,

①朱健国:《钢铁是怎样没炼成的》,《杂文选刊创刊十五周年精华本》,长春出版社,2004年版,第261页。

也必须有一个宽松的政治环境。从来大家都说“书生习气不可有”,作者却惴惴不安:书生如果都变成了随风倒的墙头草,国家的政治环境一定不宽松。这些从另一方面考虑的思维方法恰恰显露出评论的深度。

三、万幸,刘利民“没有授过衔”:设想“即便如此”

与挑战“从来如此”的“祖传老例”如影相随的思路是:从事新闻评论的时候,要思考一下“即便如此”会有什么结果。这是逆向思维中的“让步条件”思路。例如新华社合肥 2005 年 12 月 21 日电:安徽界首近来饭店生意特别火爆,市纪检委暗访组带摄像器材深入其中,对公费吃喝者曝光。正在吃喝者闻听纪检人员来了,立即先捂住脸再寻机逃走。据悉,被曝光的十多名公款吃喝者均受到了处理。如果针对此新闻做评论,我们用逆向思维的构思就不妨问一句:即便把自己的脸“捂”得密不透风又能够如何呢?敢吃咱就不捂——“工作需要”的理由还能找不到?真怕丢人咱就不吃。又要经常解馋,脸皮又那么薄,可怜可叹。又如新华社郑州 2006 年 2 月 2 日电,酿成死亡 36 人、受伤 48 人的“1·29”林州花炮库房爆炸事故的责任人已于 2 月 1 日被刑拘。安阳烟花企业一律停产。——用逆向思维的眼光分析,我们仍然需要问一句:如果没有男童把点燃的爆竹投入库房而没有死伤又会如何呢? 估计有关部门决不会突然想到要来一次“烟花爆竹安全生产大检查”,安阳的烟花企业大概还是会运转自如的。但那定时炸弹一样的大隐患继续存在。某些单位部门的措施何时能够有点预测性、能够不再“擦屁股”才是芸芸众生的真正福音。2005 年轰动全国的“北京警察太原被打死”案在太原市中级人民法院公开开庭审理。山西太原市公安局新闻发言人针对此案向媒体表示“刘利民根本不是警察”,并称刘 2002 年 9 月从部队转业至公安机关,但是“没有授过衔”。于是,沸沸扬扬闹了 3 个多月的“警察打死警察”居然变成了“假警察打死了真警察”。在世人惊叹

“匪夷所思”而忿忿不平之际，《长江日报》评论员刘洪波却作出了“即便如此”的推论——

万幸，刘利民“没有授过衔”

轰动全国的“太原警察打死北京警察”案日前在太原市中级法院开庭审理。报纸的“庭审直击”记录了刘利民两次确认自己被捕前的职务是“人民警察”，这个细节使我对警察的“人民性”产生了兴趣。但看到太原市公安局新闻发言人在开庭当天关于“刘利民根本不是警察”的“纠正”，我认为应该研究对一个人身份的肯定否定规律。

刘利民自认“人民警察”，太原市公安局发言人说“不是警察”，刘利民到底是什么人就成了一个问题。当然，无论刘利民是不是警察，都不应该对审判结果产生影响，没有哪条法律说把人打死，要依打人者的身份来发落。

刘利民是太原的“好警察”，这是谁说的呢？过去的报道让人感到这很像是太原警方的一个共识。太原市尖草坪公安分局督察大队队长李凤林很肯定：“刘利民工作干得不错，是个很利索、业务素质相当好的年轻人。他也是好警察。”太原市公安局新闻发言人当时说，这个案件是“好警察打死另一个好警察的悲剧”。

现在，刘利民“根本不是警察”，也是太原市公安局新闻发言人向记者“纠正”的。这个新闻发言人是不是原来那个新闻发言人，报纸上没有说，但无论如何，两个新闻发言人都代表太原市公安局在发言，人们有理由要求太原市公安局解释自己对刘利民身份认定的前后矛盾。

刘利民还在说自己是“人民警察”，他肯定还在翻被捕前是尖草坪公安分局刑警一中队刑警的老黄历，不知道太原市公安局已经作出了他“根本不是警察”的“纠正”。如果刘利民不获死刑，他应有机会与太原市公安局打一场确认身份的官司。当然，太原市公安局可以拿“没有授过(警)衔”作为铁证，但想必刘利民也能拿出事实来证明自己从事着“人民警察”的工作，而且追诉公安局违反《警衔管理条例》，不给自己授衔，然后又拿它的工作失误和管理混乱来否认自己的警察身份。

当还被太原市公安局认定为一名“好警察”时，刘利民所犯的案件，只被说成一个个案，一次修养不够的激情犯罪。当时就有人说，“好警察论”既可为刘利民解脱舆论愤怒，又可为警方开脱责任——毕竟是一时冲动激情犯罪嘛！

现在刘利民案开审，他召来的打手爆出内幕:平时偷盗都是刘“罩着”，偷来的钱要给刘“上供”，刘经常吃饭后让他付账，刘的手机费也是他来付。黑幕这么多，刘利民显然不算“好警察”了。当然，现在还可以说他只是个别，但既然这个别非得打死人才能被发现，谁能肯定这样的个别还有多少？所以刘利民最好不是警察。万幸，刘利民“没有授过衔”。

刘利民不是警察，警察形象就“风雨不动安如山”了？可能吧，未必吧，但随便你相信哪一条，总会发现这毫不新鲜。街上踢摊子的往往“不是正式的城管队员”，在医院里坐堂撞骗的露馅后当然“不是本医院的医生”，在教室里猥亵了学生的也“不是正式教师”，坏事几乎都会是“本单位临时工作人员”干的。刘利民“根本不是警察”，不亦宜乎！

每有责任人明确的坏事出现，必能看到关于个人身份肯定或者否定的使用。一个人可以是“好警察”或“根本不是警察”、“好干部”或“根本不是干部”、“好教师”与“根本不是教师”。身份肯定否定规律运用之妙，存乎一心。实在推脱不得，不妨用用“原警察”、“原局长”之类，这不如“根本不是”好，但总比说“警察”、“局长”犯了事要好多哩。(《南方都市报》2005 年 8 月 24 日)

一个因“没有授衔”而“不是警察”的“假警察”尚且可以随意纠集劳改释放人员出手就草菅人命，有关部门同样有不可推卸的责任。更何况此前承认是“好警察”和“坏警察”的也都是有关部门。“身份肯定否定规律运用之妙，存乎一心”，却改变不了黎民百姓的认识。评论员的立意其实是借“庆幸”之名，步步深入地揭示出有关部门的“欲盖弥彰”之实。

四、正是走狗的活写真：咬住逻辑漏洞

评论文字的逻辑之美不仅在于起承转合，井然有序，关键还在于其立于不败之地的“雄辩性”。有了分析的精到、论证的严密、论据的确凿才能使评论结构谨严、无懈可击。

“以子之矛，攻子之盾”是中国传统的有力的论战方法，大凡新闻当事人遮遮盖盖、吞吞吐吐、语焉不详之际，往往无法自圆其说。正可以抓住其逻辑漏洞进行剖析。例如2005年11月22日新华网有报道说，武汉大学在学期期末考试中设立无人监考考场，尝试“诚信考试”：考场里老师除了收发试卷以外，将不再露面。问题在于这种“诚信”的“附加条件”不得不叫人逆向思维：(1)学工部、教务部等相关部门将对无人监考考场进行不定时巡视。(2)考场将进行全程录像监视。(3)若有人质疑或举报，一人作弊全班成绩取消。可以设想，这些“附加条件”与“诚信”二字刚好是水火不容的。是建立在“我已经怀疑你的诚信”的前提之下的。我们不妨比较国外的“诚信考试”——美国普林斯顿大学同样不监考，而且允许学生把卷子拿回家做，所有卷子都要写上：“这是我独立完成的”。人家的诚信是建立在“相信学生”的基点上，是告诉你“作假后受损失的是你自己”。而武大的“诚信培养”像是对待劳改犯，“不许乱说乱动！”所以，只有倒过来考虑，即刻可以发现值得评论的“题眼”。有时候所谓的——甚至可能貌似雄辩的“自圆其说”，稍加思索，同样是有懈可击的。在30年代关于“文学的阶级性”的论战中，鲁迅就是紧紧抓住了梁实秋教授“说我是资本家的走狗，我还不知道我的主子是谁”的论调，咬住了他的逻辑漏洞，写出了评论名篇《丧家的资本家的“乏”走狗》——

……这正是“资本家的走狗”的活写真。凡走狗，虽或为一个资本家所豢养，其实是属于所有的资本家的，所以它遇见所有的阔人都驯良，遇见所有的穷人都狂吠。不知

道谁是它的主子,正是它遇见所有阔人都驯良的原因,也就是属于所有的资本家的证据。即使无人豢养,饿的精瘦,变成野狗了,但还是遇见所有的阔人都驯良,遇见所有的穷人都狂吠的,不过这时它就愈不明白谁是主子了。

梁先生既然自叙他怎样辛苦,好像"无产阶级"(即梁先生先前之所谓"劣败者"),又不知道"主子是谁",那是属于后一类的了,为恰当计,还得添几个字,称为"丧家的""资本家的走狗"。①

——梁实秋教授的逻辑漏洞十分明显,因为"不知道我的主子是谁"并不能充分而完全地证明自己不是"走狗",用逻辑学术语叫做"充分必要条件"并不成立,所以鲁迅的"刻毒"之笔因自己的逻辑力量而愈发显得沉重而犀利。可见分析新闻事件的逻辑构成,找到自己"下嘴"的地方,应该是每一个评论员的"职业习惯"。

同时,时间、地点、条件同样可以作为评论员逆向逻辑思维的起点。据2004年12月14日《深圳商报》报道:《2005年社会蓝皮书》中公布的"2004年中国居民生活质量报告"调查结果显示,目前中国近8成居民感到生活幸福,农村居民幸福感强于城镇居民。报道接着议论说:"幸福感与人们的生活满意度密切相关,而有钱不等于幸福,财富仅仅是带来和影响幸福感的因素之一"。然而,有目光犀利的论者即刻发现了"农村居民比城镇居民幸福"的指数并不在一个逻辑起点之上——

面朝黄土背朝天的人反而比薰于灯红酒绿中的人更有幸福感,总感觉这个背离常理的结论中压抑着一种沉闷而残酷的东西。农村人拥有怎样一种强于城里人的幸福感呢?理由大致如下:他们没必要像上班族那样出门就遭遇堵车的痛苦;不会因为生活条件太好而染上糖尿病、脂肪肝等"富贵病";没必要因为国庆放假不知道去哪里旅游而烦恼。最近一项国家重点课题研究表明,在城市中产阶层尚未成气候的背景下,农村已经有了一个初具规模的中等收入群体——农民工;城市人厌倦了都市生活,

①鲁迅:《丧家的资本家的"乏"走狗》,《新版鲁迅杂文集》,浙江人民出版社,2002年版,第192—193页。

农村人却整日呆在城市人向往的田园生活中。

民间俗语云：虱多不痒，债多不愁；西哲云：欲望是一团痛苦——农村人穷惯了，也就穷不怕了，觉得只要不生病不死就幸福了；而且拥有的东西很少，就没有害怕失去的恐惧了，而城市人就没有这种潇洒了。很显然，“农村人幸福感强于城里人”的判断是建立在这样一个冰冷的基础上：城市人和农村人幸福的底线有着天壤之别，城市人的相对不幸福是建立在一个很高的福利底线上，而农村人的相对幸福是建立在一个非常低的福利底线上。

这种幸福实质是城乡二元结构和诸种“剪刀差”下变异的怪胎。“幸福”是习惯了低福利和弱权利“逼”成的，“不幸福”是习惯了高福利和强权利“宠”成的，在“穷者越穷富者越富”的马太效应下，悖论残酷地流淌在现实中。“关公战秦琼”式的幸福感比较折射出何其沉重的现实，何其巨大的鸿沟。（金羊网 2004 年 12 月 15 日）

忽略了“城市人的相对不幸福是建立在一个很高的福利底线上，而农村人的相对幸福是建立在一个非常低的福利底线上”这一基本的逻辑底线，结论当然是大谬不然。无独有偶，日前，卫生部负责人 2005 年底在全国厅局长专题培训班上讲话时强调：“我们不要争论卫生改革的成功不成功！”论者三耳立即考虑到讲话的大大小小的逻辑问题，于是接过来评论道——

……在此，“卫生改革”显然是“医疗改革”之误，因为“卫生”一般是不与“改革”连用的。而且，时至今日，提起看病，老百姓“洒向人间都是怨”，谁听说过“医疗改革成功”的高论呢？于是“争论”与否就是个伪问题。

再退一步思考，大家争论不争论，绝不会因为谁人说了一句话而令行禁止。在电脑一秒钟即将处理一千的五次方数据计算的今天，不许大家议论可能吗？部长话音未落，就出现了 74 岁的翁文辉两个多月花去 550 万元医药费的新闻、珠江医院名医收红包被处理的新闻、儿科滥用抗生素最为严重的新闻，从利欲熏心到不要人性此起彼伏,叫我们怎么能够不议论呢?当然,仅仅议论也是“悲歌恸哭终何补”,关键是:到何时让老百姓买得起药,看得起病呢?(《湛江晚报》2005 年 12 月 2 日)

有时候,新闻当事人即便没有只言片语,但“你的行动如雷贯耳”,仍然可以进行步步深入的逻辑分析。2000 年 3 月 28 日《大河报》有一篇行使新闻监督职责的报道,揭露某县一科级干部花巨资为其父大办丧事,引得方圆几十里的十几万群众前往观看的行径,标题是《“科官儿”家的丧事像庙会》。发表的同时,配发了一篇短评:

变味的孝道

大操大办,大吹大擂,大手大脚——直把丧事变集市、灵堂当市场,事情发生在堂堂国家干部身上,真叫人难以置信。

尊老爱幼,惟忠惟孝,是我东方古国的传统美德。无奈“过犹不及”,操办得过分,也就变了味。以现代眼光观之,此举一是摆阔气、显特权,于管听、管看、管戏、管饭中脱离了群众,影响恶劣。二是一掷千金,铺张浪费,与下岗工人、失学儿童形成鲜明对比,且不符“厚养薄葬”的新道德。三是吹吹打打更兼做礼,不无封建迷信色彩,有损国家干部形象。

以传统“孝道”考查,一是极力张扬,不合“丧则致其哀,祭则致其严”的古训。二是灯红酒绿,有悖“服美不安、闻乐不乐、食旨不甘”的礼仪要求。三是因不像“公仆”而引起怨,违背“立身行道、扬名后世”的原则。

孝子贤孙们,鉴之戒之!

——针对“科官儿”的不文明、不道德,以现代眼光观照有可能不合传统的逻辑,所以进一步以传统“孝道”考查,以补足自己的雄辩,角度不同,结论一致,引经据典,条分缕析,抓住了被评论人行为的逻辑漏洞。

五、我们"保护"环境？：试着倒过来想想

其实，即便是大家习以为常的东西、"接近真理"的东西，仍然不妨试着倒过来想想。因为社会生活和思想观念是在不断地变化着的，以往天经地义的事情，慢慢地也会因为时过境迁而无法与时俱进，变得不再合情合理，当初"不容怀疑"的定律也会逐渐显露出它值得"逆向思维"的地方。例如许久以来，人类总是以"老子天下第一"的姿态谈论"保护生态"、"保护动物"、"保护环境"的问题，倒是一则春节游园的消息，引发了评论员的逆向思维。2001年春节，为了便于游客观赏，郑州动物园决定把大耳羊、孔雀等飞禽走兽请出栅栏，以便与人近距离接触，增加游兴。不料由于一些游客的不文明行为，没有过几天，大耳羊的耳朵就耷拉下来，形象很是狼狈，而孔雀尾部的毛也被游客拔光。为这一新闻配发评论，作为新闻评论员的笔者写了《其实你不懂它的心》——

其实你不懂它的心

忘记了是在哪一家报纸上看到的故事：某屠夫杀驴，驴子惊恐万状、拼命挣扎，旁边的牛和羊也一起嚎叫，令人毛骨悚然。屠夫吓愣了，停住了手。不一会儿，那驴子生下一头小毛驴，两行泪直直地流下来，脸上变成了视死如归的平静。童安格唱"其实你不懂我的心"，说的是恋人；再仔细想想，我们何尝懂得动物和飞禽的心？何曾理解大耳羊眼中流露的痛苦？何曾知道无屏可开的孔雀正在用"咕咕"的叫声把一腔怨怼洒向人间？

"啼鸟还知如许恨，料不啼清泪常啼血"。动物和飞禽作为人类最近的亲戚，给我们提供了仿生学、生物链、远古的标本和今天美丽自由的生命动感，我们在观赏和抚摸的同时，能否记起一些"兽道主义"和"禽道主义"，能否也像童安格一样唱一句："怕自己不能担负起对你的深情，所以不敢靠你太近……"

站在动物的立场上换位思考，人们是有意无意地妨

碍着甚至伤害着它们，于是越来越没有资格说“保护”云云。后来，南昌市人民公园鸟语林一只仅两个月大、一尺多长的小孔雀被游人掐死，央视早间新闻播发了消息。笔者搜索了有关背景资料，又写了《其实你不如她的心》——

其实你不如她的心

闻听伊始，我并没有太震惊：暴殄天物的人渣有的是，如挖长城的、吃鸳鸯的、砸钟乳石的、毁山林的等等，大凡美的、好的事物，此辈均必欲毁之而后快，直似苍蝇用粪便污染生日蛋糕。作恶既是其本性，惊诧便大可不必。

但上网一查，当时的情形是——“有七八只孔雀低着头围成一圈，接着便看到中间是一只孔雀四脚（似应为“两脚”之误）朝天，脑袋无力地耷拉着。”——却叫我颇为震动。“曾处嶂中真雾隐，每过庭下似春来”的孔雀能有此等灵性，真叫人类愧称灵长。

以往都说人与禽兽的一大区别是人知道吃药，殊不知人与禽兽的一大类似是都知道流泪……

“人类灵魂的拷问者”陀思妥耶夫斯基在其名著《卡拉玛佐夫兄弟》中写过：“有时听见形容人‘野兽般’地残忍，其实这对野兽很不公平，也很委屈：野兽从来不会像人那样残忍，那样巧妙地、艺术化地残忍。”如当年渣滓洞、白公馆里的“辣椒水”、“老虎凳”、“飞机下蛋”等等，狼豺虎豹哪里想得出来呢？翻翻字典，面对“煎”“烧”“烤”“炖”“熏”“烩”等残害生命的工艺，飞禽走兽恐怕也只有叹服份儿。

当初得知永怀童心的画家丰子恺因为“护生画”竟然与浙江一师的老同学曹聚仁绝了交，笔者颇不理解：对飞鸟游鱼都充满爱怜的佛门弟子，为什么对朋友动那么大的肝火呢？后来真见了《护生画集》，读其序文至“护生就是护心……救护禽兽虫鱼是手段，倡导仁爱和平是目的”，我才明白丰子恺先生“上纲上线”的动因——“残忍之心扩而充之，将来会变成侵略者”。看来，生长于当代的掐死小孔雀的同胞，是丝毫不怕“变成侵略者”的。

至此，我才发现“其实你不懂她的心”并不周严，“不懂”者，居高临下的“理解”之谓也，其前提是“人本来应该比禽兽更善于理解”；现在看来，许多时候，当是“其实你不如她的心”，你还够不上人家的“级别”，谈何“理解”？恰似天天叫喊的“保护自然”，你的衣食住行、子孙后代全依赖人家，究竟谁保护谁呢？

到了2004年4月，法新社一消息“出口转内销”：温州市某餐馆将一条大鳄鱼开膛破肚切成块，说是吃鳄鱼肉能强身健体，有助预防SARS。到2005年2月，“活吃鳄鱼”节目在山西太原“直播”：司仪一边摇铃，一边用金属杆驱赶封了嘴的鳄鱼，惊恐的鳄鱼用头部回击金属杆，发出“砰砰”的声音。厨师镇定一下，木槌雨点般狠戳中鳄首。几番挣扎，鳄鱼不再动弹，几名厨师七手八脚将其拖出水槽，抬上5米开外的宰台。宰台上空高悬的“保证鲜活·现场开生”的招牌煞是惹眼，人群呼啦一下从水池边又围了过来。操刀师傅明晃晃的屠刀对准鳄颈猛砍几下，昏迷中的鳄鱼即刻身首异处。师傅紧接着翻转鳄身，屠刀白进红出，血水四溅。断首鳄尚未全死的神经使它的后腿钩住屠刀，试做最后抵抗。台下一片唏嘘，众人皆露不忍之色。片刻，一副滴血的内脏便被撕扯出来。至此，鳄鱼“咽下”最后一口气，全程历时不足20分钟。为此，笔者又写了评论《人不如兽久矣》，其中说到——

双腿瘫痪的作家史铁生这样写他生活过的陕北：“灰色的小田鼠从黄土坷拉后面探头探脑；野鸽子从悬崖上的洞里钻出来，‘扑楞楞’飞上天；野鸡‘咕咕嘎嘎’地叫，时而出现在崖顶上，时而又钻进了草丛……我很奇怪，生活那么苦，竟然没人捕食这些小动物。……很多家窑里都住着一窝燕儿，没人伤害它们。谁要是说燕子的肉也能吃，老乡们就会露出惊讶的神色，瞪你一眼：‘咦！燕儿嘛！’仿佛那无异于亵渎了神灵。”

扎白羊肚子手巾的穷汉当然不知道大都市里吃喝的进化。据9月初报载，“鳄鱼宴”惊现长沙，一桌要价4 000

元。有学者评论说:鳄鱼宴满足了一部分人猎奇的心态。而吃鳄鱼宴很贵,又满足了很多虚荣心强的人。其实,早在前年,番禺香江大酒店就打出了"吃鳄鱼,到香江"的大幅广告,说鳄鱼肉滋心润肺,补气壮骨、止血化淤、驱除湿热;鱼肝可补脑、骨头治风湿、血预防癌症,是秋冬进补的极佳选择。被媒体誉为"美食新亮点"。

……

查李时珍先生的《本草纲目》,并无"药用鳄鱼"的记载,可见明代"食文化"尚不普及。那么,"秋冬进补的极佳选择"的科学依据何在呢?

笔者牙牙学语时候,智力不健全,判断好坏善恶的标准仅有一条:能吃不?包括电池和鞋垫都吃过。不料至今我们的大批"美食家"仍然继续着我那无知的大业。是故我不能不怀疑我们一直没有进化过。

笔者写此文时,正是车臣恐怖分子虐杀几百名无辜人质之际。呜呼,人不如野兽久矣,真的能够流几滴"鳄鱼的眼泪",何至于向无助的中学生下毒手!

康德说:"对动物残忍的人对人也会变得残忍"。与动物的"换位思考"即颠倒过来想并没有降低我们人类的地位,反倒是突出了我们与大自然的和谐。进一步讲,我们的吃喝住穿,皆取之于环境,用之于环境,于是我们是无权说"环保"的。恰恰相反,是环境——动物与植物互动互爱、相依为命的大自然保护了我们。

画家黄永玉有名言说:"老爷子说:'世界上没有无缘无故的爱。'他不知道,有了缘故,那还叫爱吗?"——貌似讲爱情的非理性,实际上为我们提供了一个逆向的思路。新闻评论作者应当逐步形成正反两面的思维方法,以求评论的深度和新意。

第八章 『透骨到底』：论时事何必留面子

[本章内容提示]

★鲁迅风：论时事不留面子

★“一针见血”的“揭短”

★“请君入瓮”的嘲讽

★层层紧逼的递进

★理直气壮的诘问

一、鲁迅风：论时事不留面子

“论时事不留面子，贬锢弊常取类型”是鲁迅为自己的评论做的总结。“论时事不留面子”，说的文雅一点就是“刻毒”。“刻毒”通常被解释为“刻薄狠毒”。而鲁迅却说“形诸笔墨，却不过是小毒”[①]。尽管只是“看得起你才骂你”的“小毒”，但新闻评论中的刻毒却是该评论文体最为独特的写作方法之一。这种写法下笔较重，而且常用夸张、幽默、反语、对比，大有“置于死地而后快”的气势，为评论诸手法中最为辛辣的一种。

在这里有必要首先讨论“建设性”的问题。不少报刊或新闻从业人员常常要求“不要把时评写成杂文”。意思是评论了新闻事件以后，一定要提出今后“此行何去”的问题，找到一二解决问题的办法，方才是比较完整的评论。窃以为“建设性”与否应该“因文而异”：对于可以“商量对策”的新闻事件，当然不妨群策群力，提出解决问题的锦囊妙计，讲求分寸感、政策性和建设性。可对于买凶杀人的恶棍、丧心病狂的财迷、草菅人命的流氓、明知故犯的掮客等等，新闻评论的人物恐怕更多的是“分辨美丑”、“鞭挞黑暗”而不是“商量对策”了——那些祸国殃民的无耻之徒，常常使用的“检讨语言”就是“不动法律”、“西方资产阶级思想侵袭”、“混同于普通老百姓”云云，其实，他们原本是社会的城狐社鼠，属于“敌我矛盾”的。所以，在“论时事不留面子”的新闻评论里，审丑意义和道德批判意义明显地会占有更大的比重。鲁迅的杂文，就常常

①鲁迅：《且介亭杂文末编·半夏小集》，《鲁迅全集》第6卷，人民文学出版社，1981年版，第595页。

以“骂狗”和“犯忌”为能事，例如对陈西滢的讨伐——当初陈西滢教授曾说鲁迅的著作《中国小说史略》是剽窃了日本盐谷温教授的成果，十年之后，鲁迅一吐积怨，仰天长啸曰——

一九二六年时，陈源即西滢教授，曾在北京公开对于我的人身攻击，说我的这一部著作，是窃取盐谷温教授的《支那文学概论讲话》里面的“小说”一部分的；《闲话》里的所谓“整大本的剽窃”，指的也是我。现在盐谷温教授的书早有中译，我的也有了日译，两国的读者，有目共见，有谁指出我的“剽窃”来呢？呜呼，“男盗女娼”，是人间大可耻事，我负了十年“剽窃”的恶名，现在总算可以卸下，并且将“谎狗”的旗子，回敬自称“正人君子”的陈源教授，倘他无法洗刷，就只好插着生活，一直带进坟墓里去了。[①]

这便是“不留面子”的活写真——下笔之重，之“毒”，几乎无以复加。正如其论敌所慨叹的：“他拿起笔来，总要写得透骨到底，才尽他的兴会”。“还是杂文时代，还要鲁迅笔法”，30年代末到40年代初的上海“孤岛”时期，王任叔、唐弢、柯灵等青年评论家，为沿着“鲁迅先生所走的、所指明的路走去”而创办《鲁迅风》杂志。如今，在种种社会弊端和腐败现象尚未禁绝、有时还在发展蔓延的社会转型期，鲁迅先生所开创的“不留面子”的立场与文笔，同样是需要我们发扬光大的。所以我们说：具有“建设性”的时评与一针见血的杂文完全可以并行不悖，而优秀的时评也完全可能因为其间的文化含量而成为可以流传既久的杂文。

“盛世多危言”，进入新时期之后，社会生活的透明度逐日增加，发言的渠道逐步加宽，时有“不留面子”的新闻评论见诸于报刊，为新闻评论增添了不少斑斓的色彩。从审美角度考察，这种“论时事不留面子”的新闻评论，主要有以下特点：“一针见血”的“揭短”，“请君入瓮”的嘲讽，层层紧逼的递进和理直气壮的诘问。

①鲁迅：《且介亭杂文二集·后记》，《鲁迅全集》第6卷，人民文学出版社，1981年版，第450—451页。

二、“一针见血”的“揭短”

“骂人不揭短”似乎是民族的传统美德，可细细想来，“揭短”与否，应该视所“骂”的对象而定。一味的“费厄泼赖”，坚持“不揭短”的绅士风度，固然“温良恭俭让”得可以，却往往失却了笔端的锋芒。其实，读者和受众最为关注和喜爱的，正是替自己说话、为真理斗争、为社会进步呐喊的声音。非典肆虐的日子里，2003 年 5 月 6 日《湘声报》有一篇义愤填膺的评论文章——

靠下命令讲实话

在非典肆虐的日子里国家每天向全国和世界通报疫情，这是十分难得的，也是面对各种灾害时不曾有过的。然而这种做法却来之不易。4 月中旬中共中央政治局常委会会议做出决定，“要准确掌握疫情，如实报告并定期对社会公布，不得缓报、瞒报。”总书记胡锦涛、国务院总理温家宝反复强调：各级政府要以对人民高度负责的态度，及时发现、报告和公布疫情，决不允许缓报、漏报和瞒报。否则将严肃追究有关领导人的责任。

这几乎等同于下命令了。最高领导人以命令的口吻要求各级说实话，这是难得的务实作风。然而让人说实话却要靠下命令却又不能不说是令人深思的事情。

由此可知，一些人曾经说了多少假话。

由此可知，说假话已成多少人的习惯。

由此可知，一些人曾经是多么地爱听假话。

近些年来说假话的事情实在多如牛毛，让人司空见惯。广西南丹煤矿特大透水事故有人说假话，山西吕梁地区孝义市特大瓦斯爆炸事故有人说假话，甘肃省白银市特大瓦斯爆炸事故有人说假话，辽宁省海城市发生 2500 多名学生饮用豆奶中毒事件同样也有人在说假话……出了问题说假话，为了成就、为了荣誉也说假话。当初朱镕基总理到安徽南陵考察粮食储备情况，当地领导人竟将几十个仓库的粮食调到一个仓库让总理看。当一种错误成为一种时尚和习惯的时候，人们离灾祸也就不远了。

这次“非典”得以蔓延何尝不与一些人不求真务实说假话有关，何尝不与有些人爱听假话有关？

毛泽东在革命的时候就曾说，共产党人是讲实事求是的。哪曾想，几十年过去了，现在要想听一句实话得要靠下命令。究竟是什么让人们养成了漠视事实尽讲假话的习惯？

文章毫不留情地指出了爱说假话的原因和由此导致的可怕后果。作者的三句“由此可知”，每句自成一段，充满了悲愤和无奈，揭示出“假话”在当代官场以至于社会已泛滥成灾，而人们却习以为常，继而麻木。官员的造假是政党肌体上的毒瘤，而民众的麻木是社会的悲哀，作者的揭短与反问无疑是正义的呐喊！

当然，“揭短”绝对不等于骂人，立意要“狠”，可切入角度要巧，行文却要美。如鲁迅批评孔夫子“唯女子与小人为难养”的论调说：“女子与小人归在一类里，但不知道是否也包括了他的母亲”——一句话，便将“大成至圣文宣王”置于两难境地：或者自己不孝，或者“难养论”不立，都符合他所谓的君子之德。又如鲁迅揭创造社小说家张资平“以三角恋爱为小说主业”的短文——

张资平氏的“小说学”

张资平氏据说是“最进步”的“无产阶级作家”，你们还在“萌芽”，还在“拓荒”，他却已在收获了。这就是进步，拔步飞跑，望尘莫及。然而你如果追踪而往呢，就看见他跑进“乐群书店”中。

张资平氏先前是三角恋爱小说作家，并且看见女的性欲，比男人还要熬不住，她来找男人，贱人呀贱人，该吃苦。这自然不是无产阶级小说。但作者一转方向，则一人得道，鸡犬飞升，何况神仙的遗蜕呢，《张资平全集》还是应该看的。这是收获呀，你明白了没有？

还有收获哩。《申报》报告，今年的大夏学生，敬请“为青年所崇拜的张资平先生”去教“小说学”了。中国老例，英文先生是一定会教外国史的，国文先生是一定会教伦理学的，何况小说先生，当然满肚子小说学。要不然，他做得出来吗？我们能保得定荷马没有“史诗作法”，莎士比亚没有“戏剧学概论”吗？

鸣呼，听讲的门徒是有福了，从此会知道如何三角，如何恋爱，你想女人吗，不料女人的性欲冲动比你还要强，自己跑来了。朋友，等着罢。但最可怜的是不在上海，只好遥遥“崇拜”，难以身列门墙的青年，竟不能恭听这伟大的“小说学”。现在我将《张资平全集》和“小说学”的精华，提炼在下面，遥献这些崇拜家，算是“望梅止渴”云。那就是——△[①]

这种评论是对传统新闻评论的“分寸感”、“政策性”的颠覆，哪壶不开专提哪壶。对于大夏学生请“为青年所崇拜的张资平先生”去教“小说学”这一新闻事件，鲁迅并没有更多的评论，而是直接就张资平的“文品”切入，揭露了其人兜售的货色。“提炼”了半天“遥献”一个“——△”，图文并茂的写法，虽则不无幽默感，但触着之处，却是张氏的致命伤。

继承鲁迅的“刻毒”之风，在2005年高考过后，时评家刘洪波大胆对高考的作文题目发难，毫不留情地揭开了出题人士的“短”——

高考作文，假把式人生哲学大杂烩

中国的高考，时兴“议论文”。议论些什么呢，家长里短吗，校园生活吗，社会政治吗，经济军事吗？通通不是，中国高考的惟一议论对象，乃是“人生”。

今年的高考，从全国试卷到各地方试卷，仍然继续让高中生写议论文，题目有“出人意料和情理之中”、“价值与位置”、“铭记与忘记”、“安”、“留给明天”、“纪念”、“一叶一枝一世界”、“跑的体验”、“脸”、“今年花胜去年红”、“凤头猪肚豹尾”等等。还有福建的根据两幅不同的圆形图发议论，上海的让学生“审视和辨析”一堆材料，然后谈谈社会文化对人的成长的影响。把这些题目一看，我知道，一副比百岁人还要有历练的样子，一个比哲学家还要

①鲁迅：《二心集·张资平氏的“小说学”》，《鲁迅全集》第11卷，人民文学出版社，1981年版，第230—231页。

懂辩证法的姿态，在高考作文中是绝对必要的。

高考作文，形式上可以“百花齐放”，但题旨必让学生以辩证观点来谈人生，却是绝不含糊的。例如今年命题最怪的算山东和湖北。据说这两个地方高考很厉害，可能这成了出题者的一个心病，生怕题目分不出学生的高下来，所以非弯弯绕不可。

山东考生被要求读一段文字，“皇帝要修理一座宫殿，请了一个木匠和一个石匠，木匠的徒弟做事不认真，被师傅狠狠地批评了一顿，徒弟心里不平衡，想报复木匠，于是把木匠的尺子磨短了一厘米。于是，木匠做出的木制物品都比原来计划的要短一厘米，于是他们面临着被砍头的命运。石匠看到之后，将地基降低了一些，和木匠做的相吻合了，于是救了木匠的一家”。怪哉怪哉，木匠备的材料已是短了，石匠还要降低地基，竟然还能和木匠做的吻合，中间还有“双赢的智慧”。好，就算“双赢”，赢的是什么呢，皇帝要砍头，木匠的头保住了，宫殿也做成了，没有人掉头。看看，这中国式的双赢，双赢就是大家相互帮助，不要被砍头。看了这样的材料，大家要想着双赢，怀疑皇帝的砍头权就偏了。

湖北考生学习了王国维语录：“诗人对宇宙人生，须入乎其内，又须出乎其外。入乎其内，故能写之。出乎其外，故能观之。入乎其内，故有生气。出乎其外，故有高致。”学了不能乱写，要写“对我们为文、处事、做人以及观赏自然、认识社会”的启发。湖北媒体请教了几个作家，我看只有表示要“从认识论的辩证思维角度解题”的作家可以及格。作文专家说得很透彻，“误以为本题只要谈点人生看法，谈点社会现象，那就偏离了命题意向，……立意关键在于内外协调的理性思考”。乖乖，“内外协调的理性思考”，能让一个高中生说了，中国人人都是思想家，至少人人都像是思想家，信不诬矣。

二十多年前我高考的时候，作文老师奉献了他对高考命题的破解：作文就是弯弯绕，围着人生观来回绕，正反面材料反复绕，所有材料千方百计绕到题目上去，事成。他深知一个并无太多人生体验的学生，怎样作出看上去正确又深刻的好文章。今天，这种专门对付高考的假把式人生思考，仍然可以作为考场秘笈。往者不可谏，来者犹可追，今天我将高考作文秘笈贩卖于此，以点化未来的考生。

我依稀看到高考作文题目后面命题者自得的脸。他们出题的弯弯绕到底要绕到哪里去呢？你像一个下级对上级那样，对其指示精神“认真领会”，而他们拿着标准，坐看谁中我肯綮，合我绳墨。所有把血气之躯换作一副老迈样子，写出满篇“辩证法”和“正确人生观”的，他们就满意了。命题者的脸，也可以说是今日教育和考试制度的脸。

高考作文除了假把式的人生思考，正确到了废话程度的“辩证高腔”，不会有什么可观处。但兴许这也就正好是最大的安慰。言及其义或者言不及义的假把式正确话一说，大家看了，就觉得教育很成功，啊，又是“一代新人”。

所谓高考作文，就是一锅假把式人生哲学的大杂烩。

由于种种原因，高考成了孩子们成长路上的使命、生命价值的坐标、一种理所当然的信仰。作文作为高考的“半壁江山”，其分量之重，令莘莘学子既爱又怕，这种患得患失的心态愁白了多少少年头！孩子们永远都在与命题者玩心理游戏，一代又一代。终于有了“规律”可循——《高考作文，假把式人生哲学大杂烩》，道出了“天机”：作文就是弯弯绕，围着孩子们最无发言权的“人生观”来回绕、反复绕，不绕晕你你不会明白“人生与命运”！作者的情绪貌似“过激”，却死死“咬住”了高考作文命题的“死结”。“让学生写自己能写的、会写的”也正是日后命题的原则和趋势。

三、“请君入瓮”的嘲讽

“以子之矛，攻子之盾”，接过对方的话题继续说，而且越说越“离谱”，越说越“刻毒”，也是“不留面子”的惯用手法之一。1936年,张春桥在报纸上攻击萧军的《八月的乡村》,说“有人说萧军不该早早地从东北回来”——回来早了,因此写得不真实。鲁迅当即接过去发问:“你‘狄克’(即张春桥)先生与‘有人’都在上海的‘三月的租界’里,从来没有到过东北,都可以知道人家萧军写的不真实,说明也不必在东北待很长的时间——为什么一味地指责自己人(当时张春桥也是“左联”中人)以显示公平呢?难道不是在‘向我们之外的他们献媚’吗?”1988年,作家姚雪垠声言要状告其他作家“诽谤”自己,剧作家魏明伦立即写了《仿姚雪垠法,答姚雪垠书》,说1987年4月,姚雪垠先生在亚洲电视台公开辱骂魏明伦的剧本《潘金莲》是“胡闹台”:“前案君若胜诉,后案‘请君入瓮’;反之,后案君若有道,前案还治其身。”[①]如此抓住新闻事件的线索而穷追猛打者,已经成为时评界与杂文界的“又一道风景”。如杂文家吴非对江苏省交通规划设计院纪委书记黄某在南京浦口区一度假村“错将”公司女职员当作“坐台小姐”,搂抱并撒野的评论——

“搂错”的标题

江苏有报纸5月12日报道《“纪委书记酒后搂错人”一事终于尘埃落定》,不知为什么,我看了之后觉得这“尘埃”根本就没“落定”,好像刚刚扬起来。

“五一”长假期间,江苏省交通规划设计院纪委书记黄某人在南京浦口区一度假村,“错将”公司女职员当作“坐台小姐”,搂抱并撒野,在遭到指斥后竟然又动手打了女孩。报纸在前几天曝光,因为此事太奇,致“黄书记”暴得大名。

从报道的文字看,这位黄书记举止荒唐。他看到两名良家女子时那一声“这就是带过来的小姐啊,怎么不把她们带上去”,岂是一般人的口气?那派从容又哪里像初涉风月场所的?不但如此,报道称,在调戏良家女子遭斥,保安出面干预时,黄书记的“人马明显占了优势,五六个男子咄咄逼人,保安无能为力”。——黄书记是在前呼后拥的跟班陪同下去寻娼,问题好像更大了。

①魏明伦:《仿姚雪垠法,答姚雪垠书》,《文汇月刊》1988年第8期。

奇闻见了报，就很难耍赖。交通厅纪检组通报处理结果：免去黄某某的省交通规划设计院纪委书记职务；给予黄某某党内警告处分；将黄某某的错误在交通厅系统内予以通报批评。——据说这类处分是“很重”的。虽然报纸早已向局外人“通报”，但是我们可能很难体会“内部通报批评”的性质。而众口嚣嚣，此事哪里会“尘埃落定”？有人做下尴尬事，就有人会比做尴尬事的人更尴尬。在一些尴尬的人那里，恨不能将此事化小化微，让世人真正视为不足挂齿的尘埃，让它快快“落定”，悄悄地被忘却……

有趣的标题还有，有家报纸以《“搂错人”的纪委书记被免职》为题，弄得读者目瞪口呆：处理他的原因究竟是因为他“搂人”还是因为他“搂错人”？如果黄某人“搂”的是货真价实的“三陪”，是不是就不会被告发，因而不暴露，因而就照样以纪委书记的威严去监督，去查案子，到处走动教育别人？

另有一则报道称，有关方面通过的决议，标题是“对黄××酒后失态被媒体曝光，造成极坏的社会影响问题的处理决定”。这个标题也让人困惑：“造成极坏的社会影响”的是媒体曝光还是黄某人的“酒后失态”？如果黄某人没有被媒体曝光，是不是可以从轻发落甚至不发落呢？

干了这样的事，该是什么罪名就领什么罪名，单位里出了这么个“宝贝”干部，够难堪了，再行遮掩，更见尴尬；而那些不动脑筋或是过多地动了脑筋的新闻标题，给我们这些原本漫不经心的阅读者带来了新的困惑。（《南方周末》2004年5月20日）

此评论的绝妙之处，是在接过某单位领导的“处理意见”而“打破沙锅问到底”的嘲弄。作者抓住新闻报道的标题，用了归谬的笔法，层层深入地批判某些领导的腐化作风及其态度。“如果黄某人搂的是货真价实的‘三陪’，是不是就不会被告发？……如果黄某人没有被媒体告发，是不是可以从轻发落甚至不发落？”可见处理的目的也只是为了维持自身形象，而不是更好地吸取教训，加以改正。

同时，“犯忌”也是“请君入瓮”的嘲讽里常用的技法。

这属于故意在杂文里“画毛毛虫，画癞头疮，画鼻涕，画大便”——以“破坏审美”的方式制造“刻毒”的效果。如1931年作家叶灵凤借小说人物的口说每天起床便用“从旧货摊上买来的一册《呐喊》撕下三页，去上厕所。”5年之后，鲁迅见到《戏》周刊上叶的文章，便不客气地说“叶先生还画了一幅阿Q像，好像我那一本《呐喊》还没有在上茅厕时候用尽，倘不是多年便秘，那一定是又买了一本新的了。”[①]的确，薄薄的一本《呐喊》，断不足五年的手纸——鲁迅先生以毒攻毒，请君入瓮，“寸铁杀人”之气跃然纸上。

2004年度的公务员考试，湖南出台了一项闻名全国的政策：女公务员体检要检察“双乳是否对称”等等，后来在舆论的强烈批评下，2004年2月底，湖南又声明废除“女性公务员双乳对称”的体检规定。有论者反讽曰：非但不能废除，而且——

尚需更加“过细”

前苏联设立“土豆局”、“种马局”，后人皆笑其细得“繁琐”，殊不知此举恰恰凸出了人家因地制宜的“实用主义”，说明土豆种马二者在其“前”国计民生中的重要作用。

若干年前的《教师法》把“按时发放教师工资”明文写入，有法学专家认为“细”是“细”了，但从立法上说是不严格的，因为没有必要把“天经地义”的东西也写进去——正如“放屁不必脱裤子”没有必要写进法律一样。然而，正因为“细化”了，成了法律条文，广大教师才每每“理直气壮”地持“本本”而“讨薪”。

这回《中国共产党纪律处分条例》达178条，细到“包二奶”要“开除党籍”也写了进去，又被个别官员讥为“小题大作”，曰“太细了”。殊不知上至语言专家、下至“革命群众”早已呼吁将“包二奶”收入《现代汉语词典》，理由是：起码要让500年后的人知道，“包二奶”不是某姓包的人家的排行第二的老奶奶。

以此“细化”的目光考察《湖南省国家公务员录用体

①鲁迅：《且介亭杂文·答<戏>周刊编者的信》，《鲁迅全集》第6卷，人民文学出版社，1981年版，第147页。

检试行办法》,可以肯定的是:有关用人单位已经明确认识到“细化”的重要作用并作出了卓有成效的努力——尤其是“包块”、“对称”等等医学(或土豆种子学)、物理学(或服装剪裁学)的概念的引入,大大推动了人才招聘的定性定量管理。

但是按照“精益求精”的高标准进行严要求,还是略有欠缺,尚需更加“过细”:

一是“对称”一词过于笼统。是上下对称、左右对称,还是里外对称、厚薄对称?很平坦或比较平坦的胸部算不算“乳房”?如果也算,那么高度和宽度如何“把握”?误差在3mm以内还叫不叫对称?

二是“包块”的分寸不易界定。夫“包块”一词,连《辞海》都没有条目,实在叫人很难判断:“质地”怎样算“有”,怎样算“无”?半径多大的算作“包”?硬度多少的可称“块”?是用X光照,还是用游标卡尺“卡”?

而且,最终的判决权在哪里?求职者、检测者?还是医生、主管领导?

以笔者愚见,最好还是领导把关。干部总是决定的因素。群众看着不“顺眼”不要紧,万一领导同志看着也退避三舍,影响了“抓革命促生产”,将会给国家和人民带来多大的损失呀。

而且,湖南的“细化”已经取得阶段性成果:“去年近两成女性因此落榜”。辛苦辛苦!世界上怕就怕认真二字。不慎重,公务员队伍岂不鱼龙混杂、衣冠难整,能不“影响政府形象”而“破坏投资环境”?

毕竟是人才擞选,要麻烦得多。如果是种红薯,不论大小,随便切一个“包块”埋在地里多省事。至此,我们更加明白了“从政”的艰辛。

不过,第二性征(如腰臀或胸部)发育得“太”标准,到“减一分太低(窄),增一分太高(宽)”——达到可以用数学公式(如双曲线或椭圆)测定——也不太好,万一再有几分花容月貌,弄得“耕者忘其犁,锄者忘其锄”,同样会妨碍“抓革命促生产”的。

有律师认为,《宪法》、《劳动法》平等地赋予了公民劳动的权利，倒是湖南这样干影响了别人的人格评价和择业机会。窃以为律师之八股教条，实不足取。你想想，所谓的“特殊要求”早已定性定量、“细化”得无以复加——跳不到那么高、扔不了那么远、有高血压心脏病直接取消了报名资格，没商量。谁见过招国家队或参加奥运会挤破头的？咱现在招的是公务员，是百里挑一、“僧多粥少”，那就要用“中医”的测定法：望、闻、问、切。顺不顺眼，有没有狐臭，是不是傻瓜，“对称”不“对称”，不过细行吗？

总而言之，统而言之，总统而言之，还是那句老话：“要过细，粗枝大叶不行，粗枝大叶往往搞错”。

真诚地期待明年此际有更加“细化”而完备的招聘公文出台。

既然“过细”了，就“越过越细”，既然出台了政策，就要大胆地坚持下去——“不管风吹浪打，胜似闲庭信步”，评论抓住湖南政策的荒谬之处，请君入瓮，逼出那“政策”（实际是政策的制定者）的“怯懦”。后来，国务院下了文件，不得在公务员招考中提出额外的苛刻条件，为此番风波画上了句号。

四、层层紧逼的递进

文无定法，在新闻评论中，有些评论是点到为止，无需层层紧逼、“宜将剩勇追穷寇”的，如对不便直说、不便细说、不便明说、不便真说的话题的言说——像《是谁揭发了王宝森？》、《胡长清的“三讲”是怎样通过的？》、《云南省长检举了谁？》等等，那是与“透骨到底”相对的写法，有点像中国画中间的省略，书法里面的飞白。正所谓春秋笔法，微言大义。而有不少的评论，不说得完全彻底，痛快淋漓就“无以平心头之气”，这才穷追不舍，一泻千里。如“三·一八惨案”发生之际，鲁迅本来还在用文字开着“孤桐先生”章士钊的玩笑：“据说‘孤桐先生’下台之后，他的什么《甲寅》居然渐渐的有了活气了。可见官是做不得的。然而他又做了临时执政府秘书长了，不知《甲寅》可仍然还有活气？如果还有，官也还是做得的……”而得知民众——尤其是自己熟悉的学生被段祺瑞政府虐杀之后，他立即转幽默为激愤，在《华盖集续编·无花的蔷薇之二》里，他几乎“破口大骂”了——

4

已不是写什么“无花的蔷薇”的时候了。

虽然写的多是刺，也还要些和平的心。

现在，听说北京城中，已经施行了大杀戮了。当我写出上面这些无聊的文字的时候，正是许多青年受弹饮刃的时候。呜呼，人和人的魂灵，是不相通的。

5

中华民国十五年三月十八日，段祺瑞政府使卫兵用步枪大刀，在国务院门前包围虐杀徒手请愿，意在援助外交之青年男女，至数百人之多。还要下令，诬之曰“暴徒”！

如此残虐险狠的行为，不但在禽兽中所未曾见，便是在人类中也极少有的，除却俄皇尼古拉二世使可萨克兵击杀民众的事，仅有一点相像。

6

中国只任虎狼侵食，谁也不管。管的只有几个年青的学生，他们本应该安心读书的，而时局飘摇得他们安心不下。假如当局者稍有良心，应如何反躬自责，激发一点天良？然而竟将他们虐杀了！

7

假如这样的青年一杀就完，要知道屠杀者也决不是胜利者。

中国要和爱国者的灭亡一同灭亡。屠杀者虽然因为积有资金，可以比较长久地养育子孙，然而必至的结果是一定要到的。“子孙绳绳”又何足喜呢？灭亡自然较迟，但他们要住最不适于居住的不毛之地，要做最深的矿洞的矿工，要操最下贱的生业……

8

如果中国还不至于灭亡，则已往的史实示教过我们，将来的事便要大出于屠杀者的意料之外——这不是一件事的结束，是一件事的开头。

墨写的谎说，决掩不住血写的事实。

血债必须用同物偿还。拖欠得愈久，就要付更大的利息！

9

以上都是空话。笔写的，有什么相干？

实弹打出来的却是青年的血。血不但不掩于墨写的谎语，不醉于墨写的挽歌；威力也压它不住，因为它已经骗不过，打不死了。

三月十八日，民国以来最黑暗的一天，写。①

从痛揭“残虐险狠”，到直斥灭绝人性；接着诅咒杀人者“断子绝孙”——想想可能性不大，进而叫那些子孙“住最不适于居住的不毛之地，要做最深的矿洞的矿工，要操最下贱的生业”！进一步则正告屠伯们“血债必须用同物偿还。拖欠得愈久，就要付更大的利息！”下面复为语言的无力悲哀：“笔写的，有什么相干？实弹打出来的却是青年的血。”最后以“精神胜利”鼓舞自己：正义不死，真理永生——鲜血“已经骗不过，打不死了”！层层紧逼，悲愤齐天，大无畏的精神跃然纸上。

在当代时评家里面，鄢烈山是素以“刻毒”著称的人物。其文字总是雕镂而出，犹如鸣镝，而且无论何人何事，不平则鸣，为新闻评论增添了不可或缺的力度。如其对2005年发生的清华大学校长念别字、教授不识书法之体的“口误”的穷追猛打——

“口误”事件:最要不得的是傲慢

《新华每日电讯》5月15日载，阿富汗首都喀布尔的一些中餐馆为吸引生意，向在那里的西方人提供色情服

①鲁迅:《华盖集续编·无花的蔷薇之二》,《鲁迅全集》第3卷,人民文学出版社,1981年版,第262—264页。

务,把印有五星红旗的“小姐”名片四处派发,“令华人蒙羞”。

这当然是中国人的耻辱，但这种事是一些跨国“鸡头”组织干的,本来就为中国法律和国际法律所不容。刑事犯罪哪个国家都有，请求国际刑警组织协助打击就是了。

另一种蒙羞，比如近日网友与媒体热议的清华大学校长念别字、教授不识书法之体的“口误”,在我看来,比阿富汗的中国“小姐”现象更丢人更不可忍。因为这种事居然发生在中国大陆数一数二的名校清华，发生在它的校长和国际问题研究所副所长身上，发生在举世瞩目的场合和面对全世界观众的央视节目中。

现在人们深感痛心的是清华大学这个出过王国维、梁启超、朱自清、钱钟书这样众多文化名人的校园,人文素质竟沦落到如此不堪的地步。诚然,顾校长、刘教授的“失误”是他们文化素质不高的表现,偶然中有必然,具有某种象征意味，反映了当下中国大陆教育界所共有的阙失,即几十年来对传统文化(“国学”)的长期轻视。不过,我认为,最要紧的最要不得的,是不经意间流露的、一再顽强地表现出的,名校长官和教师的傲慢。

这种傲慢不止于知识领域的自负，而是那种浸肌浃骨的轻狂,以致他们现身庄重的场合也显得漫不经心。

平心而论,顾校长认不出篆体的“侉”字,一点也不奇怪。他是学物理的出身。莫说他是搞理工的,钱钟书、吴晗这样搞文史的人也一样有认不出字和说错话的时候。不要动辄拿清华当年如何如何与今天相比。当年,钱钟书数学不及格、吴晗数学零分照样上清华,现在他们再考清华试试!总分那么低,一边凉快去。有个蒋老师想复古,提倡中小学生读四书五经,殊不知学生专读四书五经的时代,他们是不必学数理化与生物的。

顾校长之错就错在他出席那么重要的场合，代表学校与大陆学界送人家礼物，居然不肯礼贤下士先预习一下“功课”。这当然不能用校务繁忙或精力不济之类辞令来解释。用句不中听的俗语说,就是“吊儿郎当惯了”。

记得在《南方人物周刊》今年第 8 期上读到清华教授陈丹青的专访，其中有几句话令我心灵震撼。他说："一次是 2002 年清华贺书记听取清华人文艺术学院工作意见，后一次是去年新任顾校长听取党外人士意见。我记得在场领导和其他教师都很礼貌地倾听，没有人接话、附和、回应。我从未天真到期待回应，只是说出来，就像对着空屋子讲话。我没听说，也不认为这类意见会上达教育部……今天还没出现这样一个空间：你假定某个部长期待知道哪项政策有问题，然后你告诉他，他会着手想办法改变，不，至少在教育问题上我看不见这样的可能。" 一个著名艺术家、博导的感受竟然是自己这样人微言轻！可见我们的教育官员是多么有威严！在这样的环境中，只有他们说话的份，从不曾有人反驳、诘难，根本不存在出丑、下不来台的问题，自我感觉能不特别地好吗？长期处于这种惟我独尊的环境，人要不自负不轻慢也难呀。可怜呀，顾校长这回懵懵懂懂做了"临江之麋"。

如果说顾校长的"大意失荆州"是出于行政长官的自负，那么，刘江永教授在央视《宋楚瑜大陆行》中出的洋相，表现的就是名校教师的傲慢。真的教人搞不懂，为什么顾校长念错"侉"时，刘在现场，已经听过在场学生的嘘声，随后的 10 多个小时里已有网民议论此事，他为什么还要坚持将"侉"念"瓜"音？他作为研究国际问题的学者，难道压根未注意到温家宝总理 2003 年 6 月在境外出席 CEPA 协议签字仪式念过这首诗？而且，他居然信口开河"创造"了"小隶"这种新的书法，其"自信"也太过头了。

孔夫子说："知之为知之，不知为不知，是知也"。刘江永以不知充有知，一方面是缺乏兢兢业业的敬业精神和严谨的治学风范，另一方面是出于超级名校教授对众生的轻慢。说到这一点，请原谅我由清华扯到北大。两校互不服气，有得一比。在教师的自负上北大有机会表现得更充分。《南方周末》不久前发表过人民大学教授顾海兵批评北大一教师在著作中表露的强烈的名校优越感。最近，网民对北大法学院陈教授轻视"自考生"的说法，表达了强烈的质疑。在如今北大一些教授的眼中，梁漱溟、钱穆、华罗庚等人根本无资格进北大、清华,别说当教师,连读研也不配。还有那个朱苏力教授,讲演中一口一声“这里是北大法学院”,自我感觉好得无以复加。

人们不知这些名校的教师有什么值得骄傲的。无非在当前的体制下,国家给的资金与待遇较高,招的学生“智商”较高。这与教师的水平有多大相关性?就算北大清华出类拔萃如哈佛剑桥,那也不是两校每个教师都可以飘飘然睥睨天下、目中无人的资本。

这两起“口误”事件,进一步证明了一条古老的真理:“人必自侮(敬)而后人侮(敬)之。”(2005 年 5 月 17 日《南方都市报》)

以“顾校长认不出篆体的‘侉’字,一点也不奇怪”切入,引导读者了解“什么东西才值得‘奇怪’?”而后用口语点出,原来是“吊儿郎当惯了”——大学校长可以如此评价吗?于是更加引人入胜。下面进一步分析为什么“吊儿郎当惯了”,因为教育官员的威严所在,从来都是只有他们说话的份,从不曾有人反驳、诘难,根本不存在出丑、下不来台的问题,自我感觉能不特别地好吗?——揭示出做了“临江之麋”即出洋相的历史必然。下面接着旁证“自信”的特例:研究国际问题的学者压根未注意到温家宝总理 2003 年 6 月在境外出席 CEPA 协议签字仪式念过的诗而出错。最后得出“最要不得的是傲慢”——尤其是名校教师的傲慢的结论。文章环环相扣,一气呵成,把个“脸肿与不肿永远是胖子”的傲慢刻画得入木三分。

五、理直气壮的诘问

毛泽东说过,共产党员要多问几个为什么。敢不敢理直气壮的诘问,是新闻评论从业者党性原则强弱、社会责任感强弱的试金石。而容许不容许理直气壮的诘问,是衡量一个社会“广开言路”的民主程度高下的尺度之一。当然,理直气壮的诘问既可以问人民的对立面,也可以问人民内部,但那出发点必须是向善向好、有益于人民的。

2002年9月,来自安徽的新闻报道说:全国希望工程形象代表——"大眼睛"姑娘苏明娟,今年如愿以偿考入了她向往已久的安徽大学。11年前,解海龙(现为《中国青年报》摄影记者)深入大别山区采访,在众多的泥孩子中发现一双闪亮的"大眼睛",拍下了《我要读书》这张极具感染力的照片,推出了全国希望工程形象代表——"大眼睛"姑娘苏明娟。她那双渴望知识的大眼睛打动了无数热心于希望工程事业的人。报道说,苏明娟参加了全国秋季高考,并把安徽大学作为自己的第一志愿。苏明娟将与其他新生一道参加安徽大学的开学典礼,开始自己的大学生活。对此,著名新闻评论家童大焕考察了全部新闻,认为报道缺少了一个重要的"硬件"——"大眼睛"考了多少分?因此他从发问到分析,提出了一连串的问题:

……苏明娟为什么考上安徽大学?她的高考成绩是多少分?安徽大学的本、专科录取线又是多少?这些都是人们十分关心、迫切需要了解和知情的问题。但是这则报道只字未提。相反,却对那些不言自明或者无关紧要的问题浪费笔墨,诸如7月参加高考、9月16日和其他新生一道参加开学典礼云云。

是人们不需要了解这些事实吗?不是。那为什么记者和新闻媒体却不告知?一种可能是,认为反正她考上了就是了,没有必要告知这么详细。但这既不符合公众想要知情的要求,也不符合新闻的常规常矩。另一种可能是因为她的高考成绩不够理想,享受了超常规的特殊照顾而不便告知。如果是这样就更不好了。一方面,公众人物的"隐私权"是受到严格限制的,目的就是要尽量满足公众的知情权,防止一些公众人物或某些机构为塑造某种公众人物形象的需要大开特权之门。因为一切形式的特权,实质上都是对公众利益的侵犯和伤害。另一方面,对于某些因某种特殊原因而成为公众人物,并且直接或间接对社会作出某种特殊贡献的人("大眼睛"本人即是一例,她本人并没有直接为希望工程做些什么,但因为她引人注目的形象,间接为希望工程出了大力气),在适当的时候受到社会某种特殊形式的照顾,只要这种照顾是公开的,我相信,绝大多数公众是会理解甚至表示支持的。

还有一种可能是当事人根本就没有享受到特殊照顾,虽然成绩也够格了,但在有关人士有关部门看来成绩还不够理想,说出来有损其“形象代表”的形象。这就更说不过去了。想当初苏明娟成为希望工程的形象代表,既不是因为她学习成绩特别好,也不是因为她特别漂亮,而仅仅是因为她有一双渴望和天下所有的孩子一样接受教育的大眼睛!作为希望工程的形象代表,只要希望工程给她提供了应有的帮助,资助她完成了相应的学业;只要她本人也尽了力,考不考上大学、考上什么样的大学,也都丝毫无损于希望工程、无损于她本人作为希望工程的形象代表的“形象”啊!否则,今天考不上大学或者没有以高分考上大学是有损形象,那么明天考不上清华北大、后天没考上硕士博士、大后天没能出国上哈佛剑桥是否也是“有损形象”呢? 越是这样欲抱琵琶半遮面,越留给人们无尽丰富的联想。何苦呢?

此事不大也不小, 除了看出一些人对公众知情权的漠视以外,还折射出国人典型的“典型”和“形象”观念:干什么都要树典型树形象, 以为典型和形象好了自己的工作就一好百好。于是想方设法集中一切人力物力财力树典型树形象、千方百计不顾客观实际和规律保典型保形象。只顾一点,不顾全面;只管锦上添花,不顾雪中送炭。社会的许多公平就是在这个过程中一点一滴丧失的;有关部门乃至一些典型和形象的“自我形象”也往往是在这个过程中一点一滴丢弃的。(《南方周末》2002 年 8 月 19 日)

应该说,童大焕先生分析得有理有据,问题更是提得十分尖锐,但从考分多少想到对公众知情权不能漠视,到锦上添花与雪中送炭同样必要, 到社会的公平不能在遮遮盖盖中一点一滴丧失, 我们又不能不承认作者的正确和正义所在。

2006 年春节过后,广州市一些区级政府部门擅自给自己延长假期，致使群众办事找不到有关人员。《信息时报》披露此事后，评论者即刻发问道——

班可以不上，钱可否也不拿？

……说白了，就是某些政府部门没有来自公众的压力，自己想怎么样就怎么样。也许会有一些部门站出来说：我们虽然没开张，但也没闲着啊。一个单位既有上下关系，也有左右关系，“串开年门”、“吃开年饭”乃至“喝开年酒”，一大堆事情忙得我们不亦乐乎，这可都是为了工作啊。对此，人们也许要说：我们可没让你们提供这项“公共服务”，因此非但不领情还要问问花的是谁的钱？

当然，这个问题问得很没水平，地球人都知道的事情根本就不劳一问。何况问了多半也是白问——连审计出来的问题都可以大事化小小事化了，还怕你这根本没有把柄在手的一问？为今之计，还是要按照我们这里的规矩来——找上级部门评理。有人把一些区级政府部门旷工的事情捅到了市长热线。有关官员表示：作为国家公务员、国家机关必须坚决按照国务院规定的国家行政机关上班时间上班，没有任何理由不上班。这话说得真对，只是不知被说到的那些部门感不感冒，反正没有任何理由不上班，但我就是不上，小样你能咋的？

真的就拿旷工的政府部门没办法了吗？我看也不尽然。我们这里的机关单位不是一直有自我教育的优良传统吗，虽然如今不再提倡“狠斗私字一闪念”了，但革命靠自觉的道理还是要讲的吧。在被人为延长的良辰美景中，那些旷工的政府部门不妨扪心自问：该上班时不上班，我对得起这每月按时入袋的钱吗？须知要是换成有些单位，比如笔者混饭吃的单位，那可是一天不上班老板就少给一天钱的。我们的政府部门没有打工观念并不奇怪，但有没有这样一种风度：我不上班，但也不拿钱(如果也像我们单位这样考核的话)？请回答，上班之后交卷。(《南方都市报》2006年2月8日)

理直方能气壮，新闻评论尤其如此。连按时上班也无法做到的“公仆”，很难设想会时时“情为民所系、利为民所谋”。2005年12月，中科院院士何祚庥答记者提问时对于此起彼伏的矿难发言说“没法避免”，原因在于“中国太穷”，并反问(矿工)“谁叫你不幸生在中国了”。知名杂文家鄢烈山再次出场——

向何祚庥院士请教两个逻辑问题

78岁的中科院院士何祚庥不顾年迈体衰，这些年为扫荡他眼中的“伪科学”奔波大江南北，令人不能不敬佩。

然而，敬佩归敬佩，遇到疑惑并不能因敬佩而烟消云散。比如，读新出的这期(总40期)《南方人物周刊》上刊载的访谈实录《对话何祚庥》，看到他发表的那些高见就不免心里犯嘀咕。

何先生说：“我现在做的事情，从某些方面来讲的确是不可替代的，因为既懂马克思主义又懂当代科学的人实在不多。”对此，我自知没有能力提出异议。虽然这个世界上不管少了谁，别人的日子都会过下去且会越来越好，但人没有这种自信，活着还有什么劲呢？我感同身受同情性地理解所有人的自信或者自负。

何先生说：“我做物理研究，高度关注物理和马克思主义相结合……”晚年，何祚庥又高度注意把物理学理念用到马克思哲学上。他是否由此发展了马克思主义或者物理学理论，只有像他这样两项都精通的人才才能评价，我辈连嫉妒的资格也没有。

那么，现在我可以请教何先生的是两个低层次的常识性的逻辑问题。这两个问题都产生于下面这段对话。

“摄影师：中国煤矿每天死多少人您知道吗？

何祚庥：报纸上说100多人……

……没法避免！中国煤矿死人也没法避免！因为中国的老百姓太穷了。

摄影师：您认为是穷而不是腐败吗？

何祚庥：主要是穷，而不是腐败。为什么工人能接受较低的工资、较危险的条件？老百姓不是傻子，他们不是不知道啊。那为什么还接受？因为不接受活不下去。

摄影师:那他们就该接受这样的命运吗?

何祚庥:(怨就怨)谁叫你不幸生在中国了?

摄影师:但不应该死无辜者,有些是可以避免的……

何祚庥:谁是无辜的?谁是可以避免的?它有一个概率分布。何祚庥也不希望死人,但有时候发展过程中的牺牲是不可免的。你希望没一点牺牲,是很不切实际的想法。

摄影师:那您的意思就是煤矿工人应该死了?

何祚庥:煤矿工人应该是做了贡献的。他们的贡献我们应该正确评价。

摄影师:他们做了什么贡献?提高了 GDP?

何祚庥:一点不错。解决了中国的能源短缺问题。”

我不想与何院士讨论什么叫“以人为本”,我也不想讨论我们该不该做中国人,我只想问:

一、那些矿工因为“太穷”,不得不冒着生命危险下井干活,“因为不接受就活不下去”,即“太穷”是“卖命”的必要条件;然而“卖命”的人,又只能“接受较低的工资,较危险的条件”,也就是说“卖命”的只能受穷,走不出“太穷”的宿命结果。且不论这一切果真是否因为他们不幸生在中国而与腐败无关,“太穷”与“卖命”这种因果关系就像万有引力是不能打破的铁律吗?何先生这样论证,在逻辑上算不算“循环论证”?《中国改革报》11 月 28 日披露,据保守统计,我国公车目前已达 350 万辆,公车年开支达 3000 亿元,超过年度教育经费和医疗经费的总和,且公车单车运输成本竟接近出租车的 8 倍。煤矿的安全投入要多一点,给煤矿工人的工资高一些,真的是没钱做不到的事吗?

二、希望死的人少一点,避免发生一起又一起的重大矿工伤亡事故,与“希望没有一点牺牲”、完全避免死人是一回事吗?混淆二者,在逻辑上叫不叫偷换概念,转移命题?这种反驳的手法我们早已司空见惯。比如:你要求某一项合法权利,他就用不容置疑的口吻断然拒绝道:“世界上没有绝对自由!”你痛恨某地某行业贪官污吏“前腐后继”,他给你一句绝对真理:“古今中外哪个国家没有发生腐败？”何院士是科学家,难道连这类拙劣的诡辩法都不能识破,而会受传染,采用同样的“逻辑”论证手段吗?

我相信何先生不属于那些“不幸生在中国的”中国人,而他是不是“最讲人文主义”的马克思主义科学家,我也懒得去证实或证伪，请他先回答我这两个低级问题。(《南方都市报》2005年12月10日)

明眼人洞若观火,评论员的逻辑应该是立得住的,不“畏大人之言”,替弱势群体直言,一丝不苟地从最基本的问题问起，仗义执言地关注现实社会的生存状态——应该说,受众是非常喜爱这类“透骨到底”的文字的,因为它们不仅言之有物,而且充满了实事求是的精神和“言无不尽”的痛快——受众在阅读或视听当中得到了非同一般的快感,这正是社会进步所需要的,也是新闻评论人员所期待的。

第九章 “颠扑不破”：归谬的力量与技巧

[本章内容提示]

★“战无不胜”的论辩魂灵

★第一人称的现身说法

★口语化的自我辩解

★夸张色彩与反讽效果

一、“战无不胜”的论辩魂灵

“颠扑不破”的评论手法是喜剧美学的“归谬法”、美术上的速写漫画手法在新闻评论中的运用。

喜剧美学的“归谬法”是对一错误论题并不直接否定其背谬，而是先假定其真，然后据此推导出荒谬的结果，再由结果的荒谬推出该论题的荒谬，从而间接地否定了错误的论题。不妨用一则外国幽默证明之：病人对住院处护士说：“请把我安排在三等病房，我很穷。”护士问：“没有人能帮助您吗？”病人答：“没有，我只有一个姐姐，她是修女，也很穷。”护士生气地说：“修女富得很，因为她和上帝结婚。”病人回敬：“好，您就把我安排在一等病房吧，以后把账单寄给我姐夫就行了。”——在此，“修女富得很，因为她和上帝结婚”的前提的荒谬性是显而易见的，但那病人并不直接揭穿，而是故意地“承认”其真，然后据此推出“账单可以给上帝寄去”的荒谬结论。

西哲说：“一切现存的都是合理的”，其实未必尽然。严格说来，那些具有必然性的现实才是合理的，而不是一切现存的都是合理的。但是，使用“归谬法”展开新闻评论，首先就是要“无条件”地承认新闻事件当事人的所有解释都有其无可辩驳的“合理性”，而后再逐步揭示其“合理”的荒唐与背谬。在此，反讽不仅仅是一种修辞的手段，而是整篇新闻评论的线索与风格。对于这种评论手法，鲁迅先生在其《华盖集·论辩的魂灵》里对此种荒诞逻辑有着精妙的归纳——

你说中国不好。你是外国人么?为什么不到外国去?可惜外国人看你不起……

你说甲生疮。甲是中国人,你就是说中国人生疮了。既然中国人生疮,你是中国人,就是你也生疮了。你既然也生疮,你就和甲一样。而你只说甲生疮,则竟无自知之明,你的话还有什么价值?倘你没有生疮,是说诳也。卖国贼是说诳的,所以你是卖国贼。我骂卖国贼,所以我是爱国者。爱国者的话是最有价值的,所以我的话是不错的,我的话既然不错,你就是卖国贼无疑了!

自由结婚未免太过激了。其实,我也并非老顽固,中国提倡女学的还是我第一个。但他们却太趋极端了,太趋极端,即有亡国之祸,所以气得我偏要说“男女授受不亲”。况且,凡事不可过激;过激派都主张共妻主义的。乙赞成自由结婚,不就是主张共妻主义么?他既然主张共妻主义,就应该先将他的妻拿出来给我们“共”。

丙讲革命是为的要图利:不为图利,为什么要讲革命?我亲眼看见他三千七百九十一箱半的现金抬进门。你说不然,反对我么?那么,你就是他的同党。呜呼,党同伐异之风,于今为烈,提倡欧化者不得辞其咎矣!

丁牺牲了性命,乃是闹得一塌糊涂,活不下去了的缘故。现在妄称志士,诸君切勿为其所愚。况且,中国不是更坏了么?

戊能算什么英雄呢?听说,一声爆竹,他也会吃惊。还怕爆竹,能听枪炮声么?怕听枪炮声,打起仗来不要逃跑么?打起仗来就逃跑的反称英雄,所以中国糟透了。

你自以为是“人”,我却以为非也。我是畜类,现在我就叫你爹爹。你既然是畜类的爹爹,当然也就是畜类了。

中庸太太提起笔来,取精神文明精髓,作明哲保身大吉大利格言二句云:

中学为体西学用,
不薄今人爱古人。①

“墨索里尼,总是有理”,鲁迅笔下的“新闻发言人”的诸多“三段论”几乎无一是严密的,明眼人一看便知是强

①鲁迅:《华盖集·论辩的魂灵》,《鲁迅全集》第3卷,人民文学出版社,1981年版,第29—31页。

词夺理而丑态百出。但鲁迅并不批判其不值一驳的怪论，而仅仅留此画像，使读者顿悟：愈是放声叫喊“无可置疑”，愈是容易暴露出那些胡搅蛮缠的可憎满目。

在新闻评论中，对于社会弊端、官场丑态、腐败现象或残留在“集体无意识”中的“劣根性”，用归谬法为之素描往往可以收到出其不意的讽刺效果。正因为“过犹不及”，谬误过于明显和“雄辩”，读者就更加容易领会作者的态度和意图。

从喜剧美学的意义上考察，这种“颠扑不破”的评论写作也有几个共同点：(1) 常常使用第一人称现身说法，属于“画眼睛”式的“灵魂白描”；(2)主人公谬论的表现形式多为口语化的自我辩解，而每每“立于不败之地”；(3)评论往往借助于相当鲜明的夸张色彩与反讽效果。现在分而述之——

二、第一人称现身说法

从鲁迅的《论辩的魂灵》里读者已经可以发现，这种新闻评论具有“脸谱化”的倾向。而且最突出的特点是当事人“自打耳光”。所以，在行文之际，“抒情主人公”大多是“自我辩解”式的，是自己急急忙忙地跳将出来，口若悬河而剑拔弩张地驳斥对方，越说越激动，越说越离谱，结果是嘴脸昭然若揭。

1997 年，某影视明星作电视嘉宾，在答题板上把“大江东去，浪淘尽”写成了“大江东去，狼逃尽”，闹出了不大不小的笑话。后来著名诗人流沙河干脆“貂续狗尾”，把整个一首《念奴娇》给“补足”了，进一步扩充了喜剧效果。设想那位明星显而易见地老羞成怒，评论员用归谬的手法写了评论曰《“吃鳖坏鼓”辩》，试看其第一人称的现身说法——

“吃 鳖 坏 鼓”辩

——某 X 星内心独白

不就是上回当特约嘉宾时写了句“大江东去，狼逃尽”吗？举国上下你挖苦，我讽刺，像丢多大人似的。错字别字王国维章太炎也有,你们咋不笑?当着全国上十亿电视观众的面又怎么样,俺整天南征北战出人头地,人场见多了!(人少了出场费咋算?)你们想当嘉宾,人家约你吗?尤其是老右派流沙河,抓住俺一句"大江东去"死不撒手,还狗尾续貂,弄出一首《炼炉胶·吃鳖坏鼓》:

大江东去,狼逃尽,煎煮烘溜嫩物。骨垒西边,人倒死,三过舟朗吃鳖。乱食穿孔,金条列宴,捐起千杯血。姜酸肉化,一食多少豪杰。要想松紧裆严,小瞧猪嫁了,熊执蝇拍。鱼散官惊,谈笑奸,强卤龟肥淹墨。顾哥神油,多情莫笑我,澡身滑发。仍奸入梦,一枕欢奶僵爷。

虽然诗里的字俺很有几个念不准,但那意思俺还是看得出来的,无非是说只知道醉生梦死而不学无术。不过首先得声明一句,"金条列宴"而"捐起千杯血"的"豪杰"是王宝森、陈希同那帮老爷,俺时而只吃点"煎煮烘溜嫩物",可不敢掠"公仆"的美。

俺中学没上完,认字是少了点儿,可认字多了又有啥用? 老舍傅雷认字多,"文革"一来不是比谁自杀得都快?即便"现在如今眼目下",大学教授又挣几个钱?积俺近三十年生活经验,认字是最最费力费时而不讨好的事。眼下时间就是金钱,赶"堂会",炒股票,做生意、谈"爱情"、"澡身滑发",哪一样不得功夫? 让俺堂堂大名人撂下这一切去学认字,可能吗?

世界上绝没有无缘无故的恨。不是俺又抓"阶级斗争新动向",据俺调查(有小报告为证),老右派流沙河勾结四川几个穷酸文人,每星期四聚在他那小黑窝里指天画地,信口开河,攻击官吏,议论朝政,唯恐天下不乱。这阵子见俺挣了几回出场费又害了"红眼病",极尽恶毒攻击血口喷人之能事——这"炼炉胶"纯粹是无中生有,丑化我文艺工作者!恨只恨四十年前反右派只让你"赤脚裸身锯大木"、"贫贱夫妻百事哀"而没有穷追猛打让你"永世不得翻身",如今弄得俺丢人现眼声名"狼"藉。不过,小人流沙河,你且等着,下回再赶上一场运动,可别怪俺"熊执蝇拍”、“多情”地关照了。就是大江南北“狼逃尽”，你也是河底之沙、瓮中之“鳖”，插翅难飞！

打倒流沙河！（《商丘日报》1997 年 11 月 30 日）

其实，明星是没有那么多的“文革话语”的。是诗人流沙河的“政治背景”决定了明星的口气与用语。明星越是气愤、越是雄辩、越是激烈，评论的效果也就越是显著。所以，设身处地地为说话人设计、着想，描绘得声情并茂，是评论者的基本任务。

同时，此类新闻评论也大半是“多脸一面”、“多部一腔”、“多事一议”。例如报章上面时有花钱买 “贫困县”、“贫困乡”以图多得救济的新闻，总括这一些人的嘴脸，有评论者以《一个贫困山区乡长的“真情”诉说》(作者戴锡东)为其画像如下——

一个贫困山区乡长的“真情”诉说

作为一名乡长，我的工作真的很难做啊！我有很多话想倾诉啊。

现在农民素质越来越差，向他们要点钱就那么大意见。我们一个乡有几百号吃财政饭的，不向他们要向谁要去？虽然国家每年都给我们拨了扶贫款，但经过几道关卡后，到我们手里的就不多了，还不够我去酒店吃几顿饭的。

你说我不跟群众打成一片。群众不主动和我打交道，难道还要我天天往他们家里跑？ 大部分村里连公路都没有，我的小车怎么去？

你说我不重视抓教育。他们不读书关我什么事？有人说学校是危房，学生不敢去；有人说我的小车一年的花销就能建一栋教学楼，我也承认这一点，但上面三天两头开会，没车我怎么去？更不用说别的乡长的车比我的豪华多了，我还觉得很没面子呢！

你说我不在农民的致富问题上多动脑筋。这里我可要多说几句了。给他们发科技资料他们说看不懂，引进新品种他们说不敢要，怕种子是假的；我要他们多养猪，他们说养头猪要亏本，饲料那么贵不说，还要收这税那税的；我要他们多种菜，他们说种菜不行啊，这年头不知怎么的害虫越来越多，多打点儿农药还不行，拉到城里去卖，人家说农药含量超标，不让卖。

你说……哦！不说了，上头来电话了，说上面的上面有领导来视察，我还得好好去应付。你说我容易吗？

究竟是谁的“素质越来越差”，是谁“不容易”，是何许人不尊重教育、不接近群众，这位“现身说法”的乡长演绎得再明确不过了。但是我们不能不承认，这位乡长是有代表性的，所以作者评论的应该是真人真事，而不仅仅是创作文艺作品——尽管他的表演才能非同一般，听其声音如见其人。

再进一步，超出了“单口相声”的地域，另一种比较荒谬的“集合嘴脸”亦可以用“象征”和“隐语”表现出来，如王春瑜的《<水浒>新语》，就是用极其简略的白描画出了一幅“系列群像”——

《水浒》新语

——《水浒》大人物、小八腊子语录摘抄

大人物语录

晁盖：宋江贤弟，梁山的事，过去是王伦那厮说了算，现在是我说了算，将来你能说了算，我就放心了。

宋江：李逵，你这厮好生无礼！怎敢诬赖俺抢了满堂娇做压寨夫人？老实说，我真抢了，也不过是游龙戏凤，若是吴用、林冲等大头领抢了，那也不过是生活小节，倒是若你这厮抢了，就是品质恶劣！

罗真人：公孙胜，你还是安下心来跟我一起认真修炼，不要再跟黑三郎宋江搞在一起。我看此人既缺乏把坏事办到底的决心与能力，如杀了阎惜婆，竟溜之乎也，哪像敢作敢为的大丈夫？他也缺乏把好事办到底的决心和能力，时刻想着被招安，能成什么大气候？

吴用：俺看好打虎将李忠。如今世上就数卖狗皮膏药的吃香,有真才实学的,倒反不顶用。

鲁智深:长老,您好不晓事! 洒家打坏了老掉牙的泥菩萨又咋的,重塑一个新的不就结了!洒家自幼就听老人言道,“死母猪越吹越壮,泥菩萨越镀越亮”,“新箍马桶三日新”,新菩萨又壮又亮,岂不甚好?

鲁智深:郑屠你这狗日的,这么不经打,还叫什么镇关西!你以为你死了,俺就怕了?呸!死了郑屠夫,不吃浑毛猪。

杨志:老都管,你说时下是太平盛世,真是闭了眼睛说瞎话!俺从小就听说唐朝的贞观之治,“路不拾遗,夜不闭户”,那才是太平盛世。眼下倒好,路上有强盗杀人越货,夜里打家劫舍,不少百姓饥寒交迫,盛世个鸟!

王英:一丈青扈三娘仔细听着!你胆敢对老哥我用美人计,我就将计就计。

小八腊子语录

白胜:老子不过是小偷小摸,向棺材里的死人弄几个子花,却被戴上“白日鼠”的帽子,似乎俺是耗子洞里长大的,气死我也!那狗日的西门庆,偷了多少娘们,倒称做千户老爷、西门大官人。那帮贪官污吏,偷了多少百姓民脂民膏,却成了父母官,青天大老爷。俺思来想去,弄不清楚,全是他娘的白搭!

时迁:吴军师的话是至理名言。在俺看来,天下第一废物是书生。他们写的文章、书,俺偷来不费吹灰之力。

武大郎:郓哥,好兄弟,你一个小孩子家,却如此仗义,待俺发了财,开个比狗日的西门庆的狮子楼还大的酒馆,就让你当二把手,全面主持店务。

郓哥:武大哥,多谢厚爱。不过,我还是想找打虎将李忠拜师学艺,如今世道,假货比真货还更像真货哩!

白秀英:雷横,你这狗屁都头,还顶不上一个臭猪头!要权没权,要钱没钱,我这著名歌星傍上你,是老娘瞎了眼。现在我眼睛睁大了,傍上县太爷大人,要权有权,要钱有钱,你说我不傍他,难道我是傻×?

金翠莲:鲁提辖大人,你是俺恩比天高的大恩人哪!过去俺被郑屠逼债,被迫在家中接客:所得也不过是仨瓜俩枣,不够还债。亏得恩公相救,如今被本地首富赵员外包了二奶,吃香喝辣,穿金戴银,还有丫环侍候,没有恩公,俺哪有今天!

王婆:判俺死刑,老身不服,俺不过是个拉皮条的,那些开窑子的骚货,大人怎不抓来问斩?十字坡卖人肉包子的母夜叉孙二娘,您敢去抓她吗? 大人分明是欺软怕硬,谁叫俺没有后台呐,俺老婆子的命苦哇!

店小二:武二郎,谢谢您的这锭大银。实话告诉您,俺这酒确是好酒,三碗不过冈嘛,但掺了不少水,喝上十碗八碗,玩儿似的,根本不会醉。而今世上哪儿不掺假?可是老哥喝了十八碗,恐怕多少会有点头晕,路上小心呐。[①]

从大头领到小喽啰,《水浒》里108将的代表们(读者不难从前前后后的新闻和左邻右舍的“行状”中可资对号入座或自动对号入座)或循循善诱,或仰天长怨,或倾心忠告,或厉声呵斥,一个比一个冠冕堂皇,一个比一个振振有词——集合起来正是一组看得见、摸得着的浮世绘。在此等评论中,第一人称的“亲切感”带出了不少的喜剧效果,使受众于会心一笑间增添了些许真实的阅历。

三、口语化的自我辩解

正话反说之际,越是认真才越有效果。电影《天下无贼》经典台词——“最烦你们这些打劫的了,一点技术含量都没有!”、“不许笑!严肃点!我们在打劫呢!”——正是这种新闻评论的活的注脚。在这种“自白式”的评论中,读者喜闻乐见的“口语化”手法是赢得效果的重要手段之一,如著名讽刺诗人袁水拍的《阿Q的大便》,以异体叙述的手法评论了张君劢参政后的辩解——1946年年底,一贯在国民党与共产党之间坚持中立的“不偏不倚的第三方面”领袖之一张君劢表示自己愿意参加“政府”,有关人士究其原因,他自称自己的一腔苦衷当时无法印证,不

①鄢烈山编选:《2003中国杂文年选》,花城出版社,2004年版,第48–50页。

过“将来自有历史可以证明！”于是袁水拍以张本人的口气加以“辩解”道——

阿Q过节吃坏了肚皮，/ 当街屙了一堆大便。/ 街上的人连忙躲避，/ 个个把鼻子遮掩。// 阿Q怪不好意思，/ 可又想不出别的法子。/ 小D和孔乙己一齐笑他，/ 丢光了他的绅士面子。// 未庄的英雄下不了台，/ 一脸的尴尬十分为难。/ 最后他想起了它的口才，/ 于是把大道理讲了一番：// 我的大便有玫瑰般香，/ 和你们凡人一概两样。/ 仁者见仁，智者见智，/ 成问题的是你们自己的鼻子！// 我的大便赛过麝香，/ 法国香水也难比得上。/ 以小人之鼻闻君子，/ 出毛病的是你们自己的鼻子！// 我的大便越陈越香，/ 在古代曾进贡过皇后娘娘，/ 今天诸位如果不大相信，/ 将来自有历史可以证明!/ （《马凡陀山歌·阿Q的大便》）

明察秋毫的作者发现了张君劢与阿Q的相似之点，让张借阿Q的口为自己辩解，而且口气同样是恢恢雄辩、滔滔气度，活画出一副“欲盖弥彰”的脸孔。诗体评论合辙押韵，朗朗上口，却通篇采用口语，人物形象跃然纸上。

1998年6月下旬，多家报纸披露了广东恩平市市委组织部副部长兼市人事局局长黄汉良在洪水围城之际擅离职守，动用公车携眷逃命的消息，洋洋洒洒的评论中声讨斥责的居多，而某省报评论员用漫画的手法，给黄局长画了一幅素描——

黄局长的自辩

各位领导：

近日大报小报，万箭齐发，说卑职黄汉良于广东省恩平市洪水围城之际轻信传言、不听指挥、擅离职守，动用公车携眷逃命，这真是不大不小的冤枉。谁不知道祸福难测水火无情，眼见得滔滔洪水如泰山压顶还一动不动，等于说我市广大干部都是傻瓜。无风不起浪，咱们现在知道“锦江水库大坝垮了”是谣言，可1998年6月25日有谁敢肯定那就是谣言？正因为我市已经进入了抗洪抢险的关键时刻,我才深刻而沉重地意识到:世间一切事物中,人是第一个可宝贵的。留得青山在,不怕没柴烧,为了今后的抢险大业和其他更加光荣而艰巨的革命重任,卑职以为尤其需要保存实力,以利再战,正所谓好钢留在刀刃上,希望领导和同志们不要误会本人革命第一工作第一他人第一的苦心。

至于动用了一辆面包车,实在不该视为一件大事,甚至构不成新闻上说的“事件”。作为市委组织部和人事局的负责人,不用公车才是不正常的。工作需要我们一行尽快到兄弟城市走一走看一看,当然得有个代步的工具。虽说12个座位塞了妇女儿童16人,坐得拥挤了一些,我们也并没有说什么——如果用两辆公车不是更加浪费了吗?现在全国都在倡导厉行节约艰苦奋斗,不少职工下了岗吃饭都有问题,国家的钱能省下一分就是一分。

而且,即使在兄弟城市避难期间,卑职仍然在牵挂局里的工作,曾在飞奔的车子上打电话给家里的副局长询问险情。本人26日离开了我市,27日下午就回到了人事局,积极响应了市委、市政府双休日不放假继续坚守岗位的号召。因此,说我“擅离职守”实在有点儿言重了——比起轧死了人还去做异性按摩的那些同行,比起醉生梦死的陈希同、王宝森,我这点事又能算个啥?更何况我市人事局又没有具体的抗洪任务,在家里被洪水围困不也是闲呆着吗?

各位领导,作为一名组织人事干部,受党教育多年的我深知处理一个人的分量。从普通一兵混到今天,我容易吗?如今虽然撤职降级、官财两空,我不怪领导,不怪群众,只恨那老天没眼,洪水无情,如今日丽风和,洪水消退,天下太平,殷盼诸位领导念及我昔日的功劳和“苦劳”,千万对我手下留情,手下留情……

恩平市市委组织部副部长兼市人事局局长 黄汉良[①]

先假定自己的临阵脱逃的“雄辩性”,然后以其作为前提,引出一个十分荒谬的结论:逃跑有理,天经地义!从而使对方的错误观点不攻自破。在这种评论中,口语化无

①《黄局长的自辩》,《杂文选刊》1998年第12期。

疑是比较重要的武器，评论员要在写作之际设身处地地考虑到主人公的“尴尬”、“委屈”、“落寞”、“无奈”，要叫受众明白他的雄辩对于他自己的的确确是真诚的、迫切的，这才能收到审美的功效。

需要注意的是，“自我辩解”可以是光天化日、以己为主的，同时亦不妨“暗度陈仓”——以某类人物的代言人的姿态出现，意在评议某种社会现象。

进入新千年前后，长篇小说《废都》以两性行为的过细描写和描写中的“□□□□(此处删去××字)”而引起争议，尽管此前权威出版社的《金瓶梅》版本中已经有“□□□□(此处删去××字)”出现，《废都》作者亦不无揶揄之意，但其中的性描写仍然受到了“诲淫诲盗”的指责和色情文学写手的模仿。为此，有评论者以杂志编辑的口气杜撰了一封退稿信——

致白居易先生的退稿信

尊敬的白乐天先生：

大作《长恨歌》收悉，拜读后叹为观止，先生真乃文坛之超级大腕也。不过，先生之文美则美矣，倘不做必要的技术处理，恐难在鄙刊发表。现将大作璧还，请修改后再寄来。退稿原因有三：

其一，标题不醒目，没有吸引力。看书看皮儿，看文看题儿，先生之《长恨歌》，乍一看标题茫然不知所云，引不起读者的阅读兴趣。不若直奔主题突出重点，干脆改为《公公儿媳乱伦记》或《艳妃喋血马嵬坡》、《一个女人与两个男人的故事》。

其二，描写粗疏，语焉不详。杨贵妃乃中国四大美人之一，她的衣食住行、生活秘闻、个人隐私，自然成为人们关注的焦点。她在华清池是怎样“温泉水滑洗凝脂”的？她与唐玄宗是怎样“芙蓉帐暖度春宵”的？她的硕乳是怎样被安禄山的木瓜击伤的？她的《霓裳羽衣舞》是三点式表演还是脱衣舞？……弄清楚这些问题对于揭开宫廷秘史、澄清历史谜案、研究盛唐文化都是大有裨益的。而先生却在这些关键地方，或用春秋笔法一笔带过，或为美者讳秘而不宣,殊不知这里正是“诗眼”,要实写、详写、大写、特写、全方位多角度地写、细致入微纤毫毕露的写。不要怕篇幅长,我可以给你留下3万字的版面。当然,鉴于目前“风紧”,“下三路”描写过滥过露有关方面恐会找上门来,先生可在紧要处来个急刹车,使出“□□□□(此处删去××字)”的绝招儿,这样即可脱了干系,又能取得“此处无字胜有字”的艺术效果。

其三,情节平淡,缺乏艺术想象力。先生太拘泥于史书,不敢越雷池半步,“现实”有余而“浪漫”不足。君不见影视片《新梁祝》,梁山伯与祝英台已非昔日文弱书生之形象,一改而成为飞檐走壁的武林高手。依在下拙见,《长恨歌》后半部的情节似可如此“戏说:杨贵妃在马嵬坡兵变将缢死之际,突然跳起《霓裳羽衣舞》,此舞竟是武林功夫,比少林拳铁砂掌厉害百倍。金莲踢处人头滚,玉手舞时鲜血流,贵妃单枪匹马杀出重围,亡命天涯,东渡扶桑。因生活所迫沦落风尘卖笑青楼,一时间门前热闹车马稠,日进斗金遂成富婆。因去国千里思念玄宗,遂乘波音797返回长安,正当与玄宗在长生殿交欢之际,突然艾滋病发作,猝死于玄宗怀中……

以上拙见仅供参考,请先生将稿件修改后火速寄来,鄙刊将在下期作为头条隆重推出,并将结集出版,收入鄙刊的言情系列丛书《粉黛香》中,鄙刊一定竭诚为先生服务,使先生大名再度辉煌,先生大作重放异彩。

有一句话真不好意思启齿,不过,说了我想您也会理解的。那就是,鄙刊刚刚创立,资金有限,不久前又落下制黄贩黄之名而被罚去不少银两,眼下经济拮据,先生若要发稿、出书,托须支付审读费、编辑费、出版费、印刷费共计8888元人民币(先生若有开元通宝则5188钱足矣)。考虑到你是名人,我还为您优惠了50%,请您保密,勿给其他作家露底儿。区区小钱,对于您这位曾经担任过刑部尚书的部级领导来说,岂不是小菜一碟耳?

殷切期盼您的大作和money。

《女儿红》杂志社黄编辑

×年×月×日[1]

[1]《大河报》2000年9月30日。

与上文的真人真事不同，这篇评论里的“《女儿红》杂志社黄编辑”显然是彼时上蹿下跳、唯利是图的一类人的缩影，是当时社会上的新闻人物或“风云人物”。评论员借稿约的口气极言其低劣与荒谬，评得相当真实。其口语也由于稿约对象为大诗人白居易而变得半文半白，叫人读罢忍俊不禁。

四、夸张色彩与反讽效果

谬论可以是大话空话，也常常是病毒，小得叫人看不见摸不着，因此最容易蒙骗过关。所以，评论的另一目的就是把荒谬的部位使用显微镜放大出来，彻底暴露其弱智可笑和荒诞不经。在此，思维发散性的宽阔程度和知识底蕴的深厚程度决定了评论的文采与深度。

1934 年 7 月，在推行“新生活运动”的过程中，国民党广东舰队司令张之英等向广东省政府提议禁止男女同场游泳，曾由广州市公安局通令实施。同时又有自称”蚁民“的黄维新，拟具了分别男女界限的五项办法，呈请国民党广东政治研究会采用：(一)禁止男女同车；(二)禁止酒楼茶肆男女同食；(三)禁止旅客男女同住；(四)禁止军民人等男女同行；(五)禁止男女同演影片，并分男女游乐场所。据说之所以要禁止男女同时在海滨游泳，是因为海水触着了男人的皮肤再接触女人的皮肤等于两性的皮肤接触。鲁迅先生洞察其谬，写了题为《花边文学·奇怪》的评论，把荒谬进一步扩大，暴露出当局尊崇孔教、恢复古礼、大搞“男女授受不亲”的荒唐可笑——

世界上有许多事实，不看记载，是天才也想不到的。非洲有一种土人，男女的避忌严得很，连女婿遇见丈母娘，也得伏在地上，而且还不够，必须将脸埋进土里去。这真是虽是我们礼义之邦的“男女七岁不同席”的古人，也万万比不上的。这样看来，我们的古人对于分隔男女的设计，也还不免是低能儿；现在总跳不出古人的圈子，更是

> 低能之至。不同泳,不同行,不同食,不同做电影,都只是“不同席”的演义。低能透顶的是还没有想到男女同吸着相通的空气,从这个男人的鼻孔里呼出来,又被那个女人从鼻孔里吸进去,淆乱乾坤,实在比海水只触着皮肤更为严重。对于这一个严重问题倘没有办法,男女的界限就永远分不清。
>
> 我想,这只好用“西法”了。西法虽非国粹,有时却能够帮助国粹的。例如无线电播音,是摩登的东西,但早晨有和尚念经,却不坏;汽车固然是洋货,坐着去打麻将,却总比坐绿呢大轿,好半天才到的打得多几圈。以此类推,防止男女同吸空气就可以用防毒面具,各背一个箱,将氧气由管子通到自己的鼻孔里,既免抛头露面,又兼防空演习,也就是“中学为体,西学为用”。凯末尔将军治国以前的土耳其女人的面幕,这回可也万万比不上了。①

从《礼记·内则》的“七年,男女不同席,不共食”,到清末洋务派首领张之洞在《劝学篇》中提出的“中学为体,西学为用”,从土耳其政治家基马尔,到斯惠夫德的长篇小说《格利佛游记》,鲁迅先生左右逢源,信手拈来,表现出深厚的文化功底。而文章里背着防毒面具生活的建议自然是十分夸张的,但这夸张恰恰是符合“男女授受不亲”的荒唐逻辑的,于是又情在理中。有意思的是,鲁迅的文章署名曰“白道”,与“胡说八道”的“八道”谐音,亦不无调侃讽刺的意味。

反讽表现在语言学上,是一种语言的错位——主要指的是叙述语言或人物语言与人物、观点、情调、文体等不相契合。在“新批评”理论中,指的是“语境对一个陈述语的明显的歪曲”, 即词语在上下文中发生了明显的改变,言非所指。在归谬意义上,反讽同样可以起到把荒谬放大、把假相揭穿的作用。在新时期的各类新闻评论中,反讽的运用日渐普遍和成熟。如有关评论对影视屏幕上清宫无处不“戏说”、只要打开电视,“大辫子必然满天飞”的怪现状的反讽——

①鲁迅:《花边文学·奇怪》,《新版鲁迅杂文集》,浙江人民出版社,2002年版,第79页。

慈禧太后给影视圈的一封感谢信

影视圈各位大牌大腕们：

你们辛苦了！你们精心制作的文化大餐一次次再现了我天朝大国的泱泱风度，我谨代表大清王朝列祖列宗、孝子贤孙及拖辫子的子民们向你们致敬！

各位都是文化精英，想必对某些动机不纯的小文人强加给我朝的一些诬蔑不实之词烂熟于心，例如“文字狱扼杀思想”，那不是文人给逼出来的吗？若非这些鼠辈在歪诗小文里夹枪弄棒，我们又何苦像鸡蛋里挑骨头似的劳神费事呢？再说哪，思想思想，做臣民的怎能胡“思”乱“想”？圣人有言，“思不出其位”嘛。感谢你们通过某剧写出了所谓文字狱真实的一面，剧中雍正帝一面为国事累得吐血，一面还要和那个闹事的腐儒曾静苦口婆心地讲道理辨是非，多么富有人情味啊！这样千古难遇的明君圣主，居然有人给他扣上“暴戾”“残忍”的屎盆子，其心何居？又有人说我朝是中国专制制度发展到登峰造极的朝代，我不知道这是骂呢还是夸。就算是骂吧，专制也有好坏之分。在我天朝大国，当专制“专”得好的时候，外无洋鬼子觊觎，内无刁民造反，百姓男耕女织安居乐业，民风淳厚可以坐享天伦，天子圣明，官员清廉，一副太平盛世图景。只有专制“专”得不够的时候，才会内忧外患，相煎相逼。人人称颂康乾盛世，但几人知道“盛世”与“专制”的关系？看过你们的电影电视剧，我顿时生出一种知遇之感。

我朝十几个天子，你们几乎拍遍了，而且每部都是场景宏伟、耗资巨大、阵容豪华的大制作。你们对清朝如此关爱，我甚感欣慰。你们运用无与伦比的艺术天才塑造了十几个血肉丰满、性格各异的清朝皇帝形象，如沉稳刚毅、爱民如子的康熙，鞠躬尽瘁、不怕诽谤的雍正，风流倜傥文武全才的乾隆。你们还没忘在圣明天子正确领导下的那些清官良吏如刘罗锅、田文镜、于成龙等等，这些人物群像实在是你们为宏扬我中华传统文化所作出的一大贡献。又听说大清王朝所有能上台面的人物中，唯独我叶赫那拉氏未蒙各位青睐,即使上了屏幕,也是一副尖酸刻薄相。这没关系,我不就是招抚义和团引来了八国联军,杀了戊戌七君子逼走了康梁,挪用购买军舰的银子修了个颐和园招致中日海战大败吗?这只是一种说法,换个观察角度也许会有不同的说法呢!要是我不挪用购买军舰的银子,安知那些军舰不会同样葬身黄海,尔等现在又哪有一座名园可赏可玩?当然,我这仅仅是举个例子提示一下罢了。我坚定地相信,随着时间的推移,观念的更新,你们必将重新认识重新评价我叶赫那拉氏的。

目睹屏幕上铺天盖地的辫子、小脚、八股,耳闻威严婉转的“朕”、“皇阿玛”、“皇额娘”,我倍感亲切,仿佛回到了大清盛世。我有一点预感:通过你们艺术的巨大感染力,“皇阿玛”、“皇额娘”等等称谓,说不定会成为另类青少年新的时尚用语。也就是说,他们很可能不再叫自己的父母为土里土气的“爹”、“妈”、“大”或者洋鬼子气十足的“爹地”、“妈咪”,而代之以古今中外独一无二的“皇阿玛”、“皇额娘”。

预言其实已经不成其为预言了。近日读报得知,某大城市的一位小女孩突发奇想,竟叫父母为“奴才”,而要求父母毕恭毕敬地称她作“主子”。瞧,我的预言正以惊人的速度变成现实。毫无疑问,这也有各位大牌大腕的教化之功!

紧紧握你们的手!

叶赫那拉氏[①]

评论用反讽手法笑谈影视大腕们的助人为乐,与美学上的“以丑为美”相反,是在用“以美为丑”的话语叙述。所以,文章里的所有褒义词——文化精英、人情味、明君圣主、男耕女织、民风淳厚、安居乐业、艺术天才、血肉丰满、观念更新……恰到好处地体现了“语境对一个陈述语的明显的歪曲”。于是,“叶赫那拉氏”对我们的从艺人员表扬得越是全面、诚恳,我们感受到的荒唐与凄凉越是厚重——新闻事实于是在归谬中越发触目惊心,发人深省。

①法制博览编辑部编:《经典杂文》2005年第12期(下半月)。

第十章 "十全大补"：罗列的设计与必要

[本章内容提示]

★传统与现代结合的评论形式

★多事一议的集中性

★一事多议的发散性

★议论合一的直接性

★添加增补的连续性

一、传统与现代结合的评论形式

不讲起承转合，不论"凤头豹尾猪肚"，只是"1、2、3、4"地写开去——这种"开中药铺"式的新闻评论在近几年越来越多，而且其美学效果也越来越明显。细细考察，这种ABCD、甲乙丙丁，借数字"合并同类项"、把相关新闻拢到一起或由一条新闻引出一串评论的综合写法，既是传统的"十景病"的"大团圆情结"，又是时下"网络作家"之"新潮手段"的借鉴。

以罗列做论，见于散文文学史，较早的最为著名的是西汉枚乘的汉赋《七发》，赋中假设楚太子有病，吴客前去探望，通过互相问答，构成七大段文字：吴客认为楚太子的病因在于贪欲过度，享乐无时，不是一般针药就可以治愈，只能"以要言妙道说而去也"。于是分别描述音乐、饮食、乘车、游宴、田猎、观涛等六件事的乐趣，诱导太子改变生活方式；主旨在于劝诫贵族子弟不要过分沉溺于安逸享乐，表达了作者对贵族集团腐朽纵欲的不满。而枚乘的《七发》对于文学写作和新闻写作的启示在于：(1)铺张、夸饰、排比、罗列的手法；(2)运用形象的比喻对事物作逼真的描摹。

而时下这种"开中药铺"式的新闻评论恐怕更多的是受到了网络语言的影响与启发。近年来，互联网以"迅雷不及掩耳盗铃"之势急速发展，2006年1月17日，中国互联网信息中心(CNNIC)发布了第七次中国互联网络发展状况调查报告。该报告显示中国上网的用户总数为

2250万人。于是,网络语言和网络写作的特色毫无疑问地会浸染到新闻评论的语言。由于生活节奏的普遍提速,人们的思维和表达也日趋简洁明了,于是网络语言正好大行其道。因为打“88”总比打“bye-bye”来得方便快捷。而网络文学的经典语气:“爱一个人需要理由吗?不需要吗?需要吗?不需要吗?”来来回回地折腾,其实就是一种排列。网络上的文字——无论小说还是散文,大多一句话一段,句号代替了大部分标点。句式也通过各种逐渐流行的符号变成了电报文字的排列,如下面一组对话——

甲:哪儿?

乙:上海 ,U

甲:北京。见到U真高兴

乙:me 2! 呵呵

甲:家?

乙:no.公司

甲:MM or DD?

乙:D! 我有事,走先,886!

甲:O I C ,BB!

这是一段典型的网络语言的对话。其中,我们可以看到,在不影响沟通的前提下,各种材料可以信手拈来,简洁、干净,排列起来轻松自然。这种开放性、自由性和互动性“传染”到评论的写作上,很快演变成了新时期新的“开中药铺”的网络评论写法——把类似的新闻话题统一在一个框架之内,其间杂糅了杂感、散文、随笔、小品等散文文学的特色,不少地方与新闻评论有交叉关系。如评论《灭蚁良方新编》里就有不少具有新闻评论色彩的文字——

1、在厨房门上贴上“戒严”或者“查封”等字样,造成厨房已经停止营业的假象。或在厨房门口贴一安蚁告示:“此路不通。”

2、把蚂蚁引进重庆麻辣烫火锅、西安葫芦头羊肉泡馍、天津狗不理包子、武汉武昌鱼、南京龙虾宴、北京烤鸭、郑州烩面……还怕吃不绝它！

3、坚壁清野！把家里所有食品捐给阿富汗灾民，全家坚持下馆子一个月，饿死那帮蚂蚁。

4、用录音机录制"文革"期间的"两报一刊"社论或"本报评论员文章"，而后对蚂蚁反复播放，念死它们。

5、把外面的野蚂蚁引进来，而后大讲瓦西列夫的《情爱论》，连载某贪官与36个"二奶"的"犯罪实录"，反复播放《泰坦尼克号》、《廊桥遗梦》等煽情片，等他们纷纷相爱，野蚂蚁自然会带着这些厨房里的家蚂蚁私奔而去。

6、把家里、单位里、学校里、临街门面房所有的房间门口都贴上"厨房"的标签，把大、中小学蚂蚁的课本里换上中国的十三经，外国的现象学、数理哲学，把它们的高考科目改为"6加3X加ZY的N次方"，累死它们！

7、把山西醋、镇江醋灌进蚂蚁的饮料盒里，把QQ聊天记录给老年蚂蚁看把央视《朋友》节目给年轻蚂蚁看，酸死它们！

8、叫蚂蚁直接听韩乔生老师的解说词——"各位观众、各位听众，今天是中秋节，我在这里给大家拜个晚年！""在这红叶枫了的时候，这位世界冠军刚刚举行了一场别开婚面的生礼"——笑死它们！

9、出畅销书：《我离了男蚁可怎么活》、《我和XX蚂蚁：不得不说的故事》、《从影后到囚徒——X蚂蚁的漫漫偷税路》，恶心死它们。

10、眼泪少许，肥皂水少许，橘子汁少许，新鲜牛奶少许，立春雨水少许，机器润滑油少许，混合搅拌，置入微波炉用高火加热3.57分钟。待冷却以后，寻得蚂蚁，每次喂服少许，一日3次，一个疗程3天，3个疗程后，蚂蚁自当僵卧难起，蚁情得解。（《杂文月刊》2002年第11期）

于是，用"开中药铺"式的方法做新闻评论不仅迎合了"十景病"的传统文化心理，而且与时下快节奏、快感觉、快发言的时尚合拍。

从美学角度分析，这种罗列式的新闻评论主要有四个方面的特色:(1)多事一议的集中性——把新闻评论写成了“拼盘”。(2)一事多议的发散性——把新闻评论写成了“断想”。(3)议论合一的直接性——把新闻评论写成了“新闻标题”。(4)添加增补的连续性——把新闻评论写成了“章回小说”。现分述如下——

二、多事一议的集中性

从网络的“新闻链接”可知,由于国情、省情、社会背景和社会风气的近似,许多新闻呈现出一致的共性。于是,评论员取材于同类型的新闻事件、新闻言论、新闻标题、新闻导语,经过加工整理或罗列梳理,以凸现对于事件和人物的态度。从文章的形式上也可以表现出一种厚重之美、集中之美。如《杂文月刊》2005年第11期刊载的《当代无耻语录排行榜》(作者猫眼网友),就是集中了十几年来的“无耻语录”,表现出强烈的忧国忧民思想和深沉的道义含量——

当代无耻语录排行榜

第一名:孩子们,都别动,让领导先走!(新疆克拉玛依火灾发生时,市教委的一位公仆拿着话筒对惊恐的小学生们如是说)

第二名:不就死了几个孩子吗?有什么大不了的?!(沙田镇洪灾后某公仆对情绪激动的灾民如是说)

第三名:人死了以后再通知我们吧!(衡阳人张衡生冻毙路边前某民政所公仆对前来求救助的农民如是说)

第四名:少来这一套,我见得多了!(定州市某公仆对跪下来求他做主的村民如是说)

第五名:中国很安全,没有SARS,欢迎来旅游!(卫生部某官员在SARS来临时曾对外如是说)

第六名:手术对她们有好处。考虑到是一项公益事业,我们就做了这个手术。(江苏省南通儿童福利院将两名年约14岁的弱智少女送到市内城东医院切除子宫。市城东医院的医生事后如是说)

第七名：是否司法不公应该从最后纠正的结果看。这个案件从错的又纠正成正的，难道不是司法公正的体现吗？（佘祥林冤案。某法院副院长就此案答媒体提问时如是说）

第八名：我以为我是人民的公仆。吃、穿、用的都应该是公家的。（原广东省汕尾市副市长马红妹因贪落网后如是说）

第九名：心若在，梦就在，只不过是从头再来！（央视励志广告歌曲对下岗工人如是说）

第十名：谁叫你们干活，你们就找谁，政府不欠你们的钱！（黑龙江省鸡西市政府某公仆对为讨要工钱而上访的民工如是说）（《天涯访谈》2005年9月）

该评论用括号交代新闻背景，紧紧抓住不同时间、不同地点的发言者的共同特点，经过排列让诸条言论互相补充，相得益彰。前前后后寥寥几百字，胜过大块的分析、斥责的评论文字。报刊、网络上时有类似的评论佳作，如山西新闻网上登载的《错位的十大宽容》（作者郭盛永）：

错位的十大“宽容”

宽容是人们之间和谐相处的美德，能使人们有更多的自由空间，生活得更舒适惬意，但在执法执纪上却不可妄用，一旦“越界”便会阴差阳错。请看10个精选事例：

“选‘能’允过”。湖南衡阳县编造假数字受过处分的乡镇企业局原副局长冯加格，一年后却升任统计局局长。县领导说提拔冯是因其“懂统计”。（2002年3月1日《检察日报》）

“谎言担保”。原河北省委书记程维高明知李真有问题却顶着不查，并给中央有关领导写信说举报李真一事“纯属诬告”，后又提拔李为省国税局副局长、局长，直至“养”成巨贪。（2003年11月28日《中国青年报》）

“放鼠一游”。四川省宣汉县原医保局局长王凯，因两次嫖宿“处女”被公安局治安拘留。次日凌晨，王便“秘密”出来串供、转移房产财物和销毁罪证，晚上“回去”就翻

供。（2004 年 7 月 16 日《现代快报》）

“见钱疏审”。2001 年，王福成来到安徽省颍上县收购厂注资金而成“红人”，没有通过正常的政审和调查，就被提名当上了颍上县政协委员、常委。直到王偷税被拘捕，才发现他是缓刑犯。（2005 年 1 月 5 日《北京晨报》）

“挂职驻监”。2004 年 7 月，甘肃检察机关根据群众举报，对酒泉市交警支队支队长胡新宁等 9 名涉案人员采取了强制措施。2005 年 1 月 17 日法院开庭，胡镣铐加身，原支队长职务竟然秋毫无犯。（2005 年 1 月 22 日《兰州晨报》）

“过度信任”。2004 年春，四川省川中监狱死囚陈三富等“成功”越狱，起因是狱警程军跃将只能由民警管理使用的育新学校卷帘门钥匙交给犯人陈某掌管。（2005 年 3 月 13 日《华西都市报》）

“戴罪立贪”。河南某县一乡种子站站长刘某由于贪污被法院判处有期徒刑两年，缓刑两年。刘某于缓刑期间仍执掌原权力，将自己退赔的赃款说成是罚款，自己签批在单位入账报销。（2005 年 5 月 21 日《中国青年报》）

“照顾年份”。2004 年，河北某县法院一副庭长违法执行案件，强行变卖村集体树木，事后仅受院内调职处理。县领导解释说：“要不是看他在法院工作多年的份上，就该把他清除出法院。”（2005 年 6 月 10 日《新民周刊》）

“无举不查”。甘肃会宁县中医院院长李某涉嫌强奸该院女护士玲玲，公安机关侦查后因玲玲又说自己“愿意”而撤案，李照当院长。县纪检委对此以“没有人举报”为由不予理睬。（2005 年 7 月 1 日《兰州晨报》）

“以妄为常”。不久前，长春市朝阳区富锋镇连降大雨。居民纷纷到镇政府院里紧急求助排水，工作人员却“搓麻依旧”。镇领导李某告诉记者：“在办公楼玩麻将很正常。”（2005 年 7 月 11 日《东亚经贸新闻》）

上述“宽容”，亵渎了社会公平正义，均应给予“正位”之。

作者把每一个新闻事件提炼为四个字，仅以开头和结尾表明自己的态度，合起来就是一篇完整的新闻评论文字。

三、一事多议的发散性

与多事一议的集中性相对应，一事多议的新闻评论是另一种美学角度。这种评论的写作方法是对一个新闻事件从方方面面去包围、深挖、拉长、稀释，所有的联想均围绕主要新闻事件展开，始终“咬住”自己评论的线索。如前述鲁迅的《无花的蔷薇之二》就是针对“三一八惨案”一段一段地写下自己的“出离愤怒”。而他的《文学救国法》，则是针对20年代初社会上“新诗人叹衰了世道”的奇谈怪论进行的罗列——

文学救国法

我似乎实在愚陋，直到现在，才知道中国之弱，是新诗人叹弱的。为救国的热忱所驱策，于是连夜揣摩，作文学救国策。可惜终于愚陋，缺略之处很多，尚希博士学者，进而教之，幸甚。

一，取所有印刷局的感叹符号的铅粒和铜模，全数销毁；并禁再行制造。案此实为长吁短叹的发源地，一经正本清源，即虽欲“缩小为细菌放大为炮弹”而不可得矣。

二，禁止扬雄《方言》，并将《春秋公羊传》《谷梁传》订正。案扬雄作《方言》而王莽篡汉，公谷解《春秋》间杂土话而赢秦亡周，方言之有害于国，明验彰彰哉。扬雄叛臣，著作应即禁止，公谷传拟仍准通行，但当用雅言，代去其中胡说八道之土话。

三，应仿元朝前例，禁用衰飒字样三十字，仍请学者用心理测验及统计法，加添应禁之字，如“哩”“哪”等等；连用之字，亦须明定禁例，如“糟”字准与“粕”字连用，不准与“糕”字连用；“阿”字可用于“房”字之上或“东”字之下，而不准用于“呀”字之上等等；至于“糟鱼糟蟹”，则在雅俗之间，用否听便，但用者仍不得称为上等强国诗人。案言为心声，岂可衰飒而俗气乎？

四,凡太长,太短,太肥,太瘦,废疾,老弱者均不准做诗。案健全之精神,宿于健全之身体,身体不强,诗文必弱,诗文既弱,国运随之,故即使善于欢呼,为防微杜渐计,亦应禁止妄作。但如头痛发热,伤风咳嗽等,则只须暂时禁止之。

五,有多用感叹符号之诗文,虽不出版,亦以巧避检疫或私藏军火论。案即防其缩小而传病,或放大而打仗也。①

鲁迅从标点符号、方言俚语、衰飒字样、诗人形状、旧作处理等五大方面入手,以归谬法层层揭露了"诗人亡国"的荒诞不经。评论以"文学"为主要线索,发散开去,形成了一事多议。2003年面对陕西渭南的"大坝合龙秀",不少媒体进行了评论,笔者应该如何才能避开众口一词的论据?后来受一事多议思路的启发,写出了获全国地市报言论二等奖的评论《不作秀怎作罢》——

不作秀怎作罢

作秀人人都会,各有时候不同。

"但愿人长久,千里共婵娟"的中秋节正午,西部某市领导以近600万灾民、90万亩灾区为背景,以十几昼夜舍命保堤的战士为听众,于猎猎飞舞的红旗下将早已准备好的沙袋投放到已经合龙的河口上,隆重宣告:"倒灌入水口封堵成功!"而后于血汗浸泡的大堤上介绍领导、宣读嘉奖令、念贺电、领导讲话——面对如此壮观的"合龙仪式秀",我想起鲁迅的一句话,叫做"惊心动魄的伟大!"

此消息上了人民网自然炸了庙。哭无家可归的灾民者有之,想开学无书可读的学子者有之,继续慨叹"花架子害死人"者也有之,上纲上线痛斥违背"三个代表"者亦有之,不置一词连骂"无耻之尤"者更有之。

不过话说回来,"一切现存的都是合理的",替有关领导想想,你不教他作秀又要让人家干什么?换了你平头老百姓,我倒要问问——

①《鲁迅全集》第8卷,人民文学出版社,1981年版,第131页。

第一,你有作秀的资格吗?就算你普通话一级甲等,口齿伶俐如牛群、冯巩,作指示、读嘉奖令、念贺电轮得上你吗?一千多官兵累死累活抢完险不走排好队等着你?做你的大头梦!

第二,你有作秀的必要吗?就算你"屎蚵螂爬到马路上——冒充中吉普"上了大堤,电视会拍你吗?广播会播你吗?报纸会登你吗?更高的领导会表扬你吗?就算表扬了你你又能升官发财吗?笑话!

第三,你有作秀的工夫吗?你上有七十老母,下有妻子儿女,平常下班直奔菜场,双休日有丈母娘家的活等着,俩眼一睁忙到熄灯,你顾得上吗?

第四,你有作秀的下属吗?就算你是下岗的或待业的,有的是工夫,可谁给你安排?有人电话通知吗?有人具体落实吗?有人督促检查吗?原定于10时举行的仪式直到11时21分才开始进行,有人另行通知吗?有人组织等待吗?有人对昏昏欲睡的战士做深入细致的思想工作吗?

第五,你有作秀的场地吗?"一片汪洋都不见"、"九龙江上摆战场",你上哪儿找这样的天时地利?而且,合龙口与大堤可不是一个地方,得扔完沙袋、拍了照、录了像再"易地庆贺",你铺摆得开吗?

第六,你有作秀的道具吗?死道具如沙袋、石块还比较好找,可那活道具如武警官兵你雇得起吗?在国外,那可是一小时多少美元呢!即便你雇得起,弄出来还不是假新闻?经得住时间的考验吗?

第七,你有作秀的勇气吗?10多辆小汽车浩浩荡荡开上前不久的"危险地带"而脸不变色心不跳,面对暴晒近三小时等待领导而疲惫得睡倒在会场的战士慷慨陈词,阁下做得出来吗?

最后,你有作秀的"定义"吗?什么叫作秀?《现代汉语词典》上有吗?看职业自有眼光不同,你所谓的"作秀",在人家恰恰是"正事"或"政绩"。谁能说女娲补天、夸父追日、愚公搬山、精卫填海不是作秀?

习惯成自然。一贯作秀者,"新闻意识"都强得成了条件反射,但凡有"场",总是忘不了表演一下。有条件——

如剪彩、祝贺、演讲等——要上，没有条件创造条件——如把受灾的“坏事”变成人定胜天的“合龙仪式”——也要上！你不让他“作”这个“秀”，恰如用大麻诱惑烟鬼却不叫抽，反倒真是难为人家了。

一言以蔽之，权为我所用，情为我所系，利为我所谋——不“作秀”则不“作脸”，不“作脸”则无“作为”，无“作为”则难“做官”，吃的本是这碗饭，不让作秀怎甘作罢！（《杂文月刊》2003 年第 11 期）

与“多事一议”相反，在这里，被“罗列”的并不是“事件” 而是评论员的议论。议论系列如同火箭炮或者组合拳，对准被议论的对象“残酷斗争无情打击”。帮助形成此类评论系列构思的，恰恰是网络文字的启发。

四、议论合一的直接性

由于新闻事件的省略，以排列为主的评论逐渐发展为较为纯粹的“非事件性议论”，因此也越来越具有某些“哲理”的性质。或许有些条目我们还可以想象出来评论所依托的背景材料，但更多的却是“放之四海而皆准”了。所以，有些随感、断想、哲思、眉批、“拾遗”、“呓语”与其说是哲学思考或生命感悟，不如说是新闻评论的变种。如评论家阮直的随感《闲话量质变》——

闲话量质变

1、话说一遍的是皇帝，话说两遍的是宰相，话说四遍的是太监，话反反复复说个没完没了的是老婆。

2、一个人说了算是专横，两个人说了算是平衡，三个人说了算是制衡，大家说了算是失衡，大家说了不算的是我们乡里的规矩。

3、挂了一个头衔的是主事的，挂两个头衔的是干事的，挂三个头衔的是惹事的，挂一大串头衔的是蒙事的。

4、治一种病症的药是好药，治多种病症的药是去痛片，包治百病的是假药，药到病除的是毒药。

5、写1000字得50元的是记者，改动几个字得150元的是主编，只写两字——可发，得200元的是总编，一字不改就得250元的是社长。

6、一根弦的琴用两个手拨，也能演奏百鸟朝凤，四根弦的电线杆用10个指头拨也鸦雀无声，关系网有无数根弦，千千万万指头都在拨弄，所以就跑调。

7、体重50公斤的骨感女人在减肥，体重60公斤的性感女人在减肥，体重70公斤的肉感女人在减肥，体重100公斤的恐怖女人也在减肥。体重达到200公斤的女人就不减肥了，像过客先生说的那样“在申请吉尼斯纪录。”

8、说姑娘像花一样美的人是种花的，说姑娘就是花的人是姑娘自己，说姑娘比花还美的人就是媒婆。

9、一个和尚吃一桶水，两个和尚就得一担水，三个和尚就得用一缸水，10个和尚就得挖一口井，1 000个和尚又不知道节约用水，南水就要北调了。

10、信息传播速度：报纸不如电视，电视不如广播，广播不如网络，网络不如女人的嘴，女人的嘴不如小道消息，小道消息不如班子成员。

11、下班只能回家吃饭的人没有职务，下班不能回家吃饭的人身不由己，下班不知道去哪里吃饭的人没有自己的窝，没下班就知道该去哪吃饭的人已经有了秘书。

12、娶个淑女当老婆太累，娶个泼妇当老婆受罪，娶个白领当老婆没味，娶个小资当老婆太费，娶个村妮当老婆啥都不会，最自由如意的还是当一条光棍儿。

13、错了马上认错的是科员，错了保持沉默的是科长，错了也能找到理由是副处长，错了也不承认的是正处长，错了众人还一再说没错的人是“一把手”。

14、心里明白，嘴上就说是个君子，心里不明白，嘴上还说明白的是糊涂虫，心里明白，嘴上却说不懂的是阴谋家。

15、牛一，过客先生说是“牛顿第一运动定律的简称”。那么牛二则是街头的泼皮，牛群就是奶业兴旺的标志了，“牛根生”就是“蒙牛”的法人代表，“牛皮”就是我们乡长浮夸的见证。①

评论以哲学范畴——质量互变——的包装出场,骨子里却常常在评论新闻,如“没下班就知道该去哪吃饭的人已经有了秘书”、“一字不改就得250元的是社长”、“错了众人还一再说没错的人是‘一把手’”云云,都可以用具体的新闻事实去印证,尽管作者是用幽默的方式说出来。在“十全大补”类型的评论中,时有一些机智明快的“论就是议、议就是论”的实话虚说。这类评论干脆把新闻事件掰开揉碎,仅仅提取最为直接的结论——如《杂文选刊》2005年12期的一篇“百字杂文”曰《越来越像……》:

教授摇唇鼓舌,四处赚钱,越来越像商人;
商人现身讲坛,著书立说,越来越像教授。
医生见死不救,草菅人命,越来越像杀手;
杀手出手麻利,不留后患,越来越像医生。
明星卖弄风骚,给钱就上,越来越像妓女;
妓女楚楚动人,明码标价,越来越像明星。
警察横行霸道,欺软怕硬,越来越像地痞;
地痞各霸一方,敢做敢当,越来越像警察。
流言有根有据,基本属实,越来越像新闻;
新闻捕风捉影,随意夸大,越来越像流言。

又有论者受到启发,道是“狗尾续貂”,凑足十条:

黑帮诚信为本,说到做到,越来越像公仆;
公仆结党营私,打打杀杀,越来越像黑帮。
骗保以情动人,循循善诱,越来越像演讲;
演讲装腔作势,巧言令色,越来越像骗保。
媳妇枉担虚名,独守空房,越来越像二奶;
二奶生儿育女,相夫教子,越来越像媳妇。
父亲低声下气,唯唯诺诺,越来越像儿子;
儿子颐指气使,威风八面,越来越像父亲。
单身莺歌燕舞,柴米油盐,越来越像已婚;

①法制博览编辑部编:《经典杂文》2005年第12期(下半月)。

已婚天马行空,独往独来,越来越像单身。
出殡请柬乱飞,财源滚滚,越来越像募捐;
募捐凄凄惨惨,冷冷清清,越来越像出殡。
赌博全神贯注,通宵达旦,越来越像高考;
高考猜题压宝,一本万利,越来越像赌博。
烹饪手巧心灵,精雕细刻,越来越像手术;
手术交钱动刀,现炒现卖,越来越像烹饪。
英文日夜诵读,曲不离口,越来越像国语;
国语一知半解,生吞活剥,越来越像英文。
官府秉公卖官,童叟无欺,越来越像超市;
超市条块分割,系统管理,越来越像官府。

篇末,论者专门加了一句注释:“当然,为稳妥、准确、科学起见,还请编辑同志在每句前面加上‘个别’”二字。其实,在某些时间某些地点,某些教授就是商人,某些明星就是妓女,某些警察就是地痞,某些新闻就是流言。只是前面不加“某些时间某些地点”的状语,不用“个别”作为定语就难免有“以偏概全”之嫌。

这种“议论合一”类的评论能够被接受、被称道的原因,在于相当多的新闻事件早已司空见惯,在生活节奏加快、时间异常宝贵的现代社会,五个“W”中的四个均可以省略,只看结果便不难“回溯”或“反刍”那被略去的新闻了。

五、添加增补的连续性

如上所述,正因为“十全大补”类型的新闻评论有着鲜明的总结归纳性质,所以它可以超越“一事一议”的规范而不断地增补一些新的内容，甚至能够成为一种连续评论的线索，可以不受时间限制地增加新的议论。这种“接力赛”的形式也是以往的新闻评论中不多见的。如时评家陈章先生根据一段时间的新闻总结了《新编干部手册》一文——

新编干部手册

近年干部违纪事件屡见不鲜,为正风纪,兹以报载为据,新拟《干部手册》如下,供各层参考:

一、接受贿赂,东窗事发后不准将责任推给老婆、儿子。

二、自己插手的建筑工程,出事后不准封锁消息。

三、不准用公款去澳门赌博。

四、不准将文盲、流氓任命为法院领导。

五、不准让三岁的孩子领取工资。

六、离退休之前,不准大肆批发甩卖“乌纱帽”。

七、不准四处借粮、囤积粮食,制造假象,欺骗国家总理。

八、不准利用司法部门的工作证恐吓、强奸少女。

九、本地女青年外出打工,春节回家时,不准将她们全部抓起来,威逼她们承认是外出卖淫,然后逐一罚款。

十、会场失火,要组织、帮助少年儿童和女同志先离开,不准自己先跑。

十一、向贫困户送温暖,拍完录像后,不准将所送大米、电视机等物带走。

十二、农民交不起提留款时,不准带人前去抄家。

十三、不准自制“村币”,换取村民的人民币。

十四、开车撞了人时,要立即停车救人,不准拖着人继续开车狂奔。

十五、有少年说我们“不会游泳”时,不准抛人入河中淹死。

十六、不准吃下属干部妻子的奶。

十七、不准雇请杀手刺杀同僚或上司。

十八、抓嫌疑犯,要押回看守所,不准在路上私下将人毙了。

十九、探望老丈人途中不得任意枪毙挡路者。(2000年第5期《杂文选刊》)

有论者仿照其形式,沿袭其思路,只是把“干部”换为“市民”,同样在大量新闻事件的支持之下,写出了《〈文明市民公约〉新补》——

《文明市民公约》新补

读2000年3月10日《大河报》，有陈章先生据报载新编《干部手册》若干条。私下认为整饬世风，非独干部有责，须全社会上上下下齐动手，故新拟《文明市民公约》若干，公诸报端，以期挽颓风于万一，不足之处，望识者补正。

（一）不得在"三陪"小姐室内私自安装录像机，以特务手段窃取各级领导隐私，更不得借此进行敲诈。

（二）不得在领导作报告时打瞌睡、打毛衣、写情书、敲桌子或节奏地咳嗽。闻领导偶然念错别字不得起哄或鼓倒掌。

（三）行人和骑自行车者不得与领导的轿车抢道，更不得在领导赴宴或在紧张工作之余赴娱乐场所放松的路上拦道喊冤。

（四）不得吃饱没事挑毛病、告状、越级汇报、写匿名信诋毁领导。

（五）不得入领导之室行窃，行窃时万一被抓更不得供出领导住地。

（六）不得挑唆工会、职代会、财务部门、审计部门等审查领导或办公室经手的吃喝账，破坏干群关系。

（七）不得议论领导的海外存款、隐形收入、住宅套数、子女去向等。更不许在背后指指点点，说某某是某长的"小蜜"、某某是某"处"的"二奶"。

（八）不得信口开河，自上而下把领导的姓名编成民谣或顺口溜作为"下酒菜"。

（九）不得擅自公布何时何地因何故给何领导送了何种礼物，更不许头天晚上给领导送礼次日便四处宣扬，破坏领导形象。

（十）不得毫无根据地怀疑各级领导的大专、本科、研究生学历。

（十一）不得串通媒体，反复拿农民负担、教师工资、下岗工人、离退休人员问题故意难为领导，惟恐天下不乱。①

后来陈先生又有续集见诸于报端，而且句末均用括号注明某年某月某日某报纸上的新闻事件。然后此类续篇纷纷见于诸家报刊和网络，遂成为公共舆论监督的一种民间形式。如某论者的《新编民警手册》直接以“不准”统而计之——

新民警手册

最近，民警屡屡出现“扰民”行为，兹制定新的《民警手册》颁布如下，以正党纪国法，各个人民警察务必遵守之。

(1)不准利用司法部门的工作证恐吓、强奸少女。

(2)在与群众发生争执、口角时，不准随便掏枪对群众的脑袋射击。

(3)不准因为欠了群众十几块钱，就破门而入，随意枪杀讨债群众一家老小。

(4)不准在值班时间，经常强奸在押女囚犯使之怀孕。

(5)开车撞了人时，要立即停车救人，不准拖着人继续开车狂奔，并且野蛮殴打受害者。

(6)有少年说我们“不会游泳”时，不准把少年抛入河中淹死。

(7)有少年儿童落水求救时，不准站在旁边嘻嘻哈哈，见死不救，并称自己“不会游泳”。

(8)不准利用年轻女子勾引男人嫖娼，然后罚款，为自己创收。

(9)本地女青年外出打工，春节回家时，不准将她们全部抓起来，威逼她们承认是外出卖淫，然后逐一罚款。

(10)抓嫌疑犯，要押回看守所，不准在路上私下将人毙了。

(11)不准割嫌疑犯的舌头。

(12)不准刑讯逼供(如不让人睡觉、拳打脚踢、吃枪托、电击生殖器等)。

①见《2000年度中国最佳杂文》，漓江出版社，2001年版。

(13)不准行贿受贿。

(14)不准做伪证推脱罪责。

(15)不准经营黑帮,做黑帮帮主。

(16)不准和在逃犯人同桌交杯共饮。

补充规定:

(17)不准在事故现场见到有人向警车(警察驾驶非警车可以除外)求救后,加大油门开车逃跑,应该四平八稳地通过,以维护我人民警察无所畏惧之形象。

(18)不准对法院判决感到不公正时,在法庭上恐吓证人和被告,并冲击法院。

(19)不准对老百姓欺压,而看到解放军叔叔和武警二叔时夹着尾巴。

(20)不准在娱乐场所 happy 时携带枪支,以免走火误伤小姐。

当然,作者的罗列是"个别"现象的组合,读者也绝不会因此就认为社会是一团漆黑。而罗列所产生的集中效果自然可以更加响亮地警醒世人,规劝世风,促进行业的敬业精神。由于此类新闻评论往往是"以事为主",所谓的评论干脆省略到了仅仅以"不准"二字评论,这也正是与其他新闻评论相区别的地方。后来又有某论者的新编《医师守则》,也是"活剥"了《新编〈干部手册〉》——

新编《医师守则》

今年第 12 期《讽刺与幽默》转载了陈章先生《新编〈干部手册〉》一文,读后颇受启示。故不揣冒昧,仿效其法,也以报载为据,续编《医师守则》如下:

一、不准用热胀冷缩之劣质原材料为妇女隆胸,擅自将女性乳房改为"温控大小可变型"。

二、不准将女性之单眼皮割成多眼皮、烂眼皮……将女性之塌鼻梁垫成歪鼻梁、肿鼻梁……

三、男医生在为女病人查体时,不准将手伸向与疾病无关的其他隐秘部位。

四、不准在病历等医疗文件上练习狂草书法,使病人将“疝”字误认为“癌”，导致精神崩溃，等等。

五、不准临时将病人应截去的右腿换成并无任何问题的左腿。

六、不准将病人的湿疹说为“湿疣”，利用其恐惧性病，害怕张扬之弱点进行欺诈，捞取不义之财。

七、不准将病人之转氨酶等指标人为提高，让高科技检测设备蒙受不白之冤，让病人无端患上“肝病”。

八、不准将剪刀、止血钳、纱布……之类留入手术患者腹中，以作永久性纪念。

九、不准将医生的帽子费、口罩费……记入患者账单之中。

十、不准将高锰酸钾溶液装入瓶中，外贴英文标签，冒充“专治性病进口洗涤药水”，蒙骗患者。

十一、不准给不宜进补之发烧病人开出大量阿胶、人参类补药；给长脚气之病人开出 CT 检查单……以增加医院收入。

十二、不准给女童切除阑尾时，同时切除其子宫。

十三、不准给产妇搭配收腹带、尿不湿、奶瓶、吸奶器……给新生儿搭配脚印模型、纪念币、纪念册、生肖工艺品……

十四、不准给病人输入带丙肝病毒的血液，带细菌的葡萄糖水等等。

十五、不准在重危病人交了足够之款后才施行抢救，在患者送上红包后才安排手术。

十六、不准在发生医疗事故后，销毁原病历，重新“创作”新病历。

罗列是必要的，它以新闻档案的形式记录了社会发展的印痕，它以简洁的议论对种种弊端作出了回应，它以新颖的形式丰富了新闻评论的品种。罗列是需要设计的，排列组合的心思和工夫记录着新闻评论人员的爱憎和辛苦。进入 21 世纪，新闻评论出现“开中药铺”式的罗列也可以说是“历史的必然”——在突飞猛进的网络时代，电子计算机的运算速度为此提供了广阔的前景和空间。

第十一章 异体讲述：用诗把新闻再写一遍

[本章内容提示]

★语言转换特色与政治文化背景

★仿古——国粹的现代演绎

★追星——流行歌词的流变

★还童——儿歌小调的魅力

★入戏——词曲解放的“混账”

★创新——韵文的“新编”与“杜撰”

一、语言转换特色与政治文化背景

同为文字之国的兄弟，新闻评论的写作与文学写作可谓唇齿相依，所谓的“异体叙述”，正是利用了最为凝练的文学体裁——诗歌的形式本身的力量。

严格说来，“异体叙述”是个语言学中的“转换”的问题。在语音学中，有一种“非语义因素的语义性”的理论，认为文学对象是一个未经知性分解的整体，文学作品所表现的是通过作家审美情感掌控的感觉中的世界，这个世界不是一般概念性的语言所能穷尽的。这就决定了作家在创作时常常是“摒弃概念”，即在非语言层面上来使用语言的。这就是美国人类学家、语言学家萨丕尔的理论。萨丕尔说：“每一种语言本身都是一种集体的表达艺术。其中隐藏着审美因素——语音的、节奏的、象征的、形态的——是不能和别的任何语言全部共有的。”换言曰，文学作品的语言不同于科学语言，在科学语言中，语言的表达功能主要是依靠词义（而且大多数是概念性的意义），即以对词义的互相理解构成语言交往功能基本的条件。与之不同的是，在文学作品语言中，除了词义之外，像语音、语法、节奏等非语义因素也与语义因素一样具有鲜明的表意功能，甚至丝毫不亚于概念性的语义。有时，语音和语法结构稍作变化，所表达的内容也就大有异趣。一位著名的书法家挥毫作书，激动之余，把李清照的《如梦令》“兴尽晚回舟，误入藕花深处”和“争渡争渡，惊起一滩鸥鹭”的下句写颠倒了。但大家一品味，“兴尽晚回舟，惊起一滩鸥鹭”和“争渡争渡，误入藕花深处”又是另外一番有趣的意境，惊赞“歪打正着”——这正是位置改变了表意。

正是语言这种能为我们觉察到但本质上难以索解的独立性，让我们发现了如果恰到好处地把新闻用诗歌的方式再写一遍，立刻能够产生评论的效果。如《马凡陀山歌》中的诗体评论《老母刺瞎亲子目》一首——

老母刺瞎亲子目

导墅区永新乡梅家郫农民因被征兵，其母乘子不备，刺其双目，顿即失明。(上海《文汇报》一月七日丹阳通信)

大雪落纷纷，/ 河里结了冰，/ 打完国仗又打自己人。/ 抽丁抽不到有钱人，/ 抽到我孩儿二十零啊！/

叫天天不应，/ 叫地地不灵，/ 求人人无情，/ 眼泪哭干到天明，/ 天明我孩儿要启程啊！/

趁我孩儿睡，/ 四邻没有人声，/ 我的孩儿啊，/ 莫怪你娘心太狠，/ 莫怪你娘心太狠啊！/

拿起了钢针，/ 钢针儿两根，/ 刺进我儿的眼睛！/ 一声惨叫鲜血喷！/ 孩儿啊！他们不要瞎子去当兵！/

一九四七年二月五日[①]

“我什么都没有说，然而我什么都说了”。诗人并没有修改新闻事件的任何内容，可是句子的浓缩、节奏的变化、韵脚的使用、语气的强调等等“隐藏着的审美因素”起到了“把新闻变为评论”的作用。

语言学的背景之外，“异体叙述”评论还有自己的政治文化方面的背景。一般说来，“异体叙述”的出现和兴盛往往与较为重大的事件和人物有关。1940 年 2 月 14 日，罗斯福迟迟不宣布是否参加第三任总统的连任竞选，美国《德模登录报》的社论就是一首诗——“你的沉默让我落泪”。《南方周末》2003 年 1 月 23 日刊登了诗人兼杂文家邵燕祥的诗体评论——

①《麦水拍诗歌选》，人民文学出版社，1985 年版，第 290—291 页。

哀矿难——献给最近在山西甘肃黑龙江等地煤矿事故中死难矿工的挽歌

生命是多么脆弱！忽然／没有了声音 没有了眼神／没有了呼吸 只剩下／三两个字的姓名 甚至／连你的姓名也被抹去／

从此你和这世界切断了关系／煤的市场上再没有你挖出的煤／劳动力市场上灭绝了你的踪迹／连同你用过的饭碗 穿过的旧衣／你背着走过迢迢千里的随身行李／一床破棉絮 从此 结束了／人前背后关乎你的交易／只有一纸合同永远有效／是你承担“绝不反悔”的卖身契／

廉价的劳动力！廉价的生命！／怨天？怨地？还是怨虚妄的命运／剥夺了虚妄的——一生的权利／这是生在80年代的生命／其薄如纸 但更薄的一张纸／如死亡通知书 沉甸甸把人压死／

这是早已离枝的绿叶／到处寻找着一枝栖息／终于在不见天日 没有光合作用／没有叶绿素的矿井底层／在底层 头顶一层层厚重的地壳／压在了一座座大山的山底／没有万分之一的侥幸／没有呼叫SOS的机遇／几乎惟一可能的救援／是等人来收残损的尸体／

这是年轻的无辜的生命／遭到了突然的秘密处决／在一声地面听不到的巨响之后／一盏盏矿灯同时熄灭了／谁也不知道戴着矿灯的生命／是怎样死去……他们是／这样年轻 又来自偏僻的乡村／除了给矿主挖煤／没有丰富的见闻和经历／他们没见过汽车相撞／火车出轨 船只沉没 飞机坠毁／甚至没听说过火山爆发 水库崩坝／他们只知道中华人民共和国／不知道《中华人民共和国安全生产法》／他们只知道干活 挣钱谋生／没想过从卖命走向送命／他们劳动 不知道这是

享受“劳动权”/他们活着 不知道这是/“生存权”：天赋的神圣权利/

都说地上有一个人/天上就有一颗星/天上一颗星陨落/天文台都留下记录/矿井下葬送了多少条生命/为什么记录销毁 不留痕迹/

亿万年前的地裂山崩/把海洋的森林压成了煤/今天是什么天灾人祸/把活生生的青春变成了骨灰/

矿工们沉重的苦难和沉重的背影足以让所有有些许良知的同胞低下沉重的头颅。的确，遇难矿工自然有许许多多的事情不知道，然而，如果2003年的邵燕祥知道2004、2005年的更石破天惊的震动全球的大矿难，一定会慨叹“悲伤得还是太早”吧！

刘毓崧序杜文澜的《古谣谚》说：“志之所至。诗亦至焉。诗大序复释其义曰。诗也者。志之所之也。在心为志。发言为诗。观于此。则千古诗教之源。未有先于言志者矣。乃近世论诗之士。语及言志。多视为迂阔而远于事情。由是风雅渐漓。诗教不振。抑知言志之道。无待远求。风雅固其大宗。谣谚尤其显证。欲探风雅之奥者。不妨先问谣谚之塗。诚以言为心声。而谣谚皆天籁自鸣。直抒己志。如风行水上。自然成文。言有尽而意无穷。可以达下情而宣上德。其关系寄托。与风雅表里相符。盖风雅之述志。著于文字。而谣谚之述志。发于语言。语言在文字之先。故点画不先于声音。简札不先于应对。自来讲点画者。兼溯声音之始。工简札者。兼求应对之宜。然则谈风雅者。兼诵谣谚之词。”[①]“风”和“雅”的奥秘需要首先问一问“谣谚之塗”——多多少少有点类似今天的“网上调查”，即世道人心中“诗”的精神往往通过“风”即谣谚反映出来。所以，《礼记》所记载的孔老夫子的谣谚“泰山其颓乎，梁木其坏乎，哲人其萎乎”实在是最早的新闻评论之一。其“异体叙述”的意义丝毫不下于郑拾风因为“下关惨案”在《南京人报》开天窗仰天长啸曰“今日无话可说”！

①《古谣谚·序》，中华书局，1958年版，第1页。

而且，自古以来，谣谚的传播速度与其生动、准确的文字技巧相得益彰。回想在1976年惊天动地而改天换地的“四五运动”中，一些“异体叙述”的新闻评论——诸如“黄浦江上有座桥，江桥腐朽异动摇。江桥摇，眼看要垮掉，问总理，是拆还是烧？”——所以能够迅速传遍全国者，正因为它们代表了党心所向、民心所向。

以“诗”的精神为内涵的“异体叙述”型新闻评论有五种基本形式，分别为“仿古”、“追星”、“还童”、“入戏”和介于诸形式之间的创新。

二、仿古——国粹的现代演绎

从1933年鲁迅先生的诗体新闻评论《剥崔颢黄鹤楼诗吊大学生》，到1976年天安门广场以“欲悲闹鬼叫，我哭豺狼笑。洒泪祭雄杰，扬眉剑出鞘”的五言诗喊出了愤怒的心声，人们突然发现：古老的形式并不妨碍大家对于当时新闻的关注——使用哪一种形式不是最重要的，重要的是用来做什么。

中国自古就有“戏仿”即“生吞活剥”古人的作品以寄托自己的情绪的传统。这种“古谱今诠”运用在新闻评论上，为更加生动而集中地表意提供了新的途径，尤其为新时期的传播媒体添上了一道被重新镀亮的国粹的光芒。

在鲁迅时代，这种评论多属于一事一议。他有一首著名的“拟古的新打油诗”《我的失恋》。他在《我和〈语丝〉的始终》中说：“《我的失恋》，是看见当时‘阿呀阿唷，我要死了’之类的失恋诗盛行，故意作一首用‘由她去罢’收场的东西，开开玩笑的。”他在《〈野草〉英文译本序》中又说：“因为讽刺当时盛行的失恋诗，作《我的失恋》——

我的失恋

——拟古的新打油诗

我的所爱在山腰；/ 想去寻她山太高，/ 低头无法泪沾袍。/ 爱人赠我百蝶巾；/ 回她什么：猫头鹰。/ 从此翻脸不理我，/ 不知何故兮使我心惊。/

我的所爱在闹市；/ 想去寻她人拥挤，/ 仰头无法泪沾耳。/ 爱人赠我双燕图；/ 回她什么：冰糖壶卢。/ 从此翻脸不理我，/ 不知何故兮使我胡涂。/

我的所爱在河滨；/ 想去寻她河水深，/ 歪头无法泪沾襟。/ 爱人赠我金表索；/ 回她什么：发汗药。/ 从此翻脸不理我，/ 不知何故兮使我神经衰弱。/

我的所爱在豪家；/ 想去寻她兮没有汽车，/ 摇头无法泪如麻。/ 爱人赠我玫瑰花；/ 回她什么：赤练蛇。/ 从此翻脸不理我，/ 不知何故兮——由她去罢。

一九二四年十月三日[①]

此处所谓的“拟古”，是指模仿了东汉张衡的《四愁诗》。张衡是著名的科学家，同时也是著名的文学家。他创制了世界上最早用水力推动的浑天仪和测定地震的地动仪（“候风地动仪”），他写的《二京赋》、《四愁诗》和《同声歌》在文学史上也都有一定地位。而后者却是许多人所不知道的。《四愁诗》的出现表明了七言诗歌的形式正在形成。它共四段，每段七言七句，其首节是“我所思兮在太山，欲往从之梁父艰，侧身东望涕沾翰。美人赠我金错刀，何以报之英琼瑶。路远莫致倚逍遥，何为怀忧心烦劳。”下面“我所思兮在桂林，欲往从之湘水深，侧身南望涕沾襟。”“我所思兮在汉阳，欲往从之陇阪长，侧身西望涕沾裳。”“我所思兮在雁门，欲往从之雪纷纷，侧身北望涕沾巾。”起首，表达自己“得不到所爱又无法忘却所爱”的急切心情。与当时正在写《爱眉小扎》的诗人徐志摩所呻吟的“阿呀阿唷，我要死了”颇相仿佛。鲁迅采用了《四愁诗》的句法和主要用语，虽说是“开开玩笑”，其实是严密构思。每段前三句，都是写相爱但不能相见，因此引起后来的“失恋”。而“我”送给爱人的是猫头鹰、冰糖壶卢、发汗药、赤练蛇。这些都是低贱或可怕的东西，绝非出自豪门富家；又都含有不吉祥之意，说明豪门小姐和“我”所爱的

①鲁迅：《野草·我的失恋》，《鲁迅全集》第8卷，人民文学出版社，1981年版，第169-170页。

是很不一致的。许寿裳在谈到《我的失恋》时曾说:"这诗挖苦当时那些'阿唷,我活不了罗,失了主宰了'之类的失恋诗盛行,……阅读者多以为信口胡诌,觉得有趣而已,殊不知猫头鹰本是他自己所钟爱的,冰糖壶卢是爱吃的,发汗药是常用的,赤练蛇也是爱看的。还是一本正经,没有什么做作。"①

同时,在《伪自由书·崇实》里,鲁迅讥刺国民党不顾民族存亡,面对国难首先想到的是"专车队队"把文物运走,而广大"没有市价"的大学生却因为"不值钱"而无人过问。随手剥崔颢黄鹤楼诗吊之——

阔人已骑文化去,此地空余文化城。
文化一去不复返,古城千载冷清清。
专车队队前门站,晦气重重大学生。
日薄榆关何处抗,烟花场上没人惊。②

昔日李白说:"眼前有景道不得,崔颢题诗在上头",抒个人之情,他明白其实彼时彼地自己的诗情和才情与崔颢尚有差距,于是平心静气地认输。而鲁迅的新闻评论则是指斥国民党文化官僚只管"仓惶古董迁"而丝毫不会"以人为本"。

进入新时期,"仿古"的新闻评论更多的是"多事一议"的概括的文字,但那幽默的思路、尖锐的笔锋,依旧继续了鲁迅先生的风格。如发表在《杂文报》上的《拟古诗四首》——

拟古诗四首

一　先天下之富而富

——拟张俞《蚕妇》

落日门如市,客来礼满巾。遍观先富者,半是弄权人。

二　方城无处不飞花

——拟孟浩然《春晓》

①张恩和:《鲁迅旧诗集解》,天津人民出版社,1981年版,第100页。
②鲁迅:《伪自由书·崇实》,《新版鲁迅杂文集》,浙江人民出版社,2002年版,第13页。

搓牌不觉晓，噪醒窠中鸟。夜来麻将声，花费知多少？

三　常恨官归无觅处

——拟贾岛《寻隐者不遇》

阶下问娘子，言夫上班去。不在围城里，定往销魂处。

四　拟《轻肥》

官气骄满路，奔驰光照尘。借问何为者，人称是权臣。
机关头把手，单位负责人。誇赴公中寓，驱车去如云。
杯溢五粮液，盘中海八珍。果擘加州橘，脍切黄河鳞。
食饱添余兴，舞伴石榴裙。是岁八千万，饥寒待哺人。

作者所选的底本均为妇孺皆知的古诗词，稍加改动和点缀，就成了地道的新闻评论。其文字简洁明了，画面是十足的"白描"，貌似漫不经心，对于丑恶的社会现象的讥刺却是一针见血。2003 年"五一"期间，"异体讲述"已经从子虚乌有的"萨达姆诗词"（"君自美国来，应知美国事。借问白宫中，布什死了未"）开拓到"SARS 病专号"。像"沁园春"SARS 版——

今日神州，千里魂惊，万里魄消。望长城内外，惟余惶恐；大河上下，顿起喧嚣。病发南方，名为非典，其势汹汹真是妖。俱怕矣，看卫生口罩，独领风骚。疫情突然糟糕，让几个昏官乱了招：竟隐瞒遮掩，草菅人命；吹牛撒谎，嘴脸难瞧。环球风起，高官丢职，举世正看胡锦涛。沉思久，问祸源何在？天日昭昭！

之所以叫"仿古"，因为古典诗词的形式只是一个外壳。作者意在"旧瓶装新酒"，并不在意格律悖谬，平仄乖张。但是我们又不能不承认，这些观之似曾相识、读之朗朗上口的"诗词歌赋"同样借助了传统诗词形式的力量。

三、追星——流行歌词的流变

我们正在与流行歌曲搏斗，我们已经卷入与流行歌曲的搏斗中。

从《同一首歌》走遍四面八方，到“超级女声”成为全国瞩目的新闻事件，大众传播的迅速、深入、铺天盖地的特点在流行音乐领域得到了验证。在新闻评论中，做标题也罢，改歌词也罢，流行歌曲的介入已经是毋庸置疑的事实。

需要解释的是，流行歌曲并非“时尚歌星”的代表唱，因为“天王”、“歌后”常常是“速朽”的代名词，距离“流行”相距之远是无法以道里计的。胡耀邦同志说：“是歌曲就要流行嘛，难道还有怕流行的歌曲？像《我的中国心》、《在希望的田野上》、《我们的生活充满阳光》，这样的歌曲流行有什么不好？不加分析地否定流行歌曲，是一种愚昧的表现，要同愚昧作斗争。”(高原编：《胡耀邦在中国政坛的最后十年》，中国文史出版社，1989 年版，第 89 页。)正因为“流行”，所以对新闻评论敏感的论者才有意无意地把它的歌词形式“引进”了评论。

见之于评论时事的，像改动《同桌的你》的《同案的你——成克杰致李平》——

明天你是否会想起，/ 五千万贪污的事，/ 明天你是否还惦记，/ 曾经最风光的你。

公安们都已想不起，/ 查不出问题的你，/ 我也是偶然翻相片，/ 才想起同案的你。

谁告了水性杨花的你，/ 谁看了咱的日记，/ 谁把咱的好事败露，/ 谁给你做的囚衣。

你以前总是很小心，/ 向我要半块地皮，/ 你也曾无意中说起，/ 喜欢和我在一起。

那时候天总是很蓝，/ 日子总过得太慢，/ 我也曾为了你满意，/ 割成了双层眼皮。

亏只亏机关算尽，/ 没把钱存在瑞士，/ 盼只盼迷人的婚期，/ 谁想过能进监狱。

谁看管多愁善感的你，/ 谁安慰爱钱的你，/ 谁讲了我和你的事，/ 谁把它贴在网里？

啦啦啦啦啦啦啦啦 / 啦啦啦啦啦啦啦 / 啦啦啦啦啦啦啦啦 / 啦啦啦啦啦啦啦……

从前的日子都远去，/ 我已近我的死期，/ 我也曾给法官看相片，/ 给他讲同床的你。

谁告了多愁善感的你，/ 谁安慰爱钱的你，/ 谁叫咱这么倒霉，/ 谁给咱做的囚衣。

啦啦啦啦啦啦啦啦 / 啦啦啦啦啦啦啦 / 啦啦啦啦啦啦啦 / 啦啦啦啦啦啦——啦

（《大河报》2002 年 4 月 22 日）

2004 年，东北“宝马”撞人一死十二伤，卖大葱的农民刘忠霞命归黄泉，有同情者借用“你是不是不愿意留下来陪我”、“你是不是在太阳下低头……” 的流行歌曲句型，写出了“异体叙述”：《你是不是如同我的母亲》——

你是不是如同我的母亲 / 为了糊口 / 每天起得很早，睡得很晚 / 泥土一样颜色的脸上 / 落满了愁纹和风霜？ /

你是不是如同我的母亲 / 只体验过拖拉机的颠簸 / 从未想过宝马车的舒适 / 用大脚量完了一座城市 / 却舍不得坐一次公交车？ /

你是不是如同我的母亲 / 数着零散的角币 / 替我计算着下一年的学费 / 一阵寒风就能把她吹个趔趄 / 却仍然在义无反顾地走？ /

你是不是如同我的母亲 / 最喜欢儿女灯前的闲话 / 放下一天的操劳 / 享受一个短暂的温馨 / 明天继续为生计奔波？ /……

与普通的新闻评论不同的是，作者把自己拉进来的对比更多的是“以情感人”，这种“拟歌词”的写法更易于为受众所接受。在“追星”一端，较多的是对于体育新闻的评论——毕竟看球的和唱歌的多为一个群体——年轻的群体。如广泛流行的批评国足的《你总是脚太软》是以任贤齐的《心太软》为底本作评论——

你总是脚太软，脚太软，/独自一个人带球到被抢。/你无缘无故地推倒一个人，/我知道你根本想都没有想。/

你总是脚太软，脚太软，/把所有的好球都射到天上。/头脑本来简单，/配合当然难；/不能出线，就别再勉强。/

而对教练米卢蒂诺维奇，则又"克隆"崔健《猎人与狐狸》曰"经不起敲击的神奇"：

我并不在乎住在哪里，/谁都知道我是一个国际主义战士，/只要有足球，我就可以享受生活，/态度决定了我的阵地和游击。/我之所以没有选择地狱，/是因为足球记者都在那里。/我的运气就是我的经验，/我的经验就是我的运气。/今天我再次踏上追寻的旅程，在哪里我都会和幸福零距离。

对于"随风倒"的媒体，则有吕方的《既然爱了就不怕》为蓝本——

今天说今天，明天说明天，/媒体的故事永远不会完。/先在思念中把恋情盼成了一个圆满，/该隐瞒的就隐瞒，/别让世人把这桩事情看穿。/此生悠悠何其短，/随风听雨一稿千金换。/就算不能地久天长，/爱上就行且贪一晌欢。

我曾说过的话，句句都不假，/有受众能为我回答。/我既然爱了就不怕，/不会舍去对你的牵挂。/任它是是非非，/是非咱都说啦；/不怕在风雨中挣扎，/至少会有幸福的刹那……

（《中国妇女报·家庭周末》2002年7月11日）

2002年的欧锦赛期间，不少球迷所喜欢的南斯拉夫队几经磨难，黯然出局，笔者曾经为省级晚报作体育评论，遂改动了满文军的《懂你》等，收到了不错的效果：

不 懂 你

——致南斯拉夫队所有的“维奇”

你，静静地离去，/ 一步一步孤独的“维奇”。/ 多想伴着你，/ 告诉你法国人心里也怕你。

花，静静地绽放，/ 你绽放的脚法过于华丽。/ 多想告诉你，/ 踢球也是肃穆的生命洗礼。

风，轻轻地吹起，/ 想起 3：4 称臣斗牛士的夜里。/ 多想提醒你，最后的关头是对手的杀机。

一年一年炮火遮盖了笑颜，/ 你寂寞的心有谁能够体会？/ 是不是裁判心有所偏，/ 观众对玩球丧志已不能满意？

不懂你，/ 我的上帝！/ 把耻辱全给了你，/ 把地狱给了你，/ 从此欧锦赛多了凄凉的史无前例。

多想不理你！/ 没有红牌你难道不会提气？/ 多想告诉你，米洛舍维奇，/ 你最后进球时我开始哭泣。/——悲剧就悲它个完全彻底，/1：6 还不如没有那个“1”。

多想告诉你，/ 你的寂寞我的心痛在一起……

好的歌词一定是好的诗歌，而好的诗歌未必是优秀的歌词。大凡能够在历史中穿行或在青年朋友中流行的歌曲的歌词，一般都会有它们的独到之处。因此，“改歌词”表面看是唾手可得的小制作，实际上无论是做新闻评论的内容，还是为新闻作品做标题，都是立竿见影、行之有效的帮助。

四、还童——儿歌小调的魅力

变为新闻评论以后，“雕虫小技”的民歌小调同样立刻显得“厚重”起来。上述抗击非典的仿古之外，还有如“大吃大喝，谁都治不了，非典治了；公款旅游，谁都治不了，非典治了；文山会海，谁都治不了，非典治了；欺上瞒下，谁都治不了，非典治了；卖淫嫖娼，谁都治不了，非典治了。”这样的便属于“还童”的儿歌小调。继续往前追溯，40年代末，袁水拍的《马凡陀的山歌》主要就是以“嘻笑怒骂皆成文章”的儿歌小调，对40年代末国民党的倒行逆施进行了抨击，至今光芒不减。如其代表作《主人要辞职》写在国民党侈谈民主，称颂老百姓为国家“主人公”之际——

主人要辞职

我亲爱的公仆大人！/ 蒙你赐我主人翁的名称，/ 我感到了极大的惶恐，/ 同时也觉得你在寻开心！/

明明你是高高在上的大人，/ 明明我是低低在下的百姓。/ 你发命令，/ 我来拼命。/ 倒说你是公仆，我是主人？ /

我住马棚，你住厅堂，/ 我吃骨头，你吃蹄膀。/ 弄得不好，大人肝火旺，/ 把我出气，遍体鳞伤！ /

大人自称公仆实在冤枉，/ 把我叫做主人更不敢当。/ 你的名字应该修改修改，/ 我也不愿再干这一行。

我想辞职，你看怎样？ / 主人翁的台衔原封奉上。/ 我情愿名符其实地做驴子，/ 动物学上的驴子，倒也堂皇！ /

我给你骑，理所应当；/ 我给你踢，理所应当；/ 我给你打，理所应当。/ 不声不响，驴子之相！

我亲爱的骑师大人！请骑吧！ / 请不必作势装腔！ / 标语口号，概请节省，/ 民主，民主，何必再唱！ /

一九四五年十一月十二日[①]

而面对国民党对日本侵略者卑躬屈膝，不断向美国人乞哀告怜，伸手要钱。对黎民百姓心狠手辣，一面高唱“还政于民”，一面公开以武力镇压人民集会和学生运动——当时特务在人民的集会上打人，警察反把被打的人送往法庭。袁水拍则用儿歌《一只猫》、《人咬狗》给予评论——

①《袁水拍诗歌选》，人民文学出版社，1985年版，第214–215页。

一只猫

军阀时代：水龙、刀，/ 还政于民：枪连炮。/ 镇压学生毒辣狠，/ 看见洋人一只猫：/ 妙呜妙呜，要要要！

一九四五年十二月九日[1]

人咬狗

忽听门外人咬狗，/ 拿起门来开开手，/ 拾起狗来打砖头，/ 反被砖头咬一口！/

忽见脑袋打木棍，/ 木棍打伤几十根，/ 抓住脑袋上法庭，/ 气得木棍发了昏！

一九四七年[2]

根据牛顿第三定律的物理表达式表述 $F=-F'$，说“脑袋打木棍”也未尝不可，而“脑袋上法庭”和“木棍发了昏”就是典型的“以物代人”了。无论从生动性上欣赏，还是从即时性上考查，这种新闻评论都堪称“异体叙述”的高标。针对当时“妓女必须穿制服”的几近种族歧视的规定，袁水拍又以儿歌《报载妓女应穿制服》评论之——

报载妓女应穿制服

妓女应该穿制服，/ 你的计划真不差。/ 妓女生来下贱胚，/ 侮辱侮辱无所谓。/

迎面走来女人家，/ 一看制服便是她。/ 打个招呼跟你走，/ 只要大爷有钱花。/

要吃汤团要吃面，/ 走进馆子随意点。/ 吃喝嫖赌几件事，/ 只有嫖妓不方便。/

如今大开方便门，/ 看见衣服便认人，/ 借问国家何处好？/ 中华民国顶称心！

一九四六年二月十一日[3]

评论以“归谬”立意，一针见血而且通俗易懂。与袁水拍相仿，鲁迅先生也并非只善于“活剥”古人，在 1931 年到 1932 年间，他针对国民党官员的倒行逆施、互相倾轧、打打闹闹、尔虞我诈，先后写了《“言辞争执”歌》、《公民科

①《袁水拍诗歌选》，人民文学出版社，1985 年版，第 218 页。
②《袁水拍诗歌选》，人民文学出版社，1985 年版，第 295 页。
③《袁水拍诗歌选》，人民文学出版社，1985 年版，第 232 页。

歌》、《好东西歌》等等，为异体叙述提供了不可多得的范例。如其《好东西歌》就是讽刺国民党一边煞有介事地开“全会”、发电报、共商国事，一边互相指责，打打杀杀，骂声连天。

好东西歌

南边整天开大会，/ 北边忽地起烽烟，/ 北人逃难南人嚷，/ 请愿打电闹连天。/ 还有你骂我来我骂你，/ 说得自己蜜样甜。/ 文的笑道岳飞假，/ 武的却云秦桧奸。/ 相骂声中失土地，/ 相骂声中捐铜钱，/ 失了土地捐过钱，/ 喊声骂声也寂然。/ 文的牙齿痛，/ 武的上温泉。/ 后来知道谁也不是岳飞或秦桧，/ 声明误解释前嫌，/ 大家都是好东西，/ 终于聚首一堂来吸雪茄烟。

一九三一年[1]

进入新时期之后，同样有以民谣小调书写评论的，而且近年来颇有蔓延之势。例如当“新课程”将要在基层中小学铺开之际，来自一线的教师就用《新课程民谣》（作者吴池）表达了自己对于有些地方“换汤不换药”的所谓“改革”的不满——

新课程民谣

——一线教师的心声

新课改，/ 新形势，/ 换汤换药换瓶子，/ 先得界定关键词。/

学生叫主体，/ 背诵叫识记，/ 讨论叫互动，/ 引导叫诱思。/

要解构，/ 要反思，/ 教具要用多媒体，/ 话筒要叫互动器。/

理想叫理念，/ 劳动叫实践，/ 活动叫体验，/ 素质是关键。/

少应试，/ 多训练，/ 考核要动态，/ 评价要多元。/

发展要全面，/ 特长要明显，/ 办学要特色，/ 改革要亮点。/

头抢地，/ 口呼天，/ 学生呱呱叫，/ 教师团团转。/

①鲁迅：《集外集拾遗·好东西歌》，《鲁迅全集》第7卷，人民文学出版社，1981年版，第376页。

五、入戏——词曲解放的“混账”

如果说《主人要辞职》可以视为一种舞台上的“独白”，那么，把歌曲、仿古、小调作为“诸宫调”集合起来，比较详细地报道并评价一个新闻事件，就自然而然成了“异体叙述”的“入戏”，这里有了进一步的“剧情”，评论也就变得较为深入和复杂。

1933年2月21日，日军进攻热河，当时的热河省主席汤玉麟临阵脱逃，不战而退。让日军不费一枪一弹就于3月4日占领了省会承德，致使全省沦陷。瞿秋白借用鲁迅笔名何家干立即撰写了新闻评论《曲的解放》（收入《鲁迅全集·伪自由书》），对汤玉麟的丑恶嘴脸以及“党国”的所谓“抵抗”、“查办”进行了辛辣讽刺——

曲的解放

“词的解放”已经有过专号，词里可以骂娘，还可以“打打麻将”。①

曲为什么不能解放，也来混账混账？不过，“曲”一解放，自然要“直”，——后台戏搬到前台——未免有失诗人温柔敦厚之旨，至于平仄不调，声律乖谬，还在其次。

《平津会》杂剧

（生上）：连台好戏不寻常：攘外期间安内忙。只恨热汤滚得快，未敲锣鼓已收场。（唱）：〔短柱天净沙〕热汤混账——逃亡！

装腔抵抗——何妨？

（旦上唱）：模仿中央榜样：

——整装西望，

商量奔向咸阳。

（生）：你你你……低声！你看咱们那汤儿呀，他那里无心串演，我这里有口难分，一出好戏，就此糟糕，好不麻

①“词的解放”指1933年2月曾今可在他主编的《新时代》月刊第四卷第一期上推出的“词的解放运动专号”。其中他自己的词《画堂春》里有“偶然消遣本无妨，打打麻将”、“且喝干杯中酒，国家事管他娘”等语。

烦人也！

(旦)：那有什么，再来一出“查办”好了。咱们一夫一妇，一正一副，也还够唱的。

(生)：好罢！(唱)：

〔颠倒阳春曲〕人前指定可憎张，

骂一声，不抵抗！

(旦背人唱)：百忙里算甚糊涂账？

只不过假装腔，

便骂骂又何妨？

(丑携包裹急上)：阿呀呀，哙哙不得了了！

(旦抱丑介)：我儿呀，你这么心慌！你应当在前面多挡这么几挡，让我们好收拾收拾。(唱)：

〔颠倒阳春曲〕背人搂定可怜汤，

骂一声，枉抵抗。

戏台上露甚慌张相？

只不过理行装，

便等等又何妨？

(丑哭介)：你们倒要理行装！我的行装先就不全了，你瞧。(指包裹介。)

(旦)：我儿快快走扶桑，

(生)：雷厉风行查办忙。

(丑)：如此牺牲还值得，堂堂大汉有风光。(同下。)

三月九日。(《申报·自由谈》一九三三年三月十二日)[①]

本文是典型的“诗文并茂”的评论写法，作者以“互文”理念为原则，通过“异体讲述”的手法把自己的嬉笑怒骂嵌进文字，文笔活泼流畅，人物形象逼真，以写作实践反驳了“新闻评论无法塑造形象”的观点。全文以“杂剧”作为主要形式，设置人物、构思情节均颇见功力。从开篇的“定场诗”，到结尾的狼狈相，均栩栩如生，简洁凝练，通篇可唱可演，确乎不失戏曲特质。其半文半白的文字，通俗而有张力，文中“热汤”、“滚”诸词语意双关，又指当时的热河省主席汤玉麟及其行径，可谓妙笔。即便如词曲中变韵而翻新出奇的调式“短柱天净沙”，作者也运用自如，

①瞿秋白：《曲的解放》，《新版鲁迅杂文集》，浙江人民出版社，2002年版，第48–50页。

显示了深厚的文学功底。

六、创新——韵文的“新编”与“杜撰”

在“异体叙述”当中,还有一种介于“新旧之间”的情况:既不是标明词牌的诗词,又充满“国粹”的韵味,既包含着鲜明的新闻评论的特色,又处处显示出独立创作的文学色泽。此类评论大部分是近年来的新作,而作者的旧学功底又比较深厚。如苏中杰的《新编〈声律启蒙〉》——

新编《声律启蒙》

梭波

云对雨,柳对荷。游玩对吃喝。包厢对套间。曼舞对轻歌。快活楼,安乐窝。野汉对娇娥。为官心有色,饮酒面无酡。寻欢搬出百把钱,做人丧尽一生德。干群会上,为党为民意调少;风月场中,依花依柳情语多。

灰堆

予对夺,是对非。雾白对云黑。摊派对罚款。流氓对阿飞。文件土,手段卑。权大对膘肥。饭馆美酒吧,包厢娇妞陪。不义可得金煌煌,非法能使宅巍巍。治吏不易,自古万民呼海瑞;除奸倍难,而今百姓唤钟馗。

由求

船对浪,喜对忧。品劣对德优。律废对刑严。沙岸对江流。权互依,利相勾。人情对私酬。酒美法官醉,钱多案件休。上访未了财早尽,申诉不成鬓已秋。贪赃枉法,群众有理常忍气;激浊扬清,百姓直腰敢抬头。

人辰

兵对将,君对臣。众意对民心。民主对法治。圣德对龙恩。威凛凛,情殷殷。图报对施仁。进庙须烧香,做官要跟人。善于争宠竞媚语,习以仗势赏娇音。屈屈折腾,只为仕途能升迁;时时改革,岂容愚夫去害民。

江阳

青对绿,紫对黄。染房对酱缸。作家对鸨母。玉腿对乳房。黑水肚,臭皮囊。挥拳对上床。制黄赚赃款,贩毒丧天良。江郎才尽色情补,商人利重女人帮。文不扬善,灵魂为娼真可耻;笔偏兴邪,人格卖笑太荒唐。

中东

浪对沙,丘对峰。萤光对月明。暮霭对朝霞。蛙叫对凤鸣。骐骥困,黔驴荣。瓦罐对金钟。鸿鹄喜云天,燕雀恋草蓬。风来不与杨柳绿,霜降偏打杏花红。正门若塞,贤能背运他人踩;歪计可行,庸才得志前途通。

花发

水对云,池对洼。噪蝉对鸣蛙。假话对真绩。实干对浮夸。雾里影,镜中花。琵琶对喇叭。会海有鱼鳖,文山无桑麻。依样转发因紫莽,照本传达为乌纱。善走过场,高论从不着地面;多搞形式,大名得以到天涯。

乜斜

直对曲,正对邪。污浊对清洁。先生对小姐。大款对小妾。钱哗哗,声嗲嗲。丢脸对失节。绿帘对野风,红花招浪蝶。染缸酱水横大路,黑市鱼腥结长街。常舍贱身,今夜枝秀宠似玉;三陪薄命,明朝花谢弃如鞋。

姑苏

近对远,有对无。三江对五湖。地北对天南。星落对日出。雷声大,雨点疏。清楚对模糊。枪鸣鸟未落,兔死狐不孤。民膏被偷猫是贼,国财遭窃鼠成猪。拒绝空谈,倡廉应防掏暗洞;反对高调,肃贪方可展宏图。①

作者套用了前人《声律启蒙》的读本格式,加进了全新的社会内容,可以视为赋得韵脚的“新闻聚焦”。其“借鸡下蛋”的独创性给人耳目一新的感觉。

①苏中杰:《新编〈声律启蒙〉》,《中华杂文百年精华》,人民文学出版社,2003年版,第603–609页。

又如老杂文家刘征"杜撰"的"曲子"《贪官憾》——

贪官憾【杜撰曲】

曲一

实指望好梦长圆，谁承想水流云散，万种悔恨千重憾，长夜难眠。再没人捧茶点烟赔笑脸；再没人热烈鼓掌忙称赞；再没人埋头记录摇笔尖。对着高墙四面，对着这人影孤单，对着这月儿冷冰冰半张脸，咱自语自言，自思自叹。

曲二

憾只憾，误了一席豪华筵。咱吃遍了海陆珍馐、中外大餐，熊掌驼峰嫌太腻，鲍鱼燕翅不够鲜，早就想尝一尝全席满汉。一百单八件金盘银碗，数不清的炸炒烹煎。玉堂金殿，宫廷御膳，摆出一回也要等贺岁祭天。接到大款的请柬，听说是二十万买单。啊！倒霉的开席那一晚，慢悠悠车到店门前，嘎一声车门打开，猛抬头一身冷汗，正对着刑警刺刀般的眼。憾的是到嘴边的鸭子飞上天，戴手铐的当儿还把唾沫咽。

曲三

憾只憾，那辆轿车刚刚开进咱家院，送礼的说一点小意思，为了咱办公方便。这车啊，超豪华，最新款，大红的车漆光闪闪，坐在里边会如同太上皇坐在养心殿，伊丽莎白坐在白金汉，跑起来会如同轻飘飘宇宙飞船。咱还没来得及靠一靠车坐垫，摸一摸方向盘；没来得及在长街闹市兜几圈，心急的法院，就写进赃物清单。眼看着要宣判，眼看着赴黄泉，难道叫我徒步去赴阎王筵。

曲四

憾只憾，那小心肝，二奶之后排老三。就为这啊，她总是别别扭扭不就范。我为你不思茶饭，我为你牛腰瘦减，我为你梦绕魂牵，我为你买了钻石项链，我为你买了西洋名犬，我为你买了一处别墅，当作咱七夕长生殿。那一日你秋波一转，我暗喜佳期不远，又谁知美姻缘被拆散，一眨眼便隔了蓬山一万，青鸟无由为探看。

曲五

憾只憾，咱春风得意正当年，眼前是锦程一片。玉带乌纱巍巍颤，多少目光献媚乞怜，多少手捧来金山银山，多少猫儿狗儿围着咱滴溜溜转。传媒锣鼓，廉明干练，政绩考评，成绩斐然。眼巴巴指日升官，闹哄哄贺喜函电，就在这紧要的关节，咔嚓嚓连根折断，忽悠悠扬起帆，猛可里沉如深渊；美滋滋云里仙，猛可里跌进鬼门关，留下了多少遗憾！有道是人不为己枉为人，官不为钱枉为官，有权不贪，不如去卖山药蛋。那老掉牙的道德和法律，为甚不引入这个新观念？

尾声

憾似乱丝团，心似万剑攒。嘿，那该死的月牙儿透过铁窗笑得嘴角儿弯。哼，我要是再掌权，定要赏你双玻璃小鞋儿穿。（《人民日报》2003 年 3 月 27 日）

评论构思的精巧、褒贬的到位、氛围的设置、用词的准确、节奏的顿挫、绵长的余味，都为后人的中文白话的诗体评论提供了范本。也为一个时期甚至时代留下了照相。

既然我们所论述的“异体叙述”型新闻评论中的“诗”是美学意义上的“诗”，即具有较高审美含量的文字，那么，一些“诗体散文”或“散文诗”形式出现的新闻评论也应该列入其中。如 2005 年美国 NBA 篮球总决赛在底特律活塞队和圣安东尼奥马刺队之间打响之际，著名体育评论员苏群写出了题为《机器战争》的评论——

机器战争

当世界只剩下四种颜色——黑与白，蓝与红，激情冷却，浪漫消失，一场机器与机器的战争就要打响。

这不是世界末日，只是另一个世界的发端。

太阳落了，热火熄了，天空重归寂静，大地沉睡，偶尔有金色闪过，那是本·华莱士肩上的冠军腰带发出的冷光。

这个世界将是冰封的战场,灰色的尘埃覆盖大地,等待震天炮声让尘土飞扬。

你不要企图看到活塞的炮筒里伸出玫瑰,他们的玫瑰红只是冷的血,宝石蓝只是黎明前未醒的天空。汉密尔顿那一发冷箭,将遭遇鲍文的"寒冰神掌",拉希德·华莱士的怒吼将在邓肯冷峻目光的注视下变得喑哑。谁比谁更冷?比卢普斯一言不发。

马刺的黑与白已经代表一切。马刺从不向人展露色彩,邓肯的眼睛根本不告诉你他的欲望,帕克的法式浪漫早已被波波维奇冻成冰花,只有吉诺比利带来呼呼的风声,但是他仅有的一点拉美风情,将被"冰人"普林斯的长臂化形为无。

战车排开,炮膛装满无声的愤怒,让一切作秀见鬼去吧。这将是一次冰与冰的决战,机器与机器之间的较量。压抑中密布精细的机关,波波维奇和拉里·布朗头脑中上亿次运转,企图从以微米计的破绽中寻找胜利的希望。

这是有史以来最没有情绪的战争,人如机器,机器如人。

让一切看热闹者走开,不要让灰色的毫无色彩的战场让你的眼睛失望。这里没有1989和1990年底特律的血腥,没有1998年乔天王的最后一投,更没有OK组合的匪夷所思。这里的一切都如卡斯帕罗夫的头脑,步步算计,丝丝入扣,留下的看客将惊叹于每一回合的精妙,但你瞠目结舌,喝彩无声。(《篮球先锋报》2005年6月9日)

能够把体育新闻评论写到"异体叙述"的境地,除了借用形式本身的力量之外,尤其需要一颗善于"体味"的"诗心"。应该说,这种特殊的评论的传播速度、影响面和生命力都有可能超过其他写法,其难度在于,评论员必须身兼诗人或散文家。所以我们说,具备了深厚的文学功底,做新闻才有后劲,才能写大评论,做深度报道。

"删繁就简三秋树,标新立异二月花。"可以设想,随着各种文体的相互渗透,随着新闻评论文化色彩的增加,"异体叙述"类的新闻评论会继续为评论的百花园增添新的芬芳。

第十二章 现身说法：陈丹青出走我们都有责任

[本章内容提示]

★个人经验与新闻评论的结合

★提示型：南都“街谈”的启示

★自责型：我们都有责任

★佐证型：想起了佑安医院

★问世型：孙志刚替我而死

★骂世型：新国粹的姿态

一、个人经验与新闻评论的结合

王国维把艺术境界分为“有我之境”与“无我之境”，说“有我之境，以我观物，故物皆著我之色彩。无我之境，以物观物，故不知何者为我，何者为物。”①其实新闻评论同样可以表现出“有我之境”与“无我之境”，即客观色彩较为浓重还是主观感情比较浓重的分野。不同的是，“百闻不如一见”，用自己的经验和体会阐明自己的观点，是把评论与记叙结合的写法，与文学写作是不一样的。这种写法的美学特色在于抒情主人公的形象（无论正面的还是反面的）比较鲜明，入世意识、骂世意识和忏悔意识均可以得到充分的体现，目击者的现场感受得以还原，使读者感觉到“我所评论的就是我自己”的真切和亲近。

个人经验的公共表达——尤其是平民百姓的声音，往往被人们忽视或轻视，被认为是鸡毛蒜皮的小情调，多为无病呻吟。然而，当个人经验成为一段历史的见证，甚至上升到为时代作注的高度，就具有了非同凡响的意义。而且，新闻在路上，新闻在底层，老百姓的真实往往是生活本质的真实。试看 2006 年春节前夕一位广州市民的评论——

春节回家路漫漫

这两天又冷了。前天晚上我在街边等夜车，等了半个小时，一辆都没有，和我一起等车的倒有几十个。冷雨如

①王国维：《人间词话与人间词》，王振铎注，河南人民出版社，1995 年版，第 15 页。

刀打在脸上,我打了几个哆嗦,觉得自己很惨。

昨天看了报纸,有点难为情——跟上万名因北方雨雪影响而滞留在广州火车站的人比起来,我实在不算惨。坐过火车的人都知道,拎着大包小包,在候车室里拥来挤去,不认识的陌生人在你身边不到5厘米的地方打嗝放屁抽烟,那滋味可真是不好受。但是在前天晚上,能够和人们一起挤在候车室里,已经是好的了。还有不少人,头顶一块塑料布,瑟缩在火车站前的广场上。不知道要等多少个小时,才能等到进站、上车、出发;不知道要再等多少个小时,才能下车、到家、过年。

春节回家怎么这么难。买票已经够不容易,雨雪又来添乱。大雪误了京广线,听起来跟唐诗似的,挺浪漫的,带来的后果却是上万人滞留在火车站。广州又降温又下雨,很多人没来得及加衣裳,很多人没有带雨具——怎么倒霉事儿就都凑到一块儿了呢。

反过来想一想,除了天公不作美,还有更多的东西让人感慨:人们为什么一定要回家过年,这心意为什么这样坚决、这样风雨无阻?为什么有这么多的人平常都不在家,他们奔波流浪为了什么?平常我们说到“流动人口”四个字,大概也不会特别清楚地想到这个人群已经超过一个亿。刚刚翻看新闻图片,看到那些雨雪中滞留在火车站的人群,看到一个人黑头发上落着白雪、青紫的嘴叼着车票,一股辛酸的情感难以抑制:这奔忙的人生、这奔忙的人群。

回家的渴望和回家的艰难,春运的故事,多么像一群人集体命运的浓缩或者寓言。

前两天,还没降温的时候,一天中午我在报社门口看见两个民工兄弟,并排坐在灌木丛后面的草地上,耷拉着脑袋,揪着枯草玩弄。傍晚时候我再出来,看见他们俩站在马路边,和一个跨在摩托车上的人正在交谈。从他们身边走过,我听见摩托车上那个人说,直达的没有了,要走就从郑州转。走过去我又回头望,那两个等着买票的青年在暮色里的样子,有一点迷惘。雨雪阻隔回家的路,不知道那两个小伙子最终买了票没有,不知道今天晚上他们

是不是仍旧迷惘地，站在火车站的人群中。（2006年1月22日《南方都市报》马青　文）

作者把自己的经历与感受静静地倾诉给大家，仿佛是在与亲人拉家常而不是在写评论。个中的担忧与悲悯让人不能不为之感动。

通过这个个案的分析，我们不难看出，正在悄悄流行的现身说法的新闻评论与一般意义上的新闻评论至少有三个方面的不同：一是评论员身份的变化。大多数新闻评论人的身份是旁观者的身份，是媒体的评论员，大家往往是在“评判”新闻而不是进入新闻。而现身说法式的评论人是以当事人的姿态进行评论，给人一种广播评论的现场感。二是评论语气的变化。以往写评论语言要求规范、凝练，语气每每“义正词严”，而现身说法类的评论大多是“讲故事”、“拉家常”的语气，似乎不知道自己在做着新闻评论的工作。三是结论的淡化。因为是在“讲故事”，作者自己的立场自然暗含在其中。所以，这种评论不需要“篇终显志”的条分缕析或提出若干“建设性”的建议。如一篇题为《运钞车有难，谁敢支援》的评论，就说到一辆由顺德开往深圳的运钞车行驶到番禺榄核镇时不慎翻车，车上两保安受伤。在附近农田干活的村民聚到一起，远远观看，因为惧怕车上的枪支而不敢上前施以援手。联系自己和大家的心态，作者说：“我们大都有遭遇运钞车的经历。在我工作的地方，有一家银行，每每吃晚饭时，运钞车就准时停在银行门口，两名威武的押钞员手持冲锋枪，作警戒状。看到这种情况，我总是以运钞车为圆心，画个半圆绕过去。尤其是在押钞员的视野范围内，绝对不作一惊一乍的动作。”因为自幼便知道“危邦不入，乱邦不居”。提出了问题，作者几乎没有作任何评论，结尾只有一句：“看来只有运钞车司机小心驾驶为妙了！”算是交代。（见2006年2月17日《南方都市报》）

当然，对于重大新闻的严肃的评论，同样可以具有很强的个人色彩，同样可以创造生动感人的“有我之境”。

我们把种种“现身说法”的新闻评论大致分为五种类型：提示型，自责型，佐证型，问世型和骂世型。

二、提示型：南都“街谈”的启示

如同新闻有“软硬”一样，这种“提示型”的新闻评论属于一种“软评论”，是在侃侃而谈当中表达对于事件的爱憎好恶。它绝不像“非常社论”的黄钟大吕，也不似“借鸡下蛋”的引经据典，而常常是一事一议，平平静静，甚至有一种“姑妄言之姑听之”的随意。

此类评论以《南方都市报》几乎天天露面的“街谈”栏目为成功代表。评论人所讲的经常是家长里短的“小事”，如迪士尼客满、情人节浪漫、农民工跳槽、安全套进入宾馆等等。偏偏是这些“一地鸡毛”的事情，引起了读者广泛的兴趣。如春节之后，一位论者提问——

21世纪了，我们拿什么来孝敬父母

葛优说，21世纪人才最贵，我却认为孝心最贵，下面我就和大家讲一个孝心的故事。据《羊城晚报》昨日报道，大年初九，广州市民郭女士和丈夫提议带父母去沐足，父母思想“正统”，视沐足为肮脏腐败，坚拒之，经一番苦苦劝说才妥协，“沐足”初次体验亦相当愉快，改变了老人对沐足的“偏见”。而郭女士收获也不小，两代人的观念“意外地”得到沟通。虽说此“贵”非彼“贵”，但这孝心的价值由此可见一斑。按流行经济学术语，这叫“双赢”——父母因此获得孝心和舒心，儿女也见识了父辈真实纯朴的一面。

我们知道，所有成功的谈判或者交易，都需要参与者的妥协与调和，应该称赞的是，郭女士这厢是努力劝说尝试，父母也不忍拂逆儿女好意，最终皆大欢喜。

当然，郭女士成功表现孝心，也是因为选择了春节的恰当时机。我们中国人相信“百善孝为先”，尤其在传统节日，更是万事和为贵，有话好好说。小时候很盼望过春节，穿新衣啃鸡腿当然是一大奢望，但我更享受的是长辈的纵容和百般优待，不小心摔个盘子，父母也只是说声“岁岁平安”，绝不会有打屁股的恐吓。你看看，这尽孝心也要讲究“技术含量”。

而且，要成功向父辈“推销”当下流行的消费观念，除了讲求“技术含量”，还需要耐心。有个朋友告诉我，逢年过节，他们这些晚辈总要买各种礼品给年迈的奶奶，但奶奶总舍不得用，甚至搁坏了，他们只能殷殷开导观念陈旧的奶奶，现在日子好了，不用这么节约了。结果奶奶说：“你们现在有，以后一定还会有吗？”以后一定有吗？真是有点警醒。于我而言，母亲总是相信医学昌明，没有医药不能解决的问题。虽然我常在她耳边告诫说“凡是药七分毒”，她总听不进去，于是，我每隔一段时间就带她去大医院体检，以求安心。

我们的孝心教育，经常讲要“将心比心”，学校甚至布置家庭作业，让学生回家给父母洗脚，从点滴做起，体验奉献学习孝心。此招能否奏效，我不好说，虽然不少人已经将之斥为功利的报恩，不可能形成两代人真正的沟通。我理想中的代际教育课，是一部上世纪80年代奥斯卡获奖影片《金色池塘》，影片讲述了父亲希望培养女儿勇敢天性，幼时教女儿做后空翻跳水动作，女儿却因为身体和心理障碍始终无法完成，令父亲深为失望，父女关系从此埋下芥蒂。而后父亲八十周岁时，女儿在父亲勉励下终于克服身体和心理障碍，完成了后空翻跳水动作，父女心理障碍方得以冰释。（2006年1月22日《南方都市报》田方 文）

作者讲了一连串的故事，无非是告诉读者，进入了新世纪，要父辈接受“沐足”这样的“新生事物”，同样需要理解、顺从、诱导、勉励等等孝敬父母的老技巧。文章里既有本人的“我”，又有左邻右舍的朋友的故事，没有时髦名词，没有“政策性”或“历史感”，于和风细雨之中说明了自己的观点。

又如据报载：国家邮政局发行、广东省邮政广告有限公司发布的两套中国2006邮政贺年有奖明信片11首古诗有14个别字。把“碧玉妆成一树高，万条垂下绿丝绦”里的“绿丝绦”印作“绿丝线”，其他古诗的“细叶”印成“细对”,“晓艳”弄成“晚艳”,“陵晨”写作“凌晨”,“玉堂风”改作“玉赏风”……为此,不少媒体都进行了评论。有教师愤怒“把凝聚了几千年文化的、俺教了几十年的文字折腾成那个样子,俺只有替古人也替后人害臊”。有人想到邮电部门的发言人说邮政“基本上没有垄断”,讽刺说“生气也无济于事”。而《南方都市报》的“街谈”《贺年明信片把古诗印错,丢人》却仍然“和风细雨”地现身说法:

我有一些国外的朋友,还有爱旅行的朋友,他们偶尔寄明信片来,上面总是印着当地风物,或是山川建筑,或是街角儿童,无不载着远方的气息,让人看着欣喜。我把这些明信片都收集在一起,就像收集各地的名片一样,花花绿绿,各有风情。

读到这里,我们自然会联想到“今年中国的名片错误迭出”,心里好不难受。于是,现身说法的“软”比义正词严的“硬”更有回味和力量。而文末作者也仍然只是几个字的评价:“太丢人了。”——

有人说要是寄到国外去,让懂汉学的国外朋友见了,多丢脸。好像家丑藏在家里就不丑了一样。其实错字既然已经印上了,这丑就已经藏不住了。太丢人了。

在报道的当日,大部分“白字明信片”都已经售完。新闻上了央视,不能不说是“大事”了,可新闻评论依旧“大事小说”,对经手明信片的上上下下的部门进行了不失时机的“提示”,显示了独特的评论风格。重要的是,这类评论也不仅仅是一种“服务性”的提示,而是像其他评论一样褒贬分明,只不过更多时间是“绵里藏针”、点到为止罢了。试看其四天里一褒一贬的两段“街谈”——

香港看见了“凶牌”,你就看见了“生命之牌”

如果你这几天驾车经过广州市黄石东路陈田村路口等路段,你的车速会在数秒内从85公里/小时下降到

60公里/小时，因为你在200米外就会注意到一个大大的黄色警示牌——“此地曾发生一宗特大交通事故，造成3人死亡，请谨慎驾驶，严禁越线，超速！”这一大串字加上标点共35个字，不降车速，你怎么读得完。

原来，这是广州市新近设立的“事故黑点警示牌”，提醒过往的机动车驾驶员，吸取事故教训，注意交通安全，这也是广州预防和减少特大道路交通事故发生的新招数。

说是新招，其实其他地方早已试过，比如新疆，前几年就在公路的拐弯、陡坡、交叉路口等路段，设立“此处发生多起车祸，死亡10人，小心驾驶，严禁超速！”之类的警示牌，驾驶员们每每行车至此就格外小心。他山之石，可以攻玉，我相信，现在警示牌来了广州，也一定会挽救很多生命。不过，早在当年，对警示牌的效用就有过争议。据说，因为警示牌字小且多，有司机为了看清警示牌内容，结果反而分了神，在此地接连出车祸，这个“事故黑点”因此声名远播，司机来了这里就紧张，以致恶性循环。有鉴于此，有市民提出，警示牌文字应尽量压缩，比如用“特大事故发生地”。我以为这个建议甚好，加10分！

……说句站着说话不腰疼的话，警示牌虽出语不吉，令人不快，但它的“发言权”是以生命代价换来的，商家眼中的“凶牌”，实际上是挽救很多人生命的“生命之牌”。正所谓，冬天来了，春天还会远吗？看见了“凶牌”，你就看见了“生命之牌”。

还有，近来有消息说公安部将下沉警力，基层要达到总警力的85%以上。届时，广州可以增加多少一线民警？我想可能是数倍。有这么多一线警力，是否可以在事故黑点安排专职的交警巡逻或值班，从而一举两得——交警可比呆板的警示牌管用多了，又有助于该地的治安，而治安好了，必然会带来人气，这可是大大的商机啊！（2006年2月10日《南方都市报》章回　文）

爱我就送我一套房子吧

据《南方都市报》昨日报道，在广州开工厂的戴先生是重庆人，日前想把户口落在广州，做一个真正的广州人。不过人才市场的一纸规定让他颇感滑稽，就是要求落户者签署一份保证书，保证结婚后将户口从人才市场迁出。他抱怨说，如果我在广州没有属于自己的一套房子，户口能够迁到哪里，岂不是要成为“黑人”呢？

相比报道中的落户者，笔者对人才市场的这条规定印象更为深刻。去年年初，我和女朋友在经历了数年的异地飞鸿传情之后，终于在广州相聚了。当我们兴冲冲地去人才市场拿自己的户口，以办理结婚登记时，这条规定横生生地摆在了我们面前，那样突兀，那样的不可逾越。

尽管我一再向办理人员解释，在拥有属于自己的房子之前，我们不会要小孩；何况我们都很珍惜自己当前的工作，绝对不会违反计划生育政策。可办理人员始终以“这是我们的规章制度，我们要按制度办事”来应对，一副“女包公”的形象让人肃然。其实，我们的想法很简单，就是用法律的形式宣告我们的彼此珍爱、彼此承诺。但这是什么样的一纸规定啊？它非要让彼此相爱的两个人不能在一起，除非你以非法的状态。

经历此番波折之后，还有许多想到的、没有想到的事情纷至沓来，我终于改变了原来对于爱情、对于家庭的想法。此前我总是幼稚地认为爱情和婚姻都是两个人的事情，只要彼此相爱，剩下的唯一问题就是结婚登记时的区区9元。那时我牢固地相信房子并不等于家，房子只是安顿身体的地方；而有爱的地方才是家，那里是安顿爱情的地方。可后来我发现，有情饮水饱只是一个美丽的童话，没有安顿臭皮囊的房子，我的爱、我的婚姻又能安置何方？

从那以后，房子成了我心中最大的痛，我梦萦魂牵，我孜孜以求，只希望不离不弃的女朋友早日成为我的新娘。

明天就是西方情人节了，热恋中的情人们都在为一份属于二人世界的情人节礼物而抓狂。如果一对情人果真抱定“执子之手，与子偕老”的愿望，那么所有的山盟海誓，都不如新房一把钥匙来得浪漫来得真切，从此，你的爱、你的户口、你的婚姻、你的家庭都有了着落——“爱我，就送我一套房子吧”！（2006年2月10日《南方都市报》果然 文）

衣食住行无疑是老百姓最为关心的事情，似这般以司机的身份或情侣的身份现身说法，自然是实实在在的“贴近群众”，评论也叫人感动亲切。尽管这种“软”评论现在还尚未大面积铺开，但它却代表了新闻评论的另一种方向：让新闻评论的“话语权”回到民间，使得广大受众“自己写、写自己、自己读、自己受益”。

三、自责型：我们都有责任

把自己摆进新闻评论有许多种方法，“设身处地”地自我检讨是颇有力量的一种。诗人北岛说，面对遇罗克的死他畏惧了——遇罗克写了《出身论》，大胆驳斥四人帮“龙生龙，凤生凤，老鼠生儿打地洞”的理论而被处死——“必须承认/在死亡/白色的寒光中/我，战栗了/谁愿意做陨石/或受难者冰冷的雕像/即使鸽子落在肩上/也感不到体温和呼吸”[①]——自责多半不是弱者而是强大的表现。而新闻评论里现身说法的自责，往往会增加更有说服力量的论据，因此能够更加准确、鲜明地表达自己的意见。

1982年10月，著名作家、戏剧家、文学翻译家李健吾病逝。在所有悼亡的评论中，巴金先生的两段文字格外引人注意：他自始至终都在自责。巴老回忆说，当“文化大革命”的浩劫袭来，抄家打人，空气十分紧张的时期，李健吾曾偷偷地给翻译家汝龙送去了一个纸包，内中有二百元钱。汝龙给巴金写信道：“那时候我的亲友都断了来往，他的处境也危在旦夕，他竟不怕风险，特意来拉我一把。”此后不久，李健吾又让女儿到上海探望“不戴帽子的反革命”巴金，并不顾危险给巴金送上了三百元人民币——对于几乎断绝了生活来源的巴金夫妇，无疑是有力的支持。念及这一次“雪中送炭”之事，巴老曾经热泪盈眶。[②]李健吾病逝的噩耗传到之际，正值巴金摔伤了腿，在牵引架上

①北岛：《结局或开始》，《朦胧诗选》，春风文艺出版社，1985年版，第21页。
②巴金：《随想录》九十九，作家出版社，2005年版，第331页。

过着无法自理的生活。重病中,巴老以惊人的毅力,把汝龙当年的信读了几遍,且用颤颤巍巍、恐拿不稳的笔,写下深深地责备自己的文字——

那十年中我很少想到别人,见着熟人也故意躲开,说是怕连累别人,其实是害怕牵连自己。一方面自卑,另一方面怕事,我不会像健吾那样在那种时候不顾自己去帮忙别人。

我变了,我熟悉自己在"文革"期间的精神状态,我明白这就是我的所谓"改造"。我参加"运动"还不算太多,但一个运动接一个运动,把一个"怕"字深深印在我的心上。结果一切都为保护自己,今天说东,明天说西,这算什么作家呢?当然写不出东西来。想起健吾,想起汝龙信中描绘的形象,我觉得有一根鞭子在我的背上抽着,一下!一下!

想到健吾,我更明白:人活着不是为了"捞一把进去",而是为了"掏一把出来"。[①]

巴老以"与民族共忏悔"的自谴,写出了悲剧的崇高感。从"奴在心者"到"奴在身者",最后摆脱了极"左"的精神奴役——"文革"期间,许多知识分子正是循着这条道路走过来的。但有几人能够如此这般用发自肺腑的真诚忏悔来作"残酷"的回顾?这种"忏悔"早已超出"控诉",达到了对于整个"国民性"中自私、卑怯、畏大人之言的积习的更深的揭露。其意在从根本上摧毁"文化大革命"得以产生、得以为患的基础。

当代评论作者不少人继承了巴金先生这种"把自己放进去评论"的精神,如中国社科院徐友渔先生的《陈丹青出走　我们都有责任》,也是在著名画家、清华大学博士研究生导师陈丹青提出辞职而引起轩然大波之后坦诚的自责——

陈丹青出走　我们都有责任

近日,媒体纷纷报道了清华大学美术学教授、博士生

①巴金:《随想录》一〇〇,作家出版社,2005年版,第333–334页。

导师陈丹青愤然辞职的事件。陈丹青从清华大学出走，不仅是告别现行的高校教育体制，回归他曾经生活过的真正艺术家的自由、游荡的日子，而且也是对现行体制中不合理和荒谬的规则发出挑战和拷问。

他的举动引起了很多人的共鸣，不仅有在校的学生、教师，还有已经离开学校，但对高校体制诸种弊端记忆犹新、心存余悸，甚至受过伤害的人。

陈丹青首先感到荒谬和气愤的是，众多投考他的学生中，有许多学生艺术气质、修养和专业成绩都很不错，但他们因为政治和英语成绩不及格而落选，有的因为只差一分而与心爱的专业无缘。由于政治、外语关卡，陈丹青长达 4 年招不进一名硕士生。他很快就明白了，这种把优秀学生拒之门外的制度，20 多年来全国艺术院校千万名老师早已司空见惯。

优秀的艺术人才、专业人才并非想找就能找到的，他们被排斥于进一步深造的大门之外实在可惜。我们不禁要问：政治、英语的那几分之差真有那么要紧？

比如英语。英语对于接受高等教育是重要的，俗话说，艺多不压身，外语水平越高越好，懂得的门数越多越好。但对于某些专业来说，它毕竟是锦上之花而非雪中之炭。就算外语不能不考，但对于专业上确有天分、确有培养前途的年轻人，它成了一道无论如何也跨不过的门槛，总不合情理。如果做不到外语低分也录取，总不至于只差几分就让人饮恨终身吧？还有政治，如果是考马列主义理论水平，升高中、大学时不是早已经考过了吗？难道不可以证明他们早已满足基本要求了吗？

陈丹青感到不合理和荒谬的第二点是："教学计划、教学大纲、教学思想、教学评估，是艺术学院的头等大事：没完没了的表格、会议、研讨、论文，加上满坑满谷的教材——艺术学院从未像今天这样臃肿庞大，像今天这样充斥办学的教条。"他弄不明白，那些充斥了"量化"、"管理"、"科学"、"科研"等等词汇的表格和人文艺术的规律与本质有什么关系。

正如他所深切感受到的，这些年我们的教学和科研中充满了虚假的"科学管理"精神和虚假的繁荣。好像什么事情，一经量化就变成了科学，或者就有了科学性。不论哪一个学科，只要能在成果登记表上填写上几项，只要能开上几个鉴定、表彰会，成立起什么学会或学会之下的一级、二级分会，再开上一两次年会，这个领域就算得上繁荣昌盛。

陈丹青看得很准，人文艺术教育表面看似繁荣——扩招、创收、增加学科、重视论文等等——实则退步，学生"有知识没文化"、"有技能没常识"、"有专业没思想"。他认为"在人文艺术学科，没有人能够夸耀并保证在学院中培养出真正的艺术家，但学院教育应该也能够达到这样一种起码的要求，即确立一位艺术学生葆蓄终身的品格。"这个说法对其他学科也适用，我们不能保证学校一定能培养出大科学家和高级工程师，但从大学出来的人必须要有基本科学素养。而现在的形式主义和表面文章与这种精神恰恰背道而驰。

在陈丹青的经历中还有一点十分有趣，那就是，他痛切指出的弊病并不是要有多高明的洞察力才能发现，要有多大的胆量才能说出的，他的同事在私下里同意他的意见。不过，每当他在会议上发言完毕，周围便一片沉默，或者话题随即转换。没有一位领导对他的直言予以制止和批评，个别领导还会鼓励他把想法讲出来。但显而易见，不会有领导和他站在一起，为改变现存的不合理状况而据理力争。这实在是我们面临的悲剧。

我们和陈丹青一样，不会轻易去责怪同事和顶头上司，我们和他一样，知道人们的难处，更是深知体制的惯性和力量。陈丹青可以和体制告别，但大多数人做不到，除了勇气、魄力，还要有本钱。但是，谁能说陈丹青就一点风险不冒，他心中没有丝毫的留恋和遗憾？难道这纯属陈丹青个人的私事？

我在各种会议上、饭局上见到过各种专业的知识分子，其中包括担任学院院长、系主任职务的学者，他们谈到导致陈丹青出走的种种类似弊端，无不感同身受。对问题的分析也可以说是鞭辟入里。但我同样知道，在慷慨激昂的谈话之后，他们没有采取任何行动。相反，大多数人实际上还是照样开会、布置、填表、争经费、争项目，做一切自己表示不屑的事。我们也许不可能像陈丹青那么坚决和彻底，难道不可以多多少少为改变不合理的体制尽力，而不是一面批评，一面却支持和巩固，以至于使人真的认为，不合理的东西是根本不可动摇的。(《南方都市报》2005 年 3 月 2 日)

这就是现身说法的功用。该新闻评论采用了“百闻不如一见”的写作手法，即用自己的经验和体会阐明自己的观点，把评论与记叙结合的一种写法。评论叙述了陈丹青提出辞职的一些细节和真相，同时紧紧咬住“自责”的症结——大家对“导致陈丹青出走的种种类似弊端，无不感同身受。对问题的分析也可以说是鞭辟入里”，但慷慨激昂的谈话之后，大家并没有采取任何行动，而且“还是照样开会、布置、填表、争经费、争项目，做一切自己表示不屑的事”——探讨为什么有不少事件“不合理的东西是根本不可动摇的”。这种写法的美学特色在于抒情主人公的忏悔意识可以得到充分的体现，“立此存照” 的目击者的现场感受得以还原，使读者感觉到“我所评论的就是我自己”的真切和亲近。

四、佐证型：想起了佑安医院

佐证型的“现身说法”并不立足于发现问题，而是对已经出现的评论提供更加翔实的佐证。意在以“当事者”和“知情者”的身份参与到新闻评论之中。评论员既可以对事件的细节提出佐证，又可以对事件的背景提出佐证，以达到尊重事实、正本清源的目的。

2005 年底，一则哈尔滨医科大学第二附属医院制造了 66 天 550 万元医药费的“最昂贵的死亡事件”，让人触目惊心。七旬病人翁文辉 8 月 6 日去世，医院 8 月 8 日还在做痰培养的检验，而二附院调查组于 9 月下旬向患者家属递交的一份初步调查报告的调查结论是：对于患者翁文辉，医院不是多收了钱，而是少收了。相关资料中有几项是接近吉尼斯世界纪录的“报名资格”的。例如：3025份化验单仅35份合格，7月25日输液78604ml折合157斤，8月1日输液69307ml折合138斤，66天共做588次血糖分析，66天共做299次肾功能检查，66天共做379次血气分析，66天共做1692次血糖化验，66天共输血968次，最多的一天输血94次，66天共有1180次会诊，主治医师王雪原名字的笔迹有四种之多。与此同时，深圳又爆出120万元住院费事件：深圳市人民医院在抢救患者诸少侠的过程中多收医药费。

对于这一重大新闻事件，各种评论车载斗量，或“洒向人间都是怨”，或骂声波涌连天雪，而报刊上就颇有几位医生和护士主动出面告诉大家：我们自己同样有病不敢看。另一位年轻的医生更是现身说法，对将来的前景不抱希望——

一个医者对“天价医药费事件”的感触

连日来媒体对“天价医药费事件”进行了追踪报道，同样作为一名医生，我很佩服王雪原医生的勇气，同时也颇有感触。我参加工作才4个多月，对“领导干部帝王化，普通医护人员奴隶化”一说却深有同感。

当初我刚考上这所南方著名的医科大学时，所有的亲戚朋友都认为我毕业后可以高枕无忧了，为了拿到这张将使我们“工资高福利好”的毕业证书，我们通宵达旦地背砖头般厚的内科书、外科书，天天对着尸体研究蜘蛛网一样的血管神经的分布，数着血管里都流着些什么细胞，细胞里有多少细胞核，细胞核里有多少不同种类的DNA——

当我们比别的本科生多花一年时间（医学本科5年制），多耗了N倍精力，多交了近万元学费，终于毕业的时候，马上又对严峻的就业市场傻了眼。连我们这所岭南第一的医学院校尚且如此，其他的就更不用说了。听说次一点的医学院校超过60%的医学院毕业生面临改行。但改行后又能做什么？而且17年的奋斗努力，不是说放弃就能放弃的。

再看看我们这些找到工作的“幸运儿”吧。现在大医院都“吊起来卖”，医生本来就是一个极重资历的职业，更新换代非常慢，近年虽然私营医院也出现了不少，但因为品牌效应及医疗保险制度等问题，门诊量远远不及传统的医院。而就发展前景及进修机会而言，我们这些名牌大学生又对大医院趋之若鹜，这就注定了我们只有被“奴隶化”的份。

有人安慰我们说：“慢慢来，医生老了，自然就值钱了。”在“领导干部帝王化”的制度下，在人们看病求医都喜欢找“教授”、“主任”的现实下，恐怕你还真不敢太快老，难保不会被淘汰啊。（2005 年 12 月 12 日《南方都市报》也石　文）

一句“领导干部帝王化，普通医护人员奴隶化”，把医疗体制的弊端印证无遗。树犹如此，人何以堪！名牌大学毕业的医生如此，普通病人何以堪！国家干部如此，平民百姓何以堪！所以，此处的现身说法会引起读者无尽的联想，有利于帮助人们清醒地认识目前医疗系统的“黑洞”究竟有多黑、有多深，以便积聚医疗改革的社会基础，推动社会的公平和进步。

近年来，艾滋病的问题日益受到党和国家的关注。2004 年的 12 月 1 日——第十五个国际艾滋病日，中共中央总书记胡锦涛同志到北京佑安医院看望了艾滋病患者。新闻一出，笔者即刻想到 2000 年前往佑安医院采访的情形，于是现身说法地写了新闻评论《想起了佑安医院》——

想起了佑安医院

胡锦涛同志与艾滋病患者握手的照片我看了很久。看总书记的目光，看吴仪副总理的笑容，看整洁而简单的医院设施——我知道，那是北京佑安医院。

2000 年 5 月初，为了特别报道《艾滋病在河南》的写作，作为《大河报》记者的我曾经到过那里。

我找出了佑安医院住院部“爱心家园”张可医生的照片——他高高的个头，方方的脸，认真的表情。他告诉我们蚊子为什么不会传染艾滋病，什么叫做“安全用血”，最后他说：“救救你们河南老乡吧！”

前天在央视上听到他的名字——他已经跟踪治疗了几百名艾滋病人。四年多了，1600多个日夜，他一定很辛苦。

记得在佑安医院碰见了几所大学的七八名志愿者，利用周末去服务。这支队伍如今已经很壮大了——曾几何时，他们还被堵在“艾滋病村”的门外。当时我们报社的“总编辑留言”上无奈地写着：“有兄弟报社同行要我们帮助到艾滋病区采访的，请婉言谢绝”。

记得那特别报道的起因是河南省某县4岁的孩子张成帅因为输血感染了艾滋病，我们在采访中发现，在豫东的一些地区，80年代中期非法卖血之际的感染者，到2000年开始进入可怕的“爆发期”。而当时在山西灵丘捣毁的地下采血站就封存了2.2吨血浆，抓获的18个涉案人员，11人携带艾滋病毒，7人有梅毒，其中大部分来自河南。

可截止到1999年年底，上报材料还说河南没有艾滋病。当地“父母官”给我们的回答是：“艾滋病？从来没有听说过！”后来又有当地的大学校友打电话来，说为了“投资环境”“安定团结”等等，稿子千万别发。

而记者的良心催逼我们发出“正视，还是回避”的呐喊，我们采访了各方当事人，走访了北京佑安医院、地坛医院、卫生部艾滋病防控中心和北大有关教授，写出了十个版、近两万字的“本期关注”。

记得开头的两节是：“在越来越热的四月走进乡村的时候，我们终于走进了一个陌生的世界。因为艾滋病的存在，这个世界的人们孤独而绝望。”

……

看着照片，我在想：胡锦涛与艾滋病患者握手，不仅仅是一个动作，而是一个重要的信号——艾滋病与从胡锦涛到我们自己的每一个人有关，党和国家十分重视。讳疾忌医、任其蔓延，国民经济会毁于一旦，“人文关怀”、“以人为本”的中国特色也将失尽说服力。

二战后，纳粹集中营的幸存者马丁·内莫勒有一段回忆，引起过全球无数人的共鸣：“在德国，当他们（纳粹）把魔掌伸向共产党人时，我没有说话，因为我不是共产党人；当他们把魔掌伸向犹太人时，我没有说话，因为我不是犹太人；当他们把魔掌伸向天主教徒的时候，我没有说话，因为我不是天主教徒；最后，他们把魔掌伸向了我，这时，已经没有任何人站出来为我说话了。”

十年前，艾滋病把魔掌伸向云南人时，我们不是云南人，没有说话；五年前艾滋病把魔掌伸向河南人时，我们不是河南人，也没有说话；如今，广东已经是艾滋病的重灾区之一，我们不能再等着别人站出来为我们说话了。

正因为来自疫区而多年生活在疫区、做过专题而明白艾滋病人的痛苦和做艾滋病报道的辛苦、采访过“用脚走出来数万字的‘河南艾滋病十年跟踪报告’”的临床医生，所以看到熟悉的画面和人物，自然忍不住要出来现身说法。我们说，为一段历史提供佐证，是每一个公民应有的义务，并不仅仅是新闻评论工作者的责任。

五、问世型：孙志刚替我而死

与上述的“现身说法”不同，此处的抒情主人公“跳出来”，是面对重大新闻事件的严肃表态，是义正词严的问世，这里的“我”不再是某一个人即一个“小我”，而是以“民众代言人”的姿态出现的——尽管“我”同样一直在新闻评论当中。如1946年作“最后一次演讲”的闻一多，原本并没有打算发表评论，只是看到被学生搀扶着的泣不成声的李公朴夫人，看到特务在会场里打打闹闹的行径而怒不可遏，于是拍案而起，直斥国民党特务而厉声“问世”——

今天，这里有没有特务？你站出来！是好汉的站出来！

你出来讲！凭什么要杀死李先生？杀死了人，又不敢承认，还要诬蔑人，说什么"桃色事件"，说什么共产党杀共产党，无耻啊！无耻啊！这是某集团的无耻，恰是李先生的光荣！！

………

反动派挑拨离间，卑鄙无耻，你们看见联大走了，学生放暑假了，便以为我们没有力量了吗？特务们！你们错了！你们看见今天到会的一千多青年，又握起手来了，我们昆明的青年决不会让你们这样蛮横下去的！

反动派，你看见一个倒下去，可也看得见千百个继起的！

正义是杀不完的，因为真理永远存在！

历史赋予昆明的任务是争取民主和平，我们昆明的青年必须完成这任务！

我们不怕死，我们有牺牲的精神！我们随时像李先生一样，前脚跨出大门，后脚就不准备再跨进大门！①

这无疑是中国新闻史上最为惊心动魄的现场评论，是预言未来的现身说法，是历史上罕见的用鲜血写出的评论。

似这般把自己全部投入进去的评论如今也有，只是因为评论对象不同，背景与语境不同，语气要缓和得多，但其间的无法遏制的正义感依旧汩汩流淌。如在2003年颇有影响的有关"孙志刚事件"的评论《孙志刚替我而死》(作者李昌平)——

孙志刚替我而死

在广州打工的湖北籍青年大学生孙志刚被惨无人道地打死了！我没有震惊，因为三年前我在《我向总理说实话》中揭露过据称是中国最文明的地方——上海，是怎样残害千千万万被收容的农民工的；后来，我到了首都北京，编发过国务院小城镇办公室关于"农民工在北京受到不公正待遇"的系列调查报告；再后来，来找我诉苦的被收容过的农民工越来越多；再再后来，我无奈了，失望了，

①闻一多：《最后一次演讲》，《中国现代散文经典文库·闻一多经典》，大众文艺出版社，2005年版，第383页。

常常想到可怕的暴力革命和“9·11”恐怖主义。但当我得知孙志刚被打死的消息的时候，我还是失声痛哭，因为孙志刚是替我而死的。

我2001年9月来北京打工，刚到北京时，口袋里总是带着《中国改革》杂志社发的工作证，走在北京的大街上总是小心翼翼，担心自己被收容。2001年12月21日早晨7点多钟，我担心的事情发生了，我从清华园刚出来，就看见城府路上一大帮穿制服的人在拦截行人检查证件，我的第一反应是退回清华园，因为我的包前一天在餐馆里丢了，身上什么证明都没有。但很快我又拿定主意：收容了正好，可以写一篇“李昌平收容记”的长篇报道。我大步走向检查站，只见三才堂（写字楼）的墙边已站着47个举着双手面向墙壁的农民工。我站到一个穿制服的领导模样的人身边，看着发生的一切，不到20分钟，墙边站着的农民工超过了80个。我有些沉不住气了，和那穿制服的领导聊起来。他说快过元旦了，为了保证北京节日期间的稳定，全市要集中一个星期收容遣送一批非法农民工。我问怎样确定非法农民工。那位领导说看他们是否有身份证、暂住证、健康证、计划生育证等。8点12分，收容的人数超过了100人。领导叫来了一辆囚车，命令举着双手的农民工“滚上车”。我有些激动了，对那领导说，我也是一个农民工，你们也把我收容吧！那个领导盯了我好一会，缓缓地丢给我两个字——“无聊”，凛然转身指挥农民工“滚上车”去了。

后来，我有了记者证，在北京我很少将记者证带在身上，我希望有一天被收容遣送，这个愿望很强烈，但一直没有人收容遣送我，“李昌平收容记”也没有写成。我把这个遗憾说给我的同事听，他们都说我太胖，像个腐败分子，谁敢收容腐败分子呀！

听到孙志刚收容致死的消息，我就觉得他就是替我而死的。因为孙志刚的死告诉我，假如我被收容了，也可能被打死，这突破了我“希望被收容”的底线；我们总以为收容的对象是农民工、小县城的下岗失业者，但孙志刚是大学生，他被收容突破了收容对象的底线，明天被收容的可能是大学的教授;这样下去除了带警衔的、穿制服的和我这样腐败模样的人有安全感外，其他人还有生命安全可言吗？孙志刚的死,唤醒了我们活着的普通人的警惕;孙志刚用他的生命给那些“被卖了但还在替人数钱的知识分子”一记响亮的耳光;孙志刚用生命警示我们:这个社会存在另一种“非典”——无法无天的权利,时时刻刻威胁着我们。所以孙志刚替我而死了,也是替老百姓而死了。

过去收容遣送是一种救助制度，对象是无助的农民工,现在的收容遣送是一种什么样的制度了,而且对象扩大到了大学生,这是从来没有过的;过去只有城乡二元,现在,你是武汉的市民,你到北京、上海、广州一样被收容遣送。我们这个社会正在破碎成无数个政治经济权益体,少数人成为政治、经济利益的既得者后,就利用法律、条例、制度、职权、国家机器,维护、扩大自己的既得私利,千千万万的农民工,千千万万的下岗工人,千千万万的大学生,他们在寻求生存和发展机会的过程中,还将有多少个孙志刚啊!

孙志刚今天替我们死了,如果我们漠视孙志刚之死,明天就是我们的死期。

(《百姓》2003年第6期)

作者以自己的“打工经历”印证了一个冷酷如铁的事实:这个社会存在另一种“非典”——无法无天的权利。这个瘟疫一样的“权利”,时时刻刻罩在我们的头顶,威胁着我们。所以,作者的结论是:孙志刚替我而死了,也是替老百姓而死了。在此,作者的现身说法是“参与哭诉”型的,哭诉阳光下的变相的种族歧视，哭诉过去在孙志刚之前许许多多的遭遇不幸又幸而没有亡身的同胞。由于作者真诚的介入,使得所思考的问题更加易于得到共鸣,所同情的人们更加易于得到同情，情感的力量转化为评论的逻辑力量。

六、骂世型：新国粹的姿态

如果说“提示”是交代自己，“自责”是谴责自己，“佐证”是回忆自己，问世是“忘记”自己，那么“骂世”毫无疑问就是崇拜自己了。与“总是有理”的“颠扑不破”不同，骂世型的评论在开骂者自己是认真严肃的，确乎不无“天将降大任于斯人”的使命感和责任感。此处的“我”不是简单的脸谱化，而是认认真真的“以我观物”。

上世纪80年代末，改革开放之风越来越强劲，理论界、思想界也有不少的改变与借鉴，如文学评论的新方法论等。一些思想趋于保守的学者立即在各个领域表现出无法接受的姿态，在对峙当中，评论家米博华写出了著名的《“新国粹派”宣传提纲》——

“新国粹派”宣传提纲

肇始于汽车、彩电诸器物之引进，继则以股份、租赁诸制之推行，国之不复有“中”味也。伫立街头，看奔来驰去的“雪铁龙”，不免泪如喷壶。咽下泪水也抢个免税大件指标。虽属洋货，然不夺吾心，可矣！

不期，一小撮后生小子土怨鬼般不断斫丧着国脉，不仅承继辛亥乱党之余绪，甚而至于要屠龙、掘坟、鞭尸；凡我神州子民莫不掩面哀恸也。

汉唐以降，我邦之于他邦，未曾说过软话；维新以来，由帝制而共和，永远自信第一。我轩辕子孙气魄宏大，在科学、器物和典章制度两个层面业已作出惨重让步，然则不肖孙儿欺祖太甚，穷追不舍，竟严厉拷问制度中的灵魂，灵魂中的鬼魅；奚啻断我中华之脊梁乎？

查来自德国辩证法与先儒之变化法巧妙结合：“一阴一阳谓之道”，乃一分为二滥觞，“此一时彼一时”悉为“全面性”嚆矢。一柄两面，优点缺点，万事皆备此理。匡持之，无往不胜。

国人忻然外邦器物，然则此等精良玩艺盖为中土所古有，了无新奇。星气始于臾区，勾股始于隶首，浑天昉于玑衡，机器造于班墨。所谓激光，原不外临镜成影；所谓电脑,亦未脱《易经》窠臼。质言之,科学发蒙于中土,发达于外邦。今古“齐”观,秋色平分。难辩其轩轾也。

然则,国民之心性,兹事体大,饮可乐,观彩电尚可受用,惟“老年迪斯科”图像之妖态,绝不可忍也。要之,可以改造机器,不能改造人心;人心倘变,中土之传统荡然无存矣! 十载以来,“灭资兴无”、“斗私批修”、“狠斗私字一闪念”之口号不兴,心中之贼蠢动无端矣。继之以“生产力标准”、“主体意识”、“竞争观念” 等等蛊惑人欲之妖言此起彼落。此实与国情大相径庭与传统大相抵牾也!此贼不破,国之粹安能不玩完乎?

道德立国,天经地义。惟问主义,生产力之说,乃妄言也。昔有“卫星上天,红旗落地”之忧虑,提要钩玄,颇得先祖之衣钵。夫生产力者,外求也,扩张也,索取也,征服也,奢侈也……斯风若兴,不复有国粹存焉。兼并企业乃弱肉强食之祸首,承包租赁系分公而肥己之渊薮,优化劳动组合遂使“革命群众”人无宁日,市场经济必导致“企业家”为富不仁。盖今日中土之农民亦不安里井,商贾之操奇计赢,以吏为师亦屡遭诘问,人欲横流,皆为生产力标准妄言所驱策也。夫道德者,岂能与竞争共戴一天哉!尚人伦,崇天理,古国寡民,与世无争,乃我文明之精华也。耕田而食,凿井而饮,虽粗如蔬,恬淡如水,败火也,去痰也。

“主体意识”泛滥,俾民风大变也:动不动要思考,置圣贤于脑后,竟而问难于报端;开口闭口成才,居然由京师而流向特区矣;动辄侈谈政治民主,目无尊者贤者,竟然发生农民状告父母官对簿公堂之犯上举动; 工人不当螺丝,记者不当工具,农民离弃土地,学生要问国事。概言之,如此情势,为两千年华夏大地闻所未闻也。

吾深所惧者商品也, 市场也, 待经济发达现代化之日,恐系列祖列宗逊位坍台之时也。

呜呼——吾宁变一兵马俑,飞赴始皇陵前,大哭秦庭,感动先祖,唤醒庶众,重振颓势,光复旧物,俾使国粹大放光明也。

(1988 年 10 月 12 日《人民日报》)

在此现身说法的自然也是一个“大我”，只是这里的“吾”代表的同样是一群人。在用词方面，“新国粹派”嘴里“嚆矢”“滥觞”“轩轾”“秦庭”联翩而至；在用语方面，“一阴一阳谓之道”与“灭资兴无”、“斗私批修”、“狠斗私字一闪念”交相辉映，大惊失色于商品、市场，忧心忡忡于“卫星上天，红旗落地”，宁变一兵马俑，飞赴始皇陵前，大哭秦庭，感动先祖，唤醒庶众，重振颓势，光复旧物——已经不仅是替新国粹派代言的问题，而是“宁死不屈”的宣言书。颇代表了一部分思想跟不上时代发展的人的典型心态。是故“现身说法”既可以推时代车轮向前，又可以拉历史绳索朝后，新闻评论的使命恰恰在于从正反两个方面说明车轮毕竟会前进而时间总是公正的。

第十三章 立此存照：你究竟为何感动？

[本章内容提示]

★照相：点评或无评的评论

★镜头组合：你究竟为何感动

★纪实特写：大跃进倡议书

★连环漫画：车文明与否

★图片解说：立此存照

★亲密合影：互相推举的特写

★快速摄影：没有不……

★真假拼接：消息与传闻

一、照相：点评或无评的评论

正如新闻评论的“异体叙述”中把新闻用诗的形式转换一下就变成了评论一样，有时候评论并不需要洋洋洒洒、长篇大论，因为特殊的“记录”本身在许多场合已经具备了评论的因素。做思想史、文学史都讲究“论从史出”，做新闻和做评论不妨也实践一下“论”从镜头出、从画面出、从导语和标题出。新闻里的通讯、报道的客观性，禁止记者携带自己的感情跳出来“指手画脚”，美国新闻学者杰克·海敦说：“解释性报道不能作为发议论的借口。”①然而，绝对的、纯粹的“客观”是很难存在的。拍什么不拍什么，写什么不写什么，本身就有“人”的好恶和取舍，更不用说材料的筛选，镜头的剪辑。同时用接受美学的角度考查，究竟是解释、报道还是议论，既因为受众的理解而改变，又因为接受的时间、地点、条件而改变——把一些新闻材料和解释性文字放在A处或许仅仅是以充分的背景为依据的客观加工过程，而放在B处就是不折不扣的评论。例如美联社的一条新闻：《一些伊朗妇女走上一条新的脱离苦海之路——杀夫》曰——

【美联社德黑兰2002年7月8日电】费尔道斯13岁就嫁给了比自己大18岁的男子，她是那种符合伊朗社会

①[美]杰克·海敦：《怎样当好新闻记者》，新华出版社，1984年版，第212页。

道德标准的妻子:尽管她受了痛打和羞辱,仍然顺从地默默承受。

但经过30年的婚姻生活,她已经受够了。有关当局说,她策划谋杀了自己的丈夫希达亚特。

费尔道斯因谋杀罪被判处死刑。她是自2月份以来被指控谋杀亲夫的至少20名伊朗妇女当中的一位。一开始,对这些谋杀案的报道并未引起人们的关注,但随着此类案件数量的不断上升,情况出现了改变,伊朗人开始看到,这些杀夫现象体现出了巨大的社会压力。

社会学家穆罕默德·艾哈迈迪说:"杀夫是伊朗男性统治的社会里出现的一个新现象。这意味着经济困顿和社会危机正达到一个危急点。"

他列举了伊朗社会中导致失望沮丧的几个问题,如强制婚姻,丈夫不忠、阳痿、贫困和正常娱乐活动的缺乏。伊朗的伊斯兰法律禁止没有亲密关系的男女进行社交活动。

……

费尔道斯对主管部门说:"在30年的婚姻生活中,希达亚特总是对我拳打脚踢。他是一个多疑的人,对什么事都感到怀疑。他根本不信任我。他使我的生活痛苦不堪。"

检察官说,3年前,费尔道斯花3000万里亚尔(合3750美元)雇了一名男子将其丈夫用匕首刺死。这起案子直到今年2月警察在一所废弃的建筑里发现费尔道斯的丈夫的尸骨时才被发现。之前,费尔道斯对人们说是她丈夫抛弃了她。

……

律师萨拉·伊拉尼说,虽然伊朗的男子几乎可以随心所欲地离婚,但妇女想要离婚,必须经过一系列法律程序,离婚战可能会打20年之久。她说,即使20年后,结果也可能是妇女败诉,无法解除婚姻。

陷入暴力婚姻的妻子也没有什么办法对丈夫做出反抗。

伊拉尼说:"妇女必须找出四名男性目击证人,证明丈夫对自己使用暴力。但伊朗的妇女怎么可能指望让四名男子呆在自己的卧室目睹丈夫动手打人呢？”

……

律师阿卜杜萨马德·霍拉姆沙希认为，社会的变化导致了杀夫现象。

他说：“以前，我们的社会比较封闭，妇女们没有丈夫的允许甚至不能出门。现在，情况已经改变了。她们更加坦率和勇敢。妇女们已经意识到自己的权利，并在为平等而战。”

据官方数字显示，去年有4.4万伊朗人离婚，比前年增加了12%。同时，登记在册的婚姻数量下降了4.5%。

在此，我们从新闻报道的角度可以说：历数社会学家和律师的“解释”是“既表明了记者的观点，又避免了记者直接发议论的不足”的“高明之举”①。如果从新闻评论的立场出发，我们又有理由认为，对于这样的新闻是无需评论的：造成杀夫现象的一系列原因、离婚的法律对于妇女的苛刻与荒唐、对男权社会的批评与对“为女权而战”的鼓励……尽在其中，读者不妨把它视为“夹叙夹议”的评论。与这则新闻不同的是，我们所讨论的“立此存照”，或许更加注重以下三个方面的特征：(1)画面感。“文字能说的，画面能说。文字不能说的，画面也能说”。立此存照的“照”就是画面——如同新闻漫画本身就是评论一样，此类评论是依靠文字描绘成的画面说话的，所以文字的形象性往往在其逻辑性之上。(2)直接性。这种评论强调“有一说一、点到为止”，基本没有其他评论的引经据典、旁逸斜出——常常只画“树犹如此”，而把“人何以堪”留给读者或观众。(3)简洁性。或“寸铁杀人”，或“画龙点睛”，评论往往以三言两语解决问题，因为需要说的画面已经说明。总而言之，这种评论与“借鸡下蛋”所一致者，都是“借别人的酒杯浇自己的块垒”，所不同者，是不必再索引串连、穿针引线，最多只是几句“点评”而已。但由于评论的“画面感”即美术形式的力量，文字同样可以显示出自己的深度、广度和力度。

作为梳理和总结，我们认为，“立此存照”的“影像”可

①程道才：《西方新闻写作理论》，新华出版社，2004年版，第134页。

以由以下几个方面组合而成:即镜头组合、连环漫画、图片解说、亲密合影、快速摄影,现分而述之。

二、镜头组合:你究竟为何感动

法国艺术家得拉克罗瓦论拉斐尔时说过:"绘画本身虽有局限性,但有它自己的为诗歌所不具有的快感和源泉。"[①]那原因恰恰在于绘画与音乐均是"前语言"的艺术,它们不必经过文字的转换就可以直接诉诸人们感官。文字组合的镜头是间接的,它要求评论者必须用简洁而又有张力的文字生动地描述,恰如哥伦布发现了新大陆之际向上司汇报说:"这里有利于健康的河流交织,有的树在开花,有的树在结果"——这种《本草纲目》般的质朴结实、一字不易的美,就是镜头语言的美。时评家刘洪波除了《万幸,刘利民没有授过衔》的犀利之外,还有另一副笔墨,2004年第4期《杂文选刊》上有他的"镜头组合"式的评论题为《你为何感动》——

你为何感动

以下是近段时间"感动"了笔者的几件事:

——山东临沂农民孙文流拖着断胳膊断腿从河南爬行千里回到家乡。孙文流没有计算过一路的艰难,这个出省打工却被老板打残了身体的农民身无分文,被打伤后,老板将他扔到野外,后来被民警关到医院,又因无钱医治被医院赶出来。入地无门,上天无路,孙文流却想着"我要回家,我死也得死在家里呀,死在外面没人给我收尸啊!"——他也只能回家,从酷暑到寒冬,历时6个月,他爬回家了。真是"天无绝人之路",让我们为"天无绝人之路"一哭。

——从重庆到武汉打工的夫妻下错了车,丈夫陈启园寻找转乘汽车时遇车祸被撞断了腿,妻子邵春真毫不知情,在下车的路边苦等三天三夜。直到一名警察接到报警,千方百计找到已住在医院的陈启园,夫妻二人才得以"抱头痛哭"。邵春真说,丈夫去找车未回,她身上没有钱,

①《古今中外伟人智者论艺术》,中国国际广播出版社,1993年版,第115页。

更怕换了地方丈夫找不到自己，就在原地等着。

——从昆明驶往泸州的一辆卧铺车被货车撞翻，15人死亡，19人受伤。车祸次日，一名未满一岁的婴儿躺在一直昏迷不醒的母亲身边饿哭了，两个小时过去了，母亲好像被孩子的哭声"闹"醒了，但她不能说话更动弹不得，泪珠从她的眼角流下来。医护人员将孩子送到母亲怀里，孩子咬住乳头吸吮起来，哭声戛然而止，母亲焦虑的表情也缓和了下来。这母女俩分别是此次车祸幸存者中年龄最小的伤者和伤势最重的人，母亲张红敏腹腔内有600毫升淤血，还未脱险。孩子由于在撞车时被母亲紧紧护住，伤势较轻。车祸后的第三天早上，刚能张口说话的张红敏用微弱的声音告诉记者，她家是云南昭通大关人，丈夫在一年前外出打工，不慎摔死……

你设想自己就是那个千里爬行的民工，设想自己作为一个"下等人"在陌生的城市苦坐三天三夜等待唯一熟悉的亲人，设想自己的母亲也曾如张红敏那样赐你一切。哪怕相隔万里，这些感动人的事情总能将你放置在其中，使你进入"设身处地"的状态，从而泪如雨下。

以上评论里，作者使用了"拖着断胳膊断腿从河南爬行千里"、"在下车的路边苦等三天三夜"、"她不能说话更动弹不得，泪珠从她的眼角流下来"等形象化的语言，组合成为一幅幅感人的镜头，篇末他也并没有评论什么，只是叫读者"设身处地"地把自己拉入画面当中。可是这种"白描"或"素描"远胜过洋洋千言的高论——如同安塞腰鼓和陕北的"酸曲儿"，艺术的组成往往只需要很简单的元素。

三、纪实特写：大跃进倡议书

特写照片是新闻纪实摄影中的重头戏，特写手法是指新闻摄影者通过对拍摄对象细致的观察，抓住最能表现事物本质的细微之处，删繁就简地拍摄下来的取景表现手法。它的取景境是局部的，但同样能负载着大量的新闻信息，并能紧扣受众，以小见大，给人强烈的视觉冲击力。这种纪实特写同样可以用“立此存照”的文字来完成。无论新闻还是旧闻，只要把特写展示出来，即刻会收到“滴水见太阳”的效果。

1958 年盲目的“大跃进”是共和国历史上的一大教训。在“大跃进”中，高指标、瞎指挥、虚报风、浮夸风、“共产风”盛行，各地纷纷提出工业大跃进和农业大跃进的不切实际的目标，片面追求高速度，大幅度地提高和修改计划指标。在农业上，不断宣传“高产卫星”、“人有多大胆，地有多大产”。在工业上，错误地确定了全年钢产量 1 070 万吨的指标，全国几千万人掀起了“全民大炼钢铁运动”。作为缩影和特写，试看《人民日报》1958 年 3 月 8 日上有关中国作家协会“跃进，大跃进！”的一封公开信——

中国作家协会发出响亮号召　作家们！跃进，大跃进！

新华社 7 日讯　为了推动文学工作大跃进，中国作家协会 7 日在题为“作家们！跃进，大跃进！”的一封信里，向全国作家发出响亮的号召。这封信全文如下：

六亿人民的社会主义大跃进的高潮已到，人人兴奋，个个当先，随时随地出现奇迹。一天的奇迹就够写成许多部史诗、戏剧和小说的。作家、理论家、翻译家同志们，我们怎能不高兴、不狂喜、不想变成三头六臂，眼观六路，耳听八方，双管齐下，快马加鞭，及时报道，及时歌颂，鼓舞更大的干劲，叫前人所不敢梦想的每一天、每一小时、每一分钟，都实现在我们眼前呢？

去年，全国几百位作家制定了创作计划。在今天的形势下，我们要求这些作家做到：

（一）坚决执行计划，提前兑现。

（二）修正补充原订计划，把量力而为、从容不迫变为全力以赴、即刻杀上前去，叫我们的计划变成作家队伍中的“急先锋”的计划。每个计划都必须增补上反映和鼓舞当前大跃进的短小精悍的作品若干篇。原定的长篇一定要照计划而行，既快又好，保证质量。同时，也必定写些短的，随时发表。我们舞长枪，也要短棒，不论长短，一概要有所创作。

(三)在修正补充原定计划的时候，要注意到：学习新的技巧，充实写作本领，使我们的思想跃进，本领也跃进。没写过诗的，试试看；全国到处都迫切需要跃进的诗歌，大家都唱起来，干劲就更大。写评论的试试创作，创作的也试试评论。同样地，试试相声、鼓词，以至各种戏曲。要叫我们的计划凑在一起就是文学百货供应总站，要什么有什么，而且具有新的风格，和有普及而提高的特色。真乃是百花齐放，大胆创造。这对人民和我们自己都大有好处，我们乘此机会把自己锻炼成文武昆乱不挡的作家，人民也因此可以各取所需，更爱我们的作品，更多读作品，写的看的一起跃进。

还没有制定计划的作家，都须马上拟制，分别交给作家协会或分会。发表过的作品而还不是作家协会会员的业余作家也可以这么办，从此我们就能密切地互相联系。

请作计划：有规划，有指标，就便于督促、竞赛、检查和评比。我们必须知道自己要做什么，要做多少；作家协会也必须知道大家都要做什么，要做多少，以便协助和检查。在大跃进中，个人的劳动须有集体的督促，这才能大家一个劲儿都干得又快又好。我们愿意知道今年产生多少百万吨钢，大家也愿意知道我们写出多少作品。我们也许不喜欢数字，但是在社会主义大跃进里事事都要算账。假若一千位作家写长篇之外，还计划都写十篇短文，一年便出一万篇。“作协”把这些数字公布出去，我们便无法打退堂鼓。我们必须跃进，也就必须有创作计划，以便完成计划，超额完成计划。我们的计划是诺言，是合同，不许落空，失信于人民！

同志们，制定计划并马上动手执行计划吧！有困难，克服；要求援助，告诉作家协会。每个作家都有跃进的决心，文学事业才会有真正的繁荣！人民都在忘我地劳动，都切盼得到好的诗歌，好的散文，好的小说，各种各样的好作品。劳动越积极，越迫切需要文艺。同志们，拿出最大的革命干劲，到群众中去，向人民学习，为人民写作：多写、快写、写得好、写得生动精炼！我们自己带动并帮助别人写。同志们,除了保守思想和官气、暮气、阔气、骄气与娇气五道邪气,没有任何东西能够挡住我们大跃进的。[1]

毋须多加评论,舞枪弄棒、快马加鞭、全力以赴、杀上前去的"音容笑貌"便是一幅逼真的特写,告诉我们有一种精神可贵却又可叹,告诉我们整整一个时代是如何满怀激情地跌跤。值得注意的是,"公开信"写于1958年的3月初,换言曰,这文学领域的"高产计划"是在1958年5月召开中共八大二次会议发动"大跃进"运动之前问世的。说明文艺界跃上潮头的动作之快。于是,这幅特写就愈发显示出"为历史作证"的史料价值。

四、连环漫画:车文明与否

特写是特征的放大,不需要连贯的情节,如果用一连串的画面组合为一个故事,就是连环画的形式。可惜篇幅所限,评论者往往来不及"宏大叙事",更来不及作精雕细刻,于是那连环画也经常是"表意而已"的漫画,不过新闻评论的特点依旧是顽强而深邃的。请看日本《朝日新闻》评论员所绘制的高速公路上的"车文明"的连续漫画——

车文明

在东名高速公路静岗县沼津至御殿场之间,星期天清晨5点左右,有人发现一个3岁的小女孩。后来查明,那是孩子的母亲和她的情人一起,特意用小汽车把孩子带到这里扔掉的。

虽说是路旁,但是,高速公路两侧拦着严密的铁丝网,并无出口,附近也没有人家。清晨微暗的高速公路上,3岁的小孩儿拿着奶瓶,蹒跚地走着。时速100公里的汽车一辆接一辆,嗖嗖地从孩子身边飞过。碰上去,一下子就会被压得粉身碎骨。

普通人扔掉孩子,多选择百货公司或车站前,那里总算是比较安全的场所。而这个孩子的母亲,偏偏找了如此一个危险的地方,无异于把孩子扔到野兽笼里,任虎狼吞

①《天涯》2005年第1期,第87–88页。

嚼，令人毛骨悚然。

人们常说："小汽车文明，造成了品性的堕落。"争车速，出丑态，吐痰，丢烟头，平时干不出的，在小汽车里都干了。这个孩子的母亲，不是同丢烟头一样，把孩子抛出车外了吗？

清厚瑞彦所著《瑞典神话现代版》一书，讲了这样一个故事：一位记者，化妆成浑身是血的因车祸负伤的人，躺在路旁，他也数着，看第几辆车能把自己救出来。第210辆从身边驶过，还是装作没有看见的样子，第220辆开来，终于停下看了看。然而："去他的！"只吐了这么一句，又开走了。

那么，救起这个孩子的，该是第几辆汽车呢？富士山麓是那么冷，即使不被压死，也会被冻死吧。（日本《朝日新闻——天声人语》专栏，译文据《国际新闻界》）

被扔掉的孩子脚步踉跄是一幅画，把孩子扔到野兽笼里，任虎狼吞嚼是一幅画，小汽车争车速，出丑态，吐痰，丢烟头是一幅画，负伤的人躺在路旁数着经过的汽车又是一幅画，最后，第220辆终于停下看了看，一句"去他的！"又开走了是结束。把日本社会的冷漠心理和野蛮行为与日本的文明进程结合在一起，指出了这样的一个事实："正是这种冷漠和野蛮常已经被解读为社会文明。"这是对日本的道德危机发出绝望的呐喊。连环画以漫不经心的编曲方式，通过沙哑的嗓音唱出了一个时代的悲歌。它把政治问题、社会问题与人的心灵糅合在一起，粘贴在画布上，使新闻评论有了超越国界的悲壮感。

五、图片解说：立此存照

在《力求严肃认真思考的札记》里，画家黄永玉画一张扁扁的脸，两排傻傻的大牙齿上停留着一只牙刷，压图标题是"假笑"（使人情不自禁想起一副"谄媚"的脸孔）。又一幅是两只懒洋洋的脚丫子，压图标题是"每天二十亿小时的最东方风格的浪费。"[①]面对一幅行李远远高过大

①黄永玉：《力求严肃认真思考的札记》，生活·读书·新知三联书店，1997年版，第25页。

巴车的超载照片，一位资深编辑的压图标题是："高！实在是高！"——在照片旁边，一句两句的解说、评点就是地道的新闻评论。传统的"左图右史"、图文并茂正是"立此存照"的雏形。以文字绘出画面，再加上精辟的点评，往往能够收到意想不到的效果。

1936年，鲁迅先生去世之前，曾经连续写了七篇鲁迅《"立此存照"(一)》，占了一册《且介亭杂文末编·附集》的三分之一。其中颇有几段评论至今仍然余味不绝。如其第一段——

海派《大公报》的《大公园地》上，有《非庵漫话》，八月二十五日的一篇题为《太学生应试》，云：

"这次太学生应试，国文题在文科的是：《士先器识而后文艺》，理科的是《拟南粤王复汉文帝书》，并把汉文帝遗南粤王赵佗书的原文附在题后。也许这个试题，对于现在的异动，不无见景生情之意。但是太学生对于这两个策论式的命题，很有些人摸不着头脑。有一位太学生在试卷上大书：'汉文帝三字仿佛故识，但不知系汉高祖几代贤孙，答南粤王赵他，素昧生平，无从说起。且回去用功，明年再见。'某试官见此生误佗为他，辄批其后云：'汉高文帝爸，赵佗不是他；今年既不中，明年再来吧。'又一生在《士先器识而后文艺》题后，并未作文，仅书'若见美人甘下拜，凡闻过失要回头'一联，掷笔出场而去。某试官批云：'闻鼓鼙而思将帅之臣，临考试而动爱美之兴，幸该生尚能悬崖勒马，否则应打竹板四十，赶出场外。'是亦孤城落日中堪资谈助者。"①

"佗"与"他"不分，展开考卷想的是"若见美人甘下拜"——活活一幅"考场洋相图"。但鲁迅先生仅仅批点了一句："寥寥三百余字耳，却已将学生对于旧学之空疏和官师态度之浮薄写尽"。鲁迅从科考这则新闻里发现了两代文人的毛病：应试者腹内空空，阅卷者以取笑考生找乐，可谓目光犀利。其第二段曰——

①鲁迅：《且介亭杂文末编·"立此存照"(一)》，《鲁迅全集》第6卷，人民文学出版社，1981年版，第604页。

《申报》(8 月 9 日)载本地人盛阿大，有一养女，名杏珍，年十六岁，于六日忽然失踪，盛在家检点衣物，从杏珍之箱箧中发现他人寄与之情书一封，原文云：

"光阴如飞的过去了，倏忽已六个月半矣，在此过程中，很是觉得闷闷的，然而细想真有无穷快乐在眼前矣，细算时日，不久快到我们的时候矣，请万事多多秘密为要，如有东西，有机会拿来，请你爱惜金钱，不久我们需要金钱应用，幸勿浪费，是幸，你的身体爱惜，我睡在床上思想你，早晨等在洋台上，看你开门，我多看见你芳影，很是快活，请你勿要想念，再会吧，日健，爱书。"

盛遂将信呈交捕房，不久果获诱拐者云云。[①]

至多是一般的风流韵事，可鲁迅先生这回批点了两句："那一封信，却是十足道地的语录体情书，置之《宇宙风》中，也堪称佳作，可惜林语堂博士竟自赴美国讲学，不再顾念中国文风了。现在录之于此，以备他日作《中国语录体文学史》者之采择"。此前林语堂和周作人热热闹闹地办过一阵子《论语》、《宇宙风》，提倡"性灵小品"，颇有影响，故鲁迅顺手幽林语堂一默，也道出"性灵小品"内容的无聊。

其第五段曰——

《社会日报》久不载《艺人腻事》了，上海《大公报》的《本埠增刊》上，却载起《文人腻事》来。"文""腻"两音差多，事也并不全"腻"，这真叫作"一代不如一代"。但也常有意外的有趣文章，例如九月十五日的《张资平在女学生心中》条下，有记的是：

"他虽然是一个恋爱小说作家，而他却是一个颇为精明方正的人物。并没有文学家那一种浪漫热情不负责任的习气，他之精明强干，恐怕在作家中找不出第二个来吧。胖胖的身材，矮矮的个子，穿着一身不合身材的西装，衬着他一付团团的黝黑的面孔，一手里经常的夹着一个大皮包，大有洋行大板公司经理的派头，可是，他的大皮包内没有支票账册，只有恋爱小说的原稿与大学里讲

①鲁迅：《且介亭杂文末编·"立此存照"(二)》，《鲁迅全集》第 6 卷，人民文学出版社，1981 年版，第 606 页。

义。"①

这一回评点发展为三句了:"原意大约是要写他的'颇为精明方正的',但恰恰画出了开乐群书店赚钱时代的张资平老板面孔。最妙的是'一手里经常夹着一个大皮包',但其中'只有恋爱小说的原稿与大学里讲义':都是可以赚钱的货色,至于'没有支票账册',就活画了他用不着记账,和开支票付钱。所以当书店关门时,老板依然'一付团团的黝黑的面孔',而有些卖稿或抽版税的作者,却成了一付尖尖的晦气色的面孔了"。只轻轻点明"讲义就是支票",则所有的"高雅"烟消云散矣!

以上三段评论,有场景特写,有心理白描,更有人物特写,与画面配合得天衣无缝,堪称经典的新闻点评。

六、亲密合影:互相推举的特写

只要是名人,婚纱摄影和友情生活照都是可以算作新闻摄影的。立此存照的门类之一就是亲密合影或曰互相拍摄"伟人标准像"。如果放在"借鸡下蛋"的写法中,可以叫做"同人交替说":同声相应,同气相求,各个都把对方画的很美,当然自己也就美不胜收了。因为同人——尤其是指向相同、观点一致的"同党"的影像更有以一当十的作用。让同人在关键时刻站出来发言,效果每每出人意料。如鲁迅的《无花的蔷薇》里让徐志摩与陈西滢"互相拍摄",至今让人回味无穷——作为"新月社"和《现代评论》杂志的同人,徐志摩与陈西滢的政治立场与学术思想都比较接近,在1925年的"女师大风潮"和1926年的"三·一八惨案"中,二位与鲁迅的观点、立场殊多不同。所以鲁迅写《无花的蔷薇》时顺手以二位为材料"幽他一默"——

> 志摩先生曰:"我很少夸奖人的。但西滢就他学法郎士的文章说,我敢说,已经当得起一句天津话:'有根'了。"而且"像西滢这样,在我看来,才当得起'学者'的名词。"(《晨副》一四二三)

①鲁迅:《且介亭杂文末编·"立此存照"(五)》,《鲁迅全集》第6卷,人民文学出版社,1981年版,第630页。

西滢教授曰:"中国的新文学运动,方在萌芽,可是稍有贡献的人,如胡适之,徐志摩,郭沫若,郁达夫,丁西林,周氏兄弟等等都是曾经研究过他国文学的人。尤其是志摩他非但在思想方面,就是在体制方面,他的诗及散文,都已经有一种中国文学里从来不曾有过的风格。"(《现代》六三)

虽然抄得麻烦,但中国现今"有根"的"学者"和"尤其"的思想家及文人,总算已经互相选出了。[1]

雨果在《巴黎圣母院》里说过:"从一个学者口中倾注给另一个学者的恭维,只不过是一瓶加了蜜的苦胆汁而已。"然而在"党同伐异"的"战斗"生活中,徐志摩与陈西滢丝毫没有意识到这一点,鲁迅的"点破"无疑是一种及时的提醒,而这种揭露"借喇叭自吹"的新闻评论方式则是充满了喜剧美学的色彩。

七、快速摄影:没有不……

快速摄影俗称"慢动作",按照每秒超过24格画幅拍摄频率摄影。快速摄影在影片中可起到创造特定艺术氛围,剖析人物内心活动或用来分解动作等作用。作为新闻评论的"快速摄影"有着自己鲜明的特点:没有具体的细节、脸谱,但每一幅都不难"形象思维"出画面与细节。所以画面也就变成了"只有解说词的评论"。例如大家对于"新闻惯用语"的"戏说"——

新闻惯用语

开会没有不隆重的,闭幕没有不胜利的,讲话没有不重要的;

鼓掌没有不热烈的,领导没有不重视的,看望没有不亲切的;

接见没有不亲自的,进展没有不顺利的,完成没有不圆满的;

成就没有不巨大的,工作没有不扎实的,效率没有不

①鲁迅:《华盖集·无花的蔷薇》,《鲁迅全集》第3卷,人民文学出版社,1981年版,第258页。

显著的；

决议没有不通过的，人心没有不振奋的，班子没有不团结的；

群众永远是满意的，领导没有不微笑的，问题没有不解决的；

竣工没有不提前的，节日没有不祥和的，路线没有不正确的；

决策没有不英明的，对抗总是没出路的，后果总是你来负的；

慰问没有不亲切的，谴责没有不严厉的，完成没有不超额的；

思想没有不统一的，理论没有不高举的，严打没有不彻底的；

治安没有不良好的，社会没有不安定的，生活没有不幸福的；

产值没有不提高的，热情没有不高涨的，干劲没有不加强的；

反对没有不强烈的，消逝没有不举世瞩目的，会见都是本台刚刚收到的……

一而再、再而三地“惯用”之后，语言失去了新鲜感，于是自然成了机械的符号，因为语言应有的“能指”已经渐渐地变味了。如果受众接触到你的新闻，一听或一看导语便明白了后面要说的一切，当然谈不上喜闻乐见。在此，画面完全都是暗含着的镜头语言，立此存照的目的或许在于：“这样的新闻语汇是否应该有所改进！”

八、真假拼接：消息与传闻

如果画面一半是真实的摄影，而另一半却是“比真实还真实”的油画作品，在美展上一定是引人注目的，因为它们并不和谐。作为美术上的“后现代精神”，在他人的图画的基础上的改造叫做“戏仿”，而作为新闻评论，这种拼接同样是可以允许的——只要可以自圆其说，就不失为一家之言,重要的是表达评论员的意见。请看纪宇笔下下面一幅拼接的图景——

报上的消息和听来的传闻

报载:某高速公路行驶的豪华中巴上,三名歹徒持尖刀洗劫乘客。二十余名乘客中不乏人高马大、体魄健壮者,却无一人反抗,司机若无其事照样开车。恶念膨胀的歹徒越发猖狂,他们劫钱抢物还不满足,又将一女青年胁迫至车后猥亵。女青年惊慌中曾喊邻座男子为哥,盼其援手搭救。该"哥"不敢应承,摇头言"否",女青年惨遭强暴。歹徒逞凶后喝令停车,跳车扬长而去。满车乘客中竟无一人想到应该赶快报案,仿佛什么事情也没有发生过。

读此消息,义愤填膺,真是羞人!想我若当时在车上,会如何行动,是否会振臂出拳,抗暴惩恶?我有这胆,有这力吗?若无这伸张正义之胆力,又何敢称自己为一个堂堂男子汉!

日前又听人讲一则传闻,情景绝似,只是角色转换了。

山间公路上,三名持枪歹徒居然盯上了漂亮的女司机,强迫中巴停下,要带女司机下车去"玩玩",女司机情急呼救,全车乘客噤若寒蝉。只有一中年瘦男子应声奋起,却被打伤在地。男子气极,奋起大呼全车人制止暴行,却无人响应,任凭女司机被拖至山林草丛。半个时辰后,三歹徒与衣衫不整的女司机归来。车又将行,女司机要被打伤流血的瘦弱男子下车。男子不肯,僵持起来。

"喂,你下车吧,我的车不拉你!"

中年男子急了,说:"你这人怎么不讲道理,我想救你还错了吗?"

"你救了我吗?你救我什么了?"女司机矢口否认,引得几个乘客窃笑。

中年男子气极,恨自己身无大侠之力!救人未救成,可也不该得此被驱逐下车的结果呀,他坚决不下。"再说我买票了,我有权坐车!"

女司机扬起脸,无情地说:"你不下车,我就不开。"

没想到的是，满车刚才还对暴行熟视无睹的乘客们，却都像刚刚睡醒般，齐心协力地“劝”那男子下车：“你快下去吧，我们还有事呢，耽搁不起！”有几位力大的乘客甚至想上前拖这中年男子下车，使人想起莫泊桑笔下《羊脂球》里的情节。

三个歹徒咧着嘴，得意地笑了。其中有个黑皮无赖毫不知耻地说：“哥们把她玩恣了！”另外两个歹徒也胡言乱语：“她是我对象，关你屁事！”一场争吵，直到将那男子的行李从车窗扔出，他随后被推搡而下。

汽车又平稳地行驶在山路上，女司机掠了一下头发，按响录音机。

车快到山顶，拐过弯去就要下山了。车左侧是劈山开的路，右侧是百丈悬崖。汽车悄悄地加速了，女司机脸上十分平静，双手紧握着方向盘，眼睛里淌出晶莹的泪水。一歹徒似乎觉察到了什么，说：“慢点开，慢点开，你他妈的想干什么？”

女司机并不说话，车速越来越快。歹徒企图扑上前去抢方向盘，汽车却像离弦的箭向悬崖冲去……

第二天，当地报纸报道：伏虎山区昨日发生惨祸，一中巴摔下山崖。车上司机和十三名乘客无一生还。半路被赶下车的中年人看到报纸哭了。谁也不知道他哭什么，为什么哭。（1997年12月15日《齐鲁晚报》）

说是“惨剧”，可想象那头破血流的画面，大家或许一味看到了“复仇”的喜剧——传闻当然仅仅是传闻，但是为什么我们宁可信其有呢？因为前面的一条消息作为底色，早已把画面在人们心底铺开——根据被举心理学中“被举的喜感”的理论和传统的“善有善报，恶有恶报，不是不报，时间不到”的心理，受众几乎坚信会有这样的画面出现——尽管十三是个不大吉利的数字，尽管“看客”与“怯懦者”未必一定受到死亡的惩罚。

1984年普利策新闻摄影奖获得者、1988年世界新闻摄影比赛大奖获得者安东尼·苏奥在拍摄埃塞俄比亚饥荒时动情地说：“我看到了数以百计的憔悴不堪的人一天天死去，我实在太痛苦了，简直不能拍摄这些照片。但我又努力去想：有许多人想通过我的眼睛，通过我的照片看到这些情景，从而激励更多的人认识这种形势，以给受难者更多的援救。”[①]他的心情正是新闻评论人士“立此存照”的初衷——摄影记者的快门在照相机上，评论人的快门在自己心中。

①黄利编译：《黑镜头(1)》，中国文史出版社，1999年版，扉页。

第十四章 音画时尚：亮丽蓝领与『吉烟现象』

[本章内容提示]

★评论:从平面拓展到音画

★声音的力量:"蓝领"、"白领"同样亮丽

★画面的魅力:"吉烟现象"的鲜活再现

一、评论:从平面拓展到音画

以往的新闻评论学,主要是以纸质媒体——如报纸杂志上发表的新闻评论为主要研究对象的。其实新闻评论从平面的纸质媒介走向立体的多维空间是一次重大的飞跃。

实际上,"世界电台先锋"——世界公认的第一个广播电台美国匹兹堡西屋电器公司的商业广播电台 KDKA 从 1920 年 11 月 2 日已经开播。说明技术含量颇高的"音画"评论历史并不是很短。

虽然广播评论和电视评论与报纸的评论版面有着许多共同之处,但是由于技术层面的原因,三者毕竟各有自己的特色——林兴仁先生早在其 1989 年出版的专著《实用广播语体学》中就指出:"广播评论是在报纸评论的基础上诞生的,因此它同报纸评论又许多共同点。广播评论的性质、任务、选题、立论和构成要素与报纸评论基本上都是相同的。"二者的不同点在于:(一)比报纸评论更短小精悍。(二)比报纸评论的语言更明白、易懂。(三)比报纸评论的形式更活泼多样。然后林著又专门论述了"广播评论线索的单一性":"这主要是由广播语言的线性特征决定的。词组组成句子,句子组成句群,段落组成篇章,播音员就按照语言本身的结构, 以有声语言把这些意义单位,像一条流水线一样,有声有色地传播给听众,听众也按照语言的线性规则, 一个意义单位接着一个意义单位接受信息。"正是这种特征决定了广播评论开头要单刀直入,中间要主线贯串结尾,要一线到底。[①]如果再加上影像的直观效果与形、声、字的"综合平台"效应,这些也正

①林兴仁:《实用广播语体学》,中国广播电视出版社,1989 年版,第 290-294 页。

是电视新闻评论的美学特征。

以人类的声音播出并评论新闻是人类一百多年来在电讯事业上前赴后继、努力探索的成果。这一人类传播史的新纪元的开拓，标志着电子媒介的“抢滩入侵”，成为传播方式的一种革命。它给人装上了顺风耳，大大延伸了人的感知能力，同时把语言从狭窄的时间空间中解放出来。

例如，2000年，时任全国政协主席的李瑞环，在香港向各界发表演讲。演讲结束后，现场采访的中央人民广播电台记者郭亮在会场的出口录下了一问一答——

香港记者：“李主席，你反复强调香港要团结，是不是指香港不团结？”

李瑞环：“我祝你身体健康，并不是说你身体不健康。”

记者的提问无疑具有挑战性，而李主席的回答及时、真实而恰到妙处。可以想见，这一“现场评论”以最快的速度在中央人民广播电台的“新闻联播”节目中以原声独家播出的影响之大、影响之快——这就是声音的速度和力量。

半个多世纪以来，由于生活的丰富多彩、新闻评论形式的“进化”和广播电视技术的飞速进步，如今的广播电视评论已经与新闻调查、新闻评述等密不可分，不少评论已经从“短小精悍”进入“宏大叙事”的全面深入。

而且，广播电视新闻评论也已经有了自己专门的教材。如杨新敏的《当代广播电视新闻评论》，就比较详细地论述了广播电视新闻评论的特点、广播电视新闻评论的模式、广播电视新闻评论策划、广播电视新闻评论创作等等。又从广播电视体育新闻评论和广播电视经济新闻评论方面作了具体的探讨。

与广播评论相比，电视新闻评论具有更为广阔的覆盖面和影响力。除了声音方面的特长之外，电视评论加进了画面的视觉冲击力，在电视已经普及的时下，评论更加具有直观性和贴近感。1989年8月22日河南电视台播出的短小精悍的评述《是“振兴会”,还是“催眠会”》(作者杨诚勇)——

是“振兴会”,还是“催眠会”

观众朋友:您不妨猜猜看,这里是在干什么?

有的躺卧,有的侧眠,这里似乎是车站候车室;

有的看报,有的聊天,这里又好像是宾馆休息厅。

然而都不是,这里正在开会。这是8月18日上午,开封市直机关“为发展生产力服务,振兴开封经济座谈会”上的情景。参加会议的是市直有关部、委、局的负责人和有关人员。

会议开始不久,一些人就鼾声大作。记者的摄像机也未能使座中诸公从酣梦中醒来。

“振兴开封”的标语悬挂在一群昏睡者的头顶。一方面是言者谆谆,煞有介事;另一方面是听者藐藐,睡意朦胧。这是多么具有讽刺意味的强烈反差!

如果是会议内容十分重要,那么,这些与会人员连听会的精神头儿都没有,哪里还谈得上贯彻落实?如果是会议内容实在乏味,那么又何必在这酷暑大忙季节召集这么多人堆在一起活受罪?

是会风不正,还是作风不正?是领导机关的形式主义、表面文章在作怪,还是一些领导干部懒散成习,逢会必睡?

像这样无意义、无效率的会议,还能让它继续开下去吗?这类会议赖以存在的现行体制,不改革,行吗?!

该片在省台和央视播出后引起了很大的反响,一时成为街谈巷议的话题。而原本前往“正面采访”振兴开封经济座谈会的记者发现实在很难完成一个“较为体面的会议场景”时,另辟蹊径地拍摄了“批评会议不正之风”的新闻及评论。如此变叙述为评述、以镜头为手术刀,做出了精彩的评论。而在解说词方面,作者根据电视特点,小段落、短句式,多用感情句和设问句,很好地把握了情绪节奏。“虽然是批评性语言,尽量语调轻松,情理并重,避免教训腔。”[①]体现了“治病救人”的正面态度。

具体说来,音画为主体的新闻评论美学特色何在?现略述如下——

二、声音的力量:“蓝领”、“白领” 同样亮丽

首先,音乐背景的出现,大大增加了评论的空间和厚度。较之纸质媒体, 广播评论里的音乐背景是得天独厚的,无法取代的。1998 年 9 月 12 日上海人民广播电台播出了广播评论《艾滋病离我们还有多远?》这是该台记者采访了美国、法国、澳大利亚及我国港台和内地 14 省近 70 名专家,录了近 40 盘盒带后制作而成的。其中音响面涉及相当广泛:评论中使用了 18 人的实况效果,音响达二十多段,有着很强的广播评论的代表性。如其首尾的背景音乐采用了美国现代作曲家克里格利亚诺的《第一交响乐》——这一交响乐的主旨恰恰是控诉艾滋病在美国肆虐十年的罪恶。制作者几经周折了解到这一背景,果断地采用了这一具有特定意义的音乐,既烘托了气氛,又首尾呼应而深化了主题,被称为“神来之笔”。[②]其次,现场录音的即时感,同样为纸质媒体所无法比拟。2002 年 5 月,记者刘明泉、刘乃清等在天津市首届高职院校毕业生技能展示及洽谈会现场目睹了高职生抢手的火爆场面,敏锐地发现了求职就业的社会热点问题:当“蓝领”应该是一个不错的选择。但记者并没有停留在简单的报道上,而是兵分几路,对用人单位、高职院校、理论研究单位、人才市场等权威部门及大中专就业指导中心等机构进行了广泛细致的采访, 获取了大量生动的音响素材和翔实的资料,并选择在“高考咨询会”上采集的典型音响资料加以对比,深入挖掘了目前高技能工人缺口的深刻原因,论证了高职生抢手和挤“大学独木桥”的巨大反差,并力图寻找解决的办法。记者在较短的时间内迅速采集了丰富的资料和生动的音响, 以权威的数据和论证提出求职升学的新观念,不仅带给公众深刻的启示,也引起政府相关部

①董广安等主编:《中国高级记者成名作透视》,河南人民出版社,2003 年版,第 209 页。
②董广安等主编:《中国高级记者成名作透视》,河南人民出版社,2003 年版,第 302–311 页。

门的高度重视。评论发表后，又通过市委宣传部向市教委等部门转发了内参，对加强政府宏观调控，促进高职院校的发展和社会人才向应用型、高技能领域流动起到了积极的作用。其播出带为——

广播评论："蓝领"、"白领"同样亮丽

——天津应用类高职毕业生抢手的启示

听众朋友，今年是天津高等职业院校毕业生走向市场的第一年，应用类高职毕业生……这个以"蓝领"身份参与竞争的就业群体一经出现，就受到用人单位的欢迎。在本月18号举行的天津市首届高职院校毕业生技能展示及洽谈会上，天津中德职业技术学院数控机床专业的70名学生还没有毕业就提前被多家企业相中；天津机电工艺学院连二年级的学生也被"预定"出200人；坐落在天津的国家高技能人才培训基地培训部部长谢婉茹告诉记者：

（录音：像汽车装调、汽车维修、特别是数控加工岗、数控加工中心、数控车工，就这一系列的班，他要想找岗的话，将有4个企业、4个岗在等着这个人呢。）

在企业当中，人们习惯于把学历较高、从事脑力劳动、研究、设计或者管理的人员称为"白领"，而把学历较低、从事体力劳动的人员叫做"蓝领"。因此，一提到"蓝领"，人们的第一反应就是当工人，进而会联想到嘈杂的工作环境、满身的油渍；但显示中的"蓝领"已远非昔日的"工人"所能比：在天津市中环模具有限公司，记者看到一线工人正在用先进的电脑软件进行模具设计，完成之后再利用数控机床和电脉冲线切割设备，为手机配套的精致模具就制造出来了。在这个企业，一线"蓝领"的工资比很多从事管理工作的"白领"更高，大家觉得很平常。

这种变化源自中国经济与世界经济的接轨。从上个世纪末开始，中国逐渐以"世界制造业中心"的形象展现在世人面前，越来越多的跨国公司看准中国劳动力资源的优势，把一些带有一定技术含量的加工制造业转向中国，其中以电子和汽车产业最为突出。在这样一个大背景下，企业对劳动力的要求有了根本性的转变，南开大学经济学院教授罗润东对这个问题作了较深层次的阐述：

（录音：现在的技术工人不像以前那样，他是在生产一线担负着技术革新、创新、服务包括团队合作，这么一个完全不同的劳动要素，从这个意义上讲，他就相当于一个马达、引擎，而不是简单的一个机器部件。在这种背景下劳动者的技术结构、知识结构，他的层次就跟以前有根本的不同。现在技术升级速度大大加快，更多的岗位体现了一个脑力劳动与体力劳动混合的这么一种状态，区分劳动者素质高还是低，可以用创新劳动和普通劳动来区分。）

天津汽车工业集团有限公司人事部部长林岩这样评价公司的“蓝领”员工：

（录音：从开始工艺设计到把这个零件在数控机床上干出来，整个动手能力相当强了。理论和实践相结合，这是一大特点，而且作为企业也特别需要这方面人才。）

市场对“蓝领”不仅需要，而且是大量急需。还是以天津汽车工业集团有限公司为例，“白领”与“蓝领”的比例是3:7，这一数字带有普遍性。道理很明显：再好的设计也要有人来实施，在一个合理的劳动力结构中，应用型人才与研究型人才的结构应该呈“金字塔”型，也就是说“蓝领”应该是“塔基”。

但是，目前在劳动力市场上，“蓝领”却十分短缺。有关部门预测：今年天津至少需要技术工人3万到5万人，而应用类高职毕业生不过1万5千人，缺口高达200%以上。这种缺口使得很多企业空有优秀的设计却制造不出产品，进而也影响到企业的创新能力和科技进步。目前天津市的科技成果转化率仅为15%，原因尽管是多方面的，但和技术工人的匮乏不无关系。

为什么就业前景如此看好的职业，缺口却如此之大？这和培养“蓝领”的高等职业教育刚刚起步、还不为社会所广泛认识有关，但更与人们固有的传统观念有很大关系。在本市水上公园举办的一年一度的高考咨询会上，记者就采访了几位成绩明显不能上本科线的高中毕业生和家长，他们的话透露出急于挤上大学这座“独木桥”的迫切心情：

（录音：1、高中毕业生甲：因为我觉得现在竞争这么激烈，如果不上大学等于没有什么出路；

2、高中毕业生乙：还是奔着大学，以后好有发展前途；

3、家长：咱的目标是奔着大学本科。）

如何升学就业？读大学本科当“白领”固然好，但无论大学如何扩招，毕竟不是每个孩子都能上大本的。接受职业教育，当“蓝领”，这同样是一条成材之路。在高职教育比较超前的天津中德职业技术学院，记者采访到了数控技术专业老毕业生王少铁，王少铁当年说服当教师的父母，没有上大学，而是选择报考高职；1997年他从学校毕业后，又放弃分配去学校当老师的机会，应聘去当“蓝领”。5年间王少铁先后在3家外资企业工作，月薪从最初的900元增加到6000元。他的体会是：

（录音：经过几年真才实学的较量，出来的强者不一定是高学历，主要还是看你这个人的素质和技术；不管你学历多低，只要你在这儿能挑大梁，薪水就双倍给你。）

“蓝领”和“白领”只是社会分工不同，并没有高低贵贱之分，这就是市场给予的有力评判！

当然，转变观念绝非一朝一夕，在这个过程中，宏观调控和政府的推动作用是至关重要的：

第一、大力发展高等职业教育，多方引资、包括吸引民间资本，增加学校数量，提高办学质量；

第二、定法规。在德国，任何人参加工作前，无论有多高学历，都要经过职业教育才能上岗，这种法律保障使德国的技术创新始终走在世界前列，这方面的经验我们可以借鉴；

第三、用分配杠杆，给高级技术工人更多的收入，刺激劳动者向这一领域流动。

有专家预测：未来企业对物质资本投资所带来的效益会越来越小，而对人力资本投资所带来的效益会越来越大，这就是说：劳动者因素会在未来的企业竞争中起到决定作用。社会必将为技术工人的发展创造更好的条件,而就业市场也必将会不断以生动的事实向我们展示——“蓝领”、“白领”同样亮丽!(天津人民广播电台2002年5月20日)

这篇优秀的广播评论是建立在五个片断的录音的基础之上的,声音不仅带来了实实在在的现场感,而且本身就组成了评论的一部分。从新闻评论的角度考察,该广播评论的特点有四:

一是现报现评。评论用的是直播的形式,评论员手持话筒直接进入招聘现场,这是报纸等平面媒体所无法做到的。所以,评论一上来就进入了同期声直播的高潮。

二是同样使用了“倒金字塔”的方法——“天津中德职业技术学院数控机床专业的70名学生还没有毕业就提前被多家企业相中;天津机电工艺学院连二年级的学生也被‘预定’出200人”吸引听众的注意。由于有了第一步的现场感,所以新闻导语也就更加具有说服力。

三是从“蓝领技术工人抢手”上升到“对于职业教育的认识有不小的偏差”的高度来考虑。因为可以现场采访,记者对高中毕业生的访问可谓非常及时,从而发现大家并不愿意到被抢的地方就读。

四是及时提出转变观念的建议。正因为观念的改变绝非一朝一夕,所以记者突出了“宏观调控和政府的推动作用”,替培养蓝领的学校发出了呼吁,以引起整个社会的重视。当然,这篇评论里“论”的成分仍然是比较明显的——作者是依靠评论来穿针引线,完成评述的。而不少广播评论则是利用现场声音做“立此存照”的“事实”评论。如获得2002年度中国新闻奖的《兴华乡的“富民工程”掺了多少“水”》(作者吴冬、王晓霞、刘春梅、周伟)用了六段现场音,把一副“假脸”描绘得活灵活现。

兴华乡的“富民工程”掺了多少“水”

(栏目曲)

3月25号,《梅河口日报》在显著位置刊发了一条消息:《兴华乡党委抓经济办实事扎实有效》,说地处山区、经济相对落后的梅河口市兴华乡引资3000万元,兴建矿泉水股份有限公司,同时,以“水稻绿优米、高油大豆、韩国辣椒”为支柱产业,大力发展“黄牛、林果、药材、食用菌”,并且形成了基地规模。

消息传开,兴华乡的干部、农民们懵了。兴华村六社的严宏文说,他们家就在报纸所说的矿泉水厂附近,住了大半辈子,还是头一回听说有这么个企业:

(出录音1)

“据说是在什么敬老院那个地方,俺们也没看到什么厂子、也没看到有谁在那,敬老院打的井能自动往上冒水,现在的水也不那么冒了也不冲了,根本这项工程就是没有。”

矿泉水厂子子虚乌有,那么,兴华乡“三大支柱产业”基地到底是个什么规模呢?记者在兴华乡新星村、永发村看到,田间除了成片的大苞米和少量的杂豆外,并没有什么新鲜的品种,老乡们对报上所说的“支柱产业”和引种项目更是一脸茫然:

(出录音2)

“A:农民种的一般的不属于高油大豆;发展水稻绿优米,现在这个品种根本还没来呢。

B:韩国辣椒俺们根本就不懂,根本俺们就没听到过这玩艺。”

面对农民的困惑和记者的不解,兴华乡党委书记徐亚军不以为然:

(出录音3)

“你看这个绿优大米,包括大豆我们今年就是计划调整一万亩,我觉得今年实施不了,备不住明年两万亩。那个韩椒的事,那确实实现不了,但是那愿望和实施必然有个差距呀!这不都是很正常的事吗?黄牛基地现在你可以去看看,那个连双啊,金家岗啊,看这算不算黄牛基地建起来了?”

按照徐书记的建议,记者来到了连双村:

(出录音4)

“记:咱这里有种药材的习惯吗?

A:没有,我倒是想种了都没有种,不知道咋种。

记:种果树的有没有?

答:以前有,早就完了,都没了。”

同样的尴尬还出现在号称“兴华乡养牛基地”的金家岗,一位妇女说,就是把村上的骡马都加在一块也凑不出上边说的两万头来:

(出录音5)

“家家都养的200来户,一家3头才600头牛,有多些呀?要说耗子可能有那些,胡说八道的。”

村委会主任石亚兴告诉记者,要真是建了基地,大伙也不可能像现在这样零喂散养,报上说的这两样没一样是有谱的。

据了解,这篇在兴华老百姓和一般干部当中引起轩然大波的报道,是乡主要领导把一个本来就不切实际的“规划”以所谓“扎实有效”的成果投到了报社,并以此来彰显政绩。而对农民们的反感,兴华乡党委书记徐亚军依然是振振有词:

(出录音6)

“那你能保证百分之百能实施吗?我说那就成神仙了。”

(吉林人民广播电台2002年3月28日)[①]

最后一句“那你能保证百分之百能实施吗?我说那就成神仙了。”真是画龙点睛,活画出个别基层干部的可怜而可怕的素质。虽然篇幅比较短小,但仍然突出了广播评论的鲜明特色。与此篇广播评论非常相似的还有《造林还是造字》等。央视《焦点访谈》记者和通讯员在采访时发现:郧西县为了“宣传造林”,在林山上不惜毁林而用石头砌成四个大字“封-禁-治-理”,一个字大约是29米长,29米宽,足有九层楼那么高,比两个篮球场还要大。记者同样通过六段录音,尖锐批评了该县“造字竞赛”的形式主义。但由于背景比较复杂,说明性的文字稍多,因此有空间挖出了造字的动机、过程和危害[②]。

①中国新闻奖评选委员会办公室编:《中国新闻奖作评选(2002年度·第十三届)》,新华出版社,2004年版,第87-89页。

②中国新闻奖评选委员会办公室编:《中国新闻奖作评选(2002年度·第十三届)》,新华出版社,2004年版,第90-94页。

总之，声音可以传遍田间地头、出租车上，可以在短时间内反复播放，有属于自己的优势，其评论空间绝非报纸可比，利用这一优势，广播评论自然有自己的“长袖善舞”之处。

二、画面的魅力：“吉烟现象”的鲜活再现

与广播评论相比，电视新闻评论具有更为广阔的覆盖面和影响力。除了以上所述的声音方面的特长之外，电视评论加进了现场采访的画面，于是更加具有直观性和贴近感。近年来，《焦点访谈》、《社会经纬》、《媒体广场》、《社会调查》等等栏目均以评论为主，深得受众瞩目。而且，根据系统论的一加一大于二的原则，电视新闻评论绝不仅仅是广播评论加报纸评论，因为荧屏为评论员搭建了一个综合的平台，评论此刻是以“演出”的形式出现，所以特点更加鲜明，效果更加突出。试看获得中国广播电视新闻奖1999年度电视新闻评论一等奖、第十届中国新闻奖一等奖的短片《吉烟现象》(作者中央电视台王文雁、张林刚)——

《焦点访谈：吉烟现象》

主持人：各位观众大家好，欢迎收看今天的《焦点访谈》节目。我们身后屏幕上这两个塑像手里托着的不是一本书，而是吉林省四平市生产的一种香烟。这种香烟最近在当地可是大大的有名，不管你抽烟不抽烟它都直接牵动着你的心，为什么呢？因为当地最近在推广“一把手”工程，要求各地领导直接负责推销这种烟。如此一来，卖烟就卖出了这样一种结果。

记者(采访同期声)：向您发了烟吗？

四平市民1(采访同期声)：发了4条半。

四平市民2(采访同期声)：一个人大概一条半。

四平市民3(采访同期声)：几条我不知道，反正发了。

解说：前面这些人所说的发了烟实际上都是要用钱

来买的，他们发的都是同一种品牌的香烟，就是这种由四平卷烟厂生产的吉牌系列香烟。为什么这些人的所在单位都要给他们发这种烟呢？

在四平市梨树县，记者看到县电视台播出了这样一条新闻。

（四平市梨树县电视台会议新闻资料：）目前县委副书记、县政府副县长高跃生在全县销售吉牌系列卷烟工作调度会上要求，销烟工作要一把手负总责，确定专人销售吉牌系列卷烟，必保完成市委、市政府下达给我县的指令性销烟计划。副县长张希林传达了市委、市政府销售吉牌系列卷烟会议精神，公布了县直各部门及各乡镇应销卷烟的具体数量。销烟工作要加强领导，强化调度，明确责任，坚决完成指标任务。

吉林省四平市梨树县副县长张希林（采访同期声）：因为咱们四平这个卷烟厂在我们四平市是利税大户，它提供税收是四平市税收的三分之一，是我们四平市重点企业，所以在会上市委副书记、代市长栗振国同志讲得非常清楚，作为咱们政府就应该大力支持搞活这个企业。在会上对各县区都有一个吉烟销售的指导任务，有这么个任务，梨树县大体上到年底是2217大箱。

解说：据了解，不仅梨树县，四平市所属各机关、各局以及其他的三个县区都被分配了吉烟的销售任务。四平市委、市政府一再强调吉烟的销售是改变四平落后面貌的突破口，所以各级领导自然都不敢怠慢。结果这些任务由市分配到县，由县分配到镇，再由镇分配到了村，归根到底最后绝大部分还是摊在了四平市干部群众自己的身上。

记者（采访同期声）：这个烟钱是怎么付？

四平市民1（采访同期声）：烟钱就是在我们工资里扣。

记者：像你这4条半烟一共是多少钱？

四平市民1：225元，一条烟是50。

记者：那你抽烟吗？

四平市民1：不抽。

记者:不抽,那不抽能不能不要这烟?

四平市民1:不可以。

记者:用钱买还是在工资里扣?

四平市民3:在工资里扣。不买不行,人家给你发下来了,那不要能行吗?

解说:不买就扣工资,这样的推销可不一般。吃财政饭的人也只能勉为其难了。不过也有例外,梨树县的孟家岭镇中心校就不扣工资。我们到学校采访时才发现,原来这里的教师工资只发到今年7月份,没法扣工资。尽管如此,烟可是不能不买,这不,校长从镇里刚把分配给学校的烟领回来。

记者(采访同期声):那你们不去领可以吗?

四平市梨树县孟家岭镇中心校校长赵贵才(采访同期声):不去领啊?反正现在开会的时候要求在11月5日之前把第一批的1/3的烟都得领回来,开会就这么要求的。

记者:那你现在的工资发不下,那怎么办呢?

赵贵才:就像我刚才说的呗,教师福利拿出一部分。

记者:教师什么福利?连工资都没有。

赵贵才:学校给老师搞的福利,就是不发奖金,发点烟。

解说:8月份的工资到现在还没有领到,盼了一年的福利跟奖金又变成了香烟,但也没办法,因为这可关系到爱不爱四平的问题。

四平市梨树县孟家岭镇中心校教师1(采访同期声):要爱四平就得抽四平烟,不抽那能叫爱四平吗?

记者(采访同期声):谁说爱四平就得抽?

教师1:这都是上面市里领导在某个场合讲话时讲的。

解说:梨树县团结乡许多单位都是好几个月都没发工资了,但是再困难烟还得要,钱还得扣。

四平市梨树县孟家岭镇中心校教师2(同期声):这你们来得太是时候了,我们这儿都拿回去了,这不知道是谁没拿回去。

记者(同期声):这是谁的烟?

教师2:有26元的,还有16元的。

记者:每个人能发多少?

教师2:哎?

记者:每个人发多少钱的?

教师2:按工资的多少发。

记者:按工资的比例?

教师2:工资多的像我这样工资多的能发5条。

记者:5条多少钱?

教师2:5条是130元,给这烟是顶工资来的。

记者:顶工资,顶什么时候的工资?

教师3:顶三个月的工资。

记者:谁说的?

教师3:上面领导说的。

记者:哪个领导?

教师3:上边。

记者:上面是县里还是? 乡里县里还是市里?

教师3:市里领导。

记者:市里领导,顶下三个月的工资?

教师3: 那天梨树新闻还说来着, 下个月还有1100大箱往下发。

记者:下个月还有?

教师3:下个月正常700箱,上个月欠400箱,是有任务的。

解说:拿工资的职工要买烟,不拿工资的农民也不能例外。

四平市梨树县董家乡副乡长张景富 (采访同期声):乡里和各村承担不了那么些,给老百姓适当摊点。

四平市梨树县董家乡董家村村委会副主任白国君(采访同期声):一口人可能得7块2毛钱吧。

记者(采访同期声):一口人1块钱?

白国君:7块钱。

记者:一般的话家里平均有几口人?

白国君:一般三四口人的多。

记者:那就是30多块、20多块钱?

白国君:20、30多块钱。

解说:吃财政饭的钱从工资里直接扣,没有工资的农民就得让他们掏钱来买烟了,这可不是件容易的事。所以宣传工作十分重要,为了让农民能够理解上面推销吉烟的做法,村干部们将这样一些标语郑重地贴在了最醒目的地方,像抓基本国策计划生育那样,把吉烟的销售当做头等大事来抓,可谓用心良苦。

(村里墙上"人人抽吉烟天天吉祥"标语的画面)

记者(采访同期声):写这个广告什么意思?

梨树县董家乡董家村村民1(采访同期声):为了销这个吉烟。

记者:干嘛写到这个地方呢?

村民1:这个地方挺明显的,大伙都能看到。

记者:销售吉烟?

村民1:南边写了,这块儿写了,乡跟前还写了,我们屋里还写了。

记者:干嘛写这种广告词,抽吉烟爱四平?

村民1:四平人就要抽四平的烟呗。

记者:那你们正在收吗这个钱?

白国君:正在宣传,现在马上要收了,栽完树就要收了。

记者:给社员做工作?

白国君:做工作。

记者(采访同期声):你们都知道吗,要买烟的事?

群众(采访同期声):有知道的,有不知道的。

记者:那你觉得30块钱对你们来说负担重不重?

村民2:有点压力。

村民3:我们现在没有钱,实在没招儿,就得等卖苞米的时候再买,现在没有钱。

记者(采访同期声):老百姓没钱,现在收不上来这个钱怎么办?

白国君(采访同期声):大量宣传,哪家来个亲戚还不得招待招待,尽量让社员能买就买呗,要不咋整呀?上级布置给我们的任务,我们就完成呗。

村民4(采访同期声):像他说的,他也没招,他也得听上边的。我们社员有的是不懂,我们一听电视讲话,昨天县委书记还是副书记讲话,他讲话不是说把这个乡的任务坚决完成这个那个的,他们对我们也得说坚决完成。

解说:尽管销烟工作存在着各种各样的难度,但是各县区、各乡镇、各单位的负责人还是想方设法也要完成任务。10月29日《四平日报》的一篇评论员文章将这总结为一种吉烟现象。文章说自从市委、市政府特别是代市长栗振国力抓四平卷烟厂和吉烟以来,全市上上下下几乎都动了起来。代市长栗振国声色俱厉抓吉烟,苦口婆心夸吉烟,为了保住烟厂,保住吉烟,市委、市政府采取了一些超常规的措施。文章还创造了一个新名词,说从某种意义上讲四平已经出现了一种吉烟现象,说这是好事。对四平卷烟厂来说这的确是件好事,10月份四平地区吉烟的销售额比9月份增长了50%,可对于四平市那些不抽烟或抽不起烟的人来说却只能望烟兴叹了。

四平市梨树县团结乡中学教师(采访同期声):就没人管,给你这玩艺儿你就得要,你说这不会抽烟的,要这有啥用啊?这有啥用呢,好好照照,好好照照。

记者(采访同期声):这要是如果让你们自己买的话,你们会买吗?

中学教师:我们现在还没达到小康水平,不能抽这个烟。这个烟都是3块钱一盒。

记者:你们都抽什么,多少钱一盒?

中学教师:我们不抽烟,就是抽烟的话都抽1块钱的烟。

梨树县团结乡卫生院护士刘淑琴:发愁啊,就得摞着了。有的时候说串门干啥的,我能拿它串门吗?上哪串门啊,那么贵重的,我就说在那儿搁着吧。这不是发烟范围大吗,等人家都卖没了,再卖卖,看能好卖吗。

解说:许多人家里都有吉烟,送烟就失去了意义。可抽又抽不起,卖又卖不掉,群众为此大伤脑筋。

梨树县团结乡村干部(采访同期声):他们这爷仨的

单位发的都是50元钱一条的,我们发的谁知道是多少钱一条,我在家里待着还没去取呢。我们家这几口人就这个玩意儿没有,剩下都是。你说跟谁说去吧,你说,说啥呀,不是说四平市统一行动吗,都发了,你跟谁说去。

梨树县董家村农民4(采访同期声):抽吉烟为了建四平。

记者(采访同期声):都宣传这个?

农民4:嗯,都宣传这个,那不会抽也得学啊。

记者:你觉得抽吉烟和爱四平能挂钩吗?

农民4:挂不上。

农民5:我们不会抽烟的,就不爱四平了吗? 我们不会抽烟还给我们发,这有点不合理。

农民6: 我说爱护城市谁都爱护, 爱护政府谁都爱护,但是有个别人不爱护。

四平市梨树县团结中学教师3(采访同期声):我觉得要刺激市场消费问题不应该在职工这儿, 应该自己把自己的产品推销出去, 不应该发给某一个人, 让个人去销。吉牌香烟它找的不是市场,而找的是市长,你找市长和找市场,这是两个极端相反的问题。

主持人:把卖烟列为一把手工程,四平市领导的初衷也许我们可以理解。而且我们也相信,以这样摊派形式来推销香烟,这种香烟在当地的销量也会大幅度增加。我们只是不知道用这样的手法来卖烟, 到底能够让这个烟厂的兴旺支撑多久? 我们只是不知道用这样的形式来扶持烟厂,又能够对当地的面貌改变产生多大的作用?我们更不知道,如果没有足够的工资去花,当地的老百姓只是守着一盒盒的香烟到底怎么过好日子?

尽管通过政府指令性行为来为某一产品促销的行为与市场经济的时代大潮所不容,为广大人民群众所厌恶,但是,为了"保住利税大户、发展地方经济",某些政府官员还是乐此不疲。为什么记者要不厌其烦地询问教师、市民、村民同样的问题?这就明显地表现出与纸质媒体评论的不同,报纸是用语言文字说话的,评论是文字,事实就是文字。而电视新闻评论则是让镜头前的事实本身来说话。在《吉烟现象》中，我们明显地感受到系列画面的节奏感：记者在节目中并不急于评论什么，而是通过对于不同身份、不同处境的“吉烟现象”当事人的现场采访，尽最大的可能客观公正地阐明事实，讲清道理。在节目里，我们看到了当地政府部门通过电视传媒对完成“吉烟”销售摊派任务的“全民总动员”，看到了当地报纸对“吉烟现象”的宣传与嘉许，看到了乡干部、学校干部、村干部对完成摊派任务的无可奈何；当然，也听到了一位副县长对“吉烟现象”“重要意义”的具体解释。节目的中心是深受“吉烟现象”之苦的普通人的诉说，这些诉说带有强烈的弱势群体的无奈，只言片语却一语中的。播出带具有理性色彩的批评多以这种个性化的感性形态出现，自然比记者自己站出来论理更亲切直接，易于调动观众情感上的共鸣。

《吉烟现象》声画并茂，注重以丰富的视觉形象元素叙事说理，比如堆码在学校教研室和村民炕头的一箱箱吉烟、与计划生育的基本国策并列书写在村口的标语口号“人人抽吉烟，天天吉祥”等，都具有很强的真实性和现场感，具有无可辩驳的评论力量。也许记者没有条件接触“吉烟现象”的直接受益者——烟厂领导及市政府官员，但是记者通过梨树县动员完成吉烟任务的电视新闻、通过四平市报的评论文章、通过烟厂大门口的吉烟雕塑等，在视觉上勾画出了“吉烟现象”的另一个侧面，从而使观众对新闻事件有一个完整的感知。

同时，电视新闻评论的“论从画/话出”并不是说一定现录现播，立竿见影，仍然可以利用一些以往拍摄的背景资料强化主题，或加入一些新闻策划，做到左右逢源。试看央视一套 2006 年 1 月 25 日的《焦点访谈》——

学高为师　身正为范

前不久，新疆石河子大学中文系的同学们，通过北京大学电视台向正在北京肿瘤医院接受治疗的北京大学中文系孟二冬教授表达新年的祝福和问候。

2004 年 3 月孟二冬教授来到石河子大学中文系进

行为期8周的支教工作。支教的第二周，孟老师的嗓子开始沙哑，可是他仍然坚持上课。完成教学任务后，医生在他的气管上发现了一个乒乓球大小的恶性肿瘤。

身为博士生导师的孟二冬，不仅教学认真，讲课深受学生欢迎，在学术研究方面也颇有建树。《登科记考》是清代学者徐松所著的关于古代科举制度方面的名作，孟二冬发现此书存在大量缺误，他花了7年时间进行研究和整理，完成了100多万字的《登科记考补正》，得到文学界和史学界的高度评价。

为了指导他带的博士生、硕士生的研究和学习，孟老师坚持让学生轮流到病房接受指导，有时甚至到晚上七八点钟。为此，孟二冬硬是将第二个化疗疗程推迟了20天。病中的孟老师还时刻牵挂着远在新疆的学生，他拿出自己的积蓄，让妻子刻录了200多张古籍文献光盘，和买来的书籍一起送给石河子大学中文系的师生们。

孟二冬教授的学问和人品，赢得了学生、同行乃至社会各界的敬重。

[详细内容]

孟老师，今天心里有太多的话想对你说。

孟老师，非常感谢你在有限的时间内传授给我们无限的知识。

从你支教完了，回去以后到现在，我都非常地想念你。

同学们一块给孟老师祝福新年快乐。

新年快乐！

演播室主持人方静：刚才大家看到的这段录像是由北京大学电视台提供的，画面中表达祝福和问候的是新疆石河子大学中文系的同学们，他们提到的孟老师就是我们今天节目的主人公——北京大学中文系教授、博士生导师孟二冬。

两年前，孟二冬老师在新疆石河子大学支教的时候，带病上课，倒在了讲台上，就在同学们向远方的老师表达祝愿的时候，孟老师正在北京肿瘤医院与病魔做着顽强的抗争。

解说:这位就是深受同学们爱戴的孟老师。这天是孟老师 49 岁生日,来医院看望他的师生们注意到,这天孟老师特意穿了一件大红色的衣服。

孟二冬:虽然我年龄也是快近半百了,49 岁,今天正好是我的生日,但是我一直保持很年轻的心态。我从上学到当老师,几乎每天都坚持要打球锻炼,打篮球、打排球、踢足球,每天和学生在一起,心态还是比较年轻,所以选择了红色,也是我心态的表现。

解说:如果看到孟老师现在的状态,不知道新疆的同学们是怎样的心情?

两年前的 2004 年 4 月 26 日,新疆石河子大学中文系 2002 级的同学们来到了教室,这堂课是唐代文学必修课的最后一讲,授课的教师正是北京大学来支教的孟二冬教授。

杜淑娟(新疆石河子大学中文系学生):当时孟老师由杨老师搀扶着过来的,孟老师看起来脸色已经很憔悴了,但是孟老师还是继续给我们讲课,当时我记得他声音已经哑得说不出话来了。

解说:实际上从 3 月 8 日到新疆支教一个星期后,孟二冬老师的咽喉部就有症状。直到 4 月 17 日咳出鲜血,在当地老师及同学们的再三要求下,孟二冬老师才来到医院检查。

许亚琳(新疆石河子大学第一附属医院主任医师):咯血是呼吸科的一个急症,它可能最大的并发症就是可能一口血就会使呼吸道堵塞,人就会因为窒息而死亡,所以呼吸科的任何一个大夫,都非常重视咯血这个疾病,一般都要求他立刻就住院。

解说:但是教学任务还没有完成,心里放不下学生们的孟老师并没有听从医嘱,而是毅然回到学校,登上了讲台。

杜淑娟:等到孟老师讲完课以后,我们大家就集体鼓掌,自发地(鼓掌),持续时间特别长,一直等到孟老师被杨老师搀扶出去以后,走了好久,我们大家还是坐在原座位没有动,一直在鼓掌。然后,好多同学都哭得已经不成样子了。

解说:下课后,孟老师被学生们送到医院,而诊断结果令所有人大吃一惊。一个乒乓球大小的恶性肿瘤挤压着他的气管、食管。病情危急,几天后,孟二冬老师就被急送回北京,立即实施了近20个小时的手术。在之后的一年中,孟二冬又进行了两次大的手术,至今仍在北京肿瘤医院进行化疗。其实,身为博士生指导老师的孟二冬,在北大中文系40多名教授中学术专著是较少的。但记者在采访时却发现,他的职业操守和治学精神却是深受师生们尊重和认可的一位。

温儒敏(北大中文系主任、教授):他是以学问为职志这样一个学问中人,这样我们就能够理解,他为什么那么长时间能够潜心于学问,不受外界风气的一些干扰,能够做得这么好。

解说:温教授所说的,"长期潜心于学问,不受外界干扰",指的是孟二冬用七年时间完成的《登科记考补正》这部专著。然而,一部学术专著到底要付出多少艰辛,也许在一般人眼中是很难想象的。这里是北京大学图书馆古籍室。为了查阅更翔实的史料,不至遗漏,孟二冬在这里花费了七年时间。

李雄飞(北大图书馆古籍室):孟老师为了写《登科记考补正》,翻阅了大量的古籍,其中比较重要的一部分就是地方志,现在咱们看到的就是在阅览室影印的地方志,这里大概有2000多册,孟老师几乎把它们都翻遍了,这只是其中很少一部分,还有很多线装的地方志。

解说:除了这2000多册地方志,还有许多线装的古籍文献资料,甚至有许多只能用影印胶片来查阅,其中的艰辛是可想而知的。这部历经七年,100多万字的专著,荣获了"北京市哲学社会科学优秀成果"一等奖。

温儒敏:从现在很浮泛的学风来说,这样的题目很冷僻,要花那么多时间,而且又不是什么核心期刊发表等等。对他评职称各方面也不一定有很大的补益,所以一般人可能都看不上这个题目。事实上对文化积累的意义、对我们国家文化的建构,这样积累性的工作是需要有人去做的。

解说:“板凳要坐十年冷,文章不写一纸空”。治学严谨的孟教授赢得了学生的爱戴和老师们的尊重。

温儒敏:应该说他是有当代的、现代的那种特点的,他是一个很阳光的教授。

李晶(北大中文系 2003 级博士生):这个阳光包括很多方面吧。第一个就是他很乐观,这样一种在任何困境面前都保持乐观的态度,就像他在病中,你都看不到一丝一毫的沮丧、退缩。

解说:也许在孟老师的心中,就有一团火红的太阳时刻关爱和感染着他身边的每一个人。在过完生日的第二天,孟老师就要开始第二个化疗过程。而这时,他向我们道出了此时心中的牵挂。

孟二冬:现在最急迫的就是手里带的博士生、硕士生,现在还正在做毕业论文,病中抽时间给他们做一些指导,这大概是我心里面最着急的事情。

解说:在孟老师指导的 11 位博士生和硕士生中,有两位要做博士开题报告,三位即将毕业。在做完第一阶段化疗后,孟老师一定要坚持让他的学生轮流到病房,接受他的教学指导。

刘占召(北大中文系 2004 级博士生):那时候我们每个人轮流去一天,我们早上九点钟就去,然后一直到晚上七八点钟回来。

解说:学生们得到了老师的指导,而孟老师却感冒了。

刘占召:想起来这件事情,就非常内疚。因为孟老师应该在 20 天之前,应该做第二个疗程的化疗,但是一直推到今天才刚做第二个疗程的化疗。这么长时间的推迟,应该跟孟老师指导我们感冒了有关系。

解说:每当提起老师化疗推迟的原因,刘占召心里总是怀着深深的歉疚。蔡丹君是 2005 年考到孟老师门下的研究生,去年 9 月 10 日教师节这天,在孟老师的病床边,作为研究生上的第一课让她至今难忘。

蔡丹君(北大中文系 2005 级研究生):点滴一直在输

着。后来我坐下来以后,然后老师就开始跟我聊开了。然后,后来聊完大概一个多小时了,老师也非常疲倦,我也非常不好意思了。因为我这个时候已经得到了老师开的书目,老师所给我的就是学术的一些原则,老师所建议的一些选题等等很多的东西,我觉得我是满载而归。

解说:满载而归的蔡丹君过后才知道,就在病房打着点滴给自己上完研究生第一节指导课的第二天,因癌细胞转移,孟老师做了一年当中第三次大手术——开颅手术。为此,她在内心歉疚的同时,也为老师高尚的人格所震撼。

蔡丹君:在我们的心目当中,作为一个老师,那就是两句话。一个是学高为师,一个是身正为范。

解说:除了自己亲自指导博士生、研究生之外,病中的孟老师还时刻牵挂着远在新疆的同学们。他拿出自己的积蓄,让妻子刻录了200多张古籍文献光盘、买来书籍,送给新疆石河子大学中文系的师生们。新年之前,孟老师收到了石河子大学中文系的同学们寄来的贺卡和为他治病的2000多元捐款。为此,他还特地请北京大学电视台为他拍摄了一段录像,向新疆的同学们表达他的心境。

孟二冬:石河子大学中文系2002级全体同学,大家新年好!

大家还记得我们在文史课上讲过刘禹锡的一首诗,叫“沉舟侧畔千帆过,病树前头万木春”。他是在勉励自己,要以乐观、向上、积极的态度去面对未来、面对人生。

那么我今天也成了一棵病树,但是我这个病树也充满信心、充满自信,要和诸位这些参天大树们一起迎接新的春天,一起拥抱新的春天。

演播室主持人:在采访中,正赶上孟老师做第二阶段的化疗,我们的记者就没有过多地打扰他。但是,从他身边同事和同学们那里,我们仍然能够感受到他的仁爱、他的品行。

“学高为师,身正为范”。在这里,我们衷心地祝愿这位深受学生爱戴的阳光教授保重身体,早日康复!

好，感谢您收看今天的《焦点访谈》，再见。

片子首先利用了北京大学电视台提供的画面：新疆石河子大学中文系的同学们对孟教授表达祝福和问候。然后“这天是孟老师49岁生日，来医院看望他的师生们注意到，这天孟老师特意穿了一件大红色的衣服”抓得很及时或者说早有策划，让观众立即注意到：一个癌症患者这样度过了生日！而最后“他还特地请北京大学电视台为他拍摄了一段录像，向新疆的同学们表达他的心境”。照应开头，再次落笔于支教点——新疆石河子大学中文系的同学们即便在千里之外也继续扮演着互动的角色，这是任何平面媒体也无法完成的。

关于新闻评论的断想——代后记

1. 本书杀青之际，正是“小百姓”胡戈以《一个馒头引发的血案》戏谑大导演陈凯歌《无极》之时。咱的报纸专栏还没有写熟，人家早已开始在网络论坛里灌水了。咱刚刚把网路疏通，人家又在电视上读报或“锵锵三人行”了。咱刚刚明白“立体平台”的妙处，这不，人家已经采用“剪辑大片”的手法来做评论而加入“眼球经济”了。虽说这世界变化快，可新闻评论的发展速度也几乎是“迅雷不及掩耳盗铃”。所以，这本小书终不过是明日黄花。

2. 看看书店的专柜，新闻传播学的大著也日益威严得吓人。真是与文学评论的“宏大阐释”遥相呼应啊。马克思老人家说：“任何一种对象对于我的意义恰恰等于我的感觉所能得到的意义。”(《1844年哲学经济学手稿》人民出版社，1985年版，第83页。)评论理应在感觉之中或之后，当是审美阐释过程中的“共生”甚至“新生”。可这日益时髦的“宏大阐释”却恰恰相反，玩的是“六经注我”——“话语体系”、“历史嬗变”、“情结”、“现象”、“深层结构”，好，不把“灯泡”折腾成“室内或室外光线强弱调节器”决不收兵。

3. 记得上大一时听华钟彦先生讲《诗经·七月》，说“一之日觱发”就是冷得“稀里哗啦”，“二之日凛冽”就是冻得“嘎巴嘎吧”，当时虽值盛夏时分，可教室陡然寒气逼人，那是评论的功夫。钱钟书注宋诗，说仅仅从陆放翁的诗题《五月十一日夜且半，梦从大驾亲征，尽收汉唐故地》，已经不难窥见宋朝的衰落：“宋太祖知道‘卧塌之侧，岂容他人酣睡’，会把南唐吞并，而也只能在他那张卧塌上做陆游的这场仲夏夜之梦。到了南宋，那张卧塌更从八尺方床收缩为行军帆布床。”那是评论的功夫。莫非现在的新闻评论不需要这样的功夫了？

4. 2005年5月，南京师大，在全国师范大学、省属高校新闻学科建设研讨会上，李良荣先生说："你们的这理论那理论连我都看不懂，学生能学会？说一千道一万，还是一个字——写！"的确，如果学了咱的书，学生比读高中时候写的还不如，咱这所谓的"学问"也仅仅是一只馒头：除了砸开了"教授职务"的门别无它用。怎么才能写得好一些？恐怕除了大量地阅读不二法门——这正是笔者对好文章不厌其烦地引用的原因：当老师的，能知道哪是好文章而介绍给学生，基本上算是及格了。

5. 曾几何时，杂文界关于新闻时评或曰"公民写作"与杂文的优劣高下的"家族内部"讨论颇为引人注目。或曰"公民写作"扼杀杂文，貌似盟友实乃敌人；或曰鲁迅压根儿就是"公民"，杂文从来不会变为"上层建筑"。其实，新闻时评意在一事一议，注重有理有据、有建设性；杂文虽然也常常以新闻事件为由头，但其标志性的笔法如曲笔、联想、对比、反语等并非新闻时评的充分必要条件。所以，优秀的新闻时评可以是杂文，亦可是随笔。但杂文中仅仅有一部分可以视为时评——它不要求"立竿见影"的即时性，而依赖于文化内涵的深厚和审美含量的丰富。

6. 文体是有年龄的。较之消息、通讯等等，新闻评论的确不是太好写。或曰得"三十以后才明白"想要"咬"别人从哪里下嘴。然而，看看如今的网络，评论高手如雨后的蘑菇长势喜人。大学女生入校就被告知"上课上网上自习，防火防盗防师兄"，评论得何其到位！为什么不能"我手写我口"呢？为什么一上媒体立即不会说话了呢？

7. 鲁迅说："不是很大的鞭子打在背上，中国人自己是不肯动弹的。"那作为国粹的惰性早已把我锻炼得尤其懒散。所以，书成之际，我要认真地感谢所有催逼的鞭影。感谢河南大河报社的同仁，制造了我一月写30篇新闻评论的历史；感谢我的N多届学生，替我整理讲义、打印成书；感谢丛书主编与出版社李铮编辑的督促，让我在此书稿里度过了2006年"革命化的春节"。

宋立民

2006年2月26日于湛江